LITAUISCH
WORTSCHATZ

FÜR DAS SELBSTSTUDIUM

DEUTSCH
LITAUISCH

Die nützlichsten Wörter
Zur Erweiterung Ihres Wortschatzes und
Verbesserung der Sprachfertigkeit

5000 Wörter

Wortschatz Deutsch-Litauisch für das Selbststudium - 5000 Wörter
Von Andrey Taranov

T&P Books Vokabelbücher sind dafür vorgesehen, beim Lernen einer Fremdsprache zu helfen, Wörter zu memorieren und zu wiederholen. Das Wörterbuch ist nach Themen aufgeteilt und deckt alle wichtigen Bereiche des täglichen Lebens, Berufs, Wissenschaft, Kultur etc. ab.

Durch das Benutzen der themenbezogenen T&P Books ergeben sich folgende Vorteile für den Lernprozess:

- Sachgemäß geordnete Informationen bestimmen den späteren Erfolg auf den darauffolgenden Stufen der Memorisierung
- Die Verfügbarkeit von Wörtern, die sich aus der gleichen Wurzel ableiten lassen, erlaubt die Memorisierung von Worteinheiten (mehr als bei einzeln stehenden Wörtern)
- Kleine Worteinheiten unterstützen den Aufbauprozess von assoziativen Verbindungen für die Festigung des Wortschatzes
- Die Kenntnis der Sprache kann aufgrund der Anzahl der gelernten Wörter eingeschätzt werden

Copyright © 2018 T&P Books Publishing

Alle Rechte vorbehalten. Auszüge dieses Buches dürfen nicht ohne schriftliche Erlaubnis des Herausgebers abgedruckt oder mit anderen elektronischen oder mechanischen Mitteln, einschließlich Photokopierung, Aufzeichnung oder durch Informationsspeicherung- und Rückgewinnungssysteme, oder in irgendeiner anderen Form verwendet werden.

T&P Books Publishing
www.tpbooks.com

ISBN: 978-1-78314-860-8

Dieses Buch ist auch im E-Book Format erhältlich.
Besuchen Sie uns auch auf www.tpbooks.com oder auf einer der bedeutenden Buchhandlungen online.

WORTSCHATZ DEUTSCH-LITAUISCH
für das Selbststudium

Die Vokabelbücher von T&P Books sind dafür vorgesehen, Ihnen beim Lernen einer Fremdsprache zu helfen, Wörter zu memorieren und zu wiederholen. Der Wortschatz enthält über 5000 häufig gebrauchte, thematisch geordnete Wörter.

- Der Wortschatz enthält die am häufigsten benutzten Wörter
- Eignet sich als Ergänzung zu jedem Sprachkurs
- Erfüllt die Bedürfnisse von Anfängern und fortgeschrittenen Lernenden von Fremdsprachen
- Praktisch für den täglichen Gebrauch, zur Wiederholung und um sich selbst zu testen
- Ermöglicht es, Ihren Wortschatz einzuschätzen

Besondere Merkmale des Wortschatzes:

- Wörter sind entsprechend ihrer Bedeutung und nicht alphabetisch organisiert
- Wörter werden in drei Spalten präsentiert, um das Wiederholen und den Selbstüberprüfungsprozess zu erleichtern
- Wortgruppen werden in kleinere Einheiten aufgespalten, um den Lernprozess zu fördern
- Der Wortschatz bietet eine praktische und einfache Lautschrift jedes Wortes der Fremdsprache

Der Wortschatz hat 155 Themen, einschließlich:

Grundbegriffe, Zahlen, Farben, Monate, Jahreszeiten, Maßeinheiten, Kleidung und Accessoires, Essen und Ernährung, Restaurant, Familienangehörige, Verwandte, Charaktereigenschaften, Empfindungen, Gefühle, Krankheiten, Großstadt, Kleinstadt, Sehenswürdigkeiten, Einkaufen, Geld, Haus, Zuhause, Büro, Import & Export, Marketing, Arbeitssuche, Sport, Ausbildung, Computer, Internet, Werkzeug, Natur, Länder, Nationalitäten und vieles mehr...

INHALT

Leitfaden für die Aussprache	9
Abkürzungen	11

GRUNDBEGRIFFE	12
Grundbegriffe. Teil 1	12

1. Pronomen	12
2. Grüße. Begrüßungen. Verabschiedungen	12
3. Jemanden ansprechen	13
4. Grundzahlen. Teil 1	13
5. Grundzahlen. Teil 2	14
6. Ordnungszahlen	15
7. Zahlen. Brüche	15
8. Zahlen. Grundrechenarten	15
9. Zahlen. Verschiedenes	15
10. Die wichtigsten Verben. Teil 1	16
11. Die wichtigsten Verben. Teil 2	17
12. Die wichtigsten Verben. Teil 3	18
13. Die wichtigsten Verben. Teil 4	19
14. Farben	19
15. Fragen	20
16. Präpositionen	21
17. Funktionswörter. Adverbien. Teil 1	21
18. Funktionswörter. Adverbien. Teil 2	23

Grundbegriffe. Teil 2	24

19. Wochentage	24
20. Stunden. Tag und Nacht	24
21. Monate. Jahreszeiten	25
22. Maßeinheiten	27
23. Behälter	28

DER MENSCH	29
Der Mensch. Körper	29

24. Kopf	29
25. Menschlicher Körper	30

Kleidung & Accessoires	31

26. Oberbekleidung. Mäntel	31
27. Men's & women's clothing	31

28. Kleidung. Unterwäsche	32
29. Kopfbekleidung	32
30. Schuhwerk	32
31. Persönliche Accessoires	33
32. Kleidung. Verschiedenes	33
33. Kosmetikartikel. Kosmetik	34
34. Armbanduhren Uhren	35

Essen. Ernährung	**36**
35. Essen	36
36. Getränke	37
37. Gemüse	38
38. Obst. Nüsse	39
39. Brot. Süßigkeiten	40
40. Gerichte	40
41. Gewürze	41
42. Mahlzeiten	42
43. Gedeck	43
44. Restaurant	43

Familie, Verwandte und Freunde	**44**
45. Persönliche Informationen. Formulare	44
46. Familienmitglieder. Verwandte	44

Medizin	**46**
47. Krankheiten	46
48. Symptome. Behandlungen. Teil 1	47
49. Symptome. Behandlungen. Teil 2	48
50. Symptome. Behandlungen. Teil 3	49
51. Ärzte	50
52. Medizin. Medikamente. Accessoires	50

LEBENSRAUM DES MENSCHEN	**52**
Stadt	**52**
53. Stadt. Leben in der Stadt	52
54. Innerstädtische Einrichtungen	53
55. Schilder	54
56. Innerstädtischer Transport	55
57. Sehenswürdigkeiten	56
58. Shopping	57
59. Geld	58
60. Post. Postdienst	59

Wohnung. Haus. Zuhause	**60**
61. Haus. Elektrizität	60

62. Villa. Schloss	60
63. Wohnung	60
64. Möbel. Innenausstattung	61
65. Bettwäsche	62
66. Küche	62
67. Bad	63
68. Haushaltsgeräte	64

AKTIVITÄTEN DES MENSCHEN	65
Beruf. Geschäft. Teil 1	65
69. Büro. Arbeiten im Büro	65
70. Geschäftsabläufe. Teil 1	66
71. Geschäftsabläufe. Teil 2	67
72. Fertigung. Arbeiten	68
73. Vertrag. Zustimmung	69
74. Import & Export	70
75. Finanzen	70
76. Marketing	71
77. Werbung	72
78. Bankgeschäft	72
79. Telefon. Telefongespräche	73
80. Mobiltelefon	74
81. Bürobedarf	74
82. Geschäftsarten	75

Arbeit. Geschäft. Teil 2	77
83. Show. Ausstellung	77
84. Wissenschaft. Forschung. Wissenschaftler	78

Berufe und Tätigkeiten	79
85. Arbeitsuche. Kündigung	79
86. Geschäftsleute	79
87. Dienstleistungsberufe	80
88. Militärdienst und Ränge	81
89. Beamte. Priester	82
90. Landwirtschaftliche Berufe	82
91. Künstler	83
92. Verschiedene Berufe	83
93. Beschäftigung. Sozialstatus	85

Ausbildung	86
94. Schule	86
95. Hochschule. Universität	87
96. Naturwissenschaften. Fächer	88
97. Schrift Rechtschreibung	88
98. Fremdsprachen	89

Erholung. Unterhaltung. Reisen 91

99. Ausflug. Reisen 91
100. Hotel 91

TECHNISCHES ZUBEHÖR. TRANSPORT 93
Technisches Zubehör 93

101. Computer 93
102. Internet. E-Mail 94
103. Elektrizität 95
104. Werkzeug 95

Transport 98

105. Flugzeug 98
106. Zug 99
107. Schiff 100
108. Flughafen 101

Lebensereignisse 103

109. Feiertage. Ereignis 103
110. Bestattungen. Begräbnis 104
111. Krieg. Soldaten 104
112. Krieg. Militärische Aktionen. Teil 1 105
113. Krieg. Militärische Aktionen. Teil 2 107
114. Waffen 108
115. Menschen der Antike 110
116. Mittelalter 110
117. Führungspersonen. Chef. Behörden 112
118. Gesetzesverstoß Verbrecher. Teil 1 113
119. Gesetzesbruch. Verbrecher. Teil 2 114
120. Polizei Recht. Teil 1 115
121. Polizei. Recht. Teil 2 116

NATUR 118
Die Erde. Teil 1 118

122. Weltall 118
123. Die Erde 119
124. Himmelsrichtungen 120
125. Meer. Ozean 120
126. Namen der Meere und Ozeane 121
127. Berge 122
128. Namen der Berge 123
129. Flüsse 123
130. Namen der Flüsse 124
131. Wald 124
132. natürliche Lebensgrundlagen 125

Die Erde. Teil 2   127

133. Wetter   127
134. Unwetter Naturkatastrophen   128

Fauna   129

135. Säugetiere. Raubtiere   129
136. Tiere in freier Wildbahn   129
137. Haustiere   130
138. Vögel   131
139. Fische. Meerestiere   133
140. Amphibien Reptilien   133
141. Insekten   134

Flora   135

142. Bäume   135
143. Büsche   135
144. Obst. Beeren   136
145. Blumen. Pflanzen   137
146. Getreide, Körner   138

LÄNDER. NATIONALITÄTEN   139

147. Westeuropa   139
148. Mittel- und Osteuropa   139
149. Frühere UdSSR Republiken   140
150. Asien   140
151. Nordamerika   141
152. Mittel- und Südamerika   141
153. Afrika   142
154. Australien. Ozeanien   142
155. Städte   142

LEITFADEN FÜR DIE AUSSPRACHE

Buchstabe	Litauisch Beispiel	T&P phonetisches Alphabet	Deutsch Beispiel
Aa	adata	[a]	schwarz
Ąą	ąžuolas	[a:]	Zahlwort
Bb	badas	[b]	Brille
Cc	cukrus	[ts]	Gesetz
Čč	česnakas	[tʃ]	Matsch
Dd	dumblas	[d]	Detektiv
Ee	eglė	[æ]	ärgern
Ęę	vedęs	[æ:]	verschütten
Ėė	ėdalas	[e:]	Wildleder
Ff	fleita	[f]	fünf
Gg	gandras	[g]	gelb
Hh	husaras	[ɣ]	Vogel (Berlinerisch)
I i	ižas	[i]	ihr, finden
Į į	mįslė	[i:]	Wieviel
Yy	vynas	[i:]	Wieviel
J j	juokas	[j]	Jacke
Kk	kilpa	[k]	Kalender
L l	laisvė	[l]	Juli
Mm	mama	[m]	Mitte
Nn	nauda	[n]	nicht
Oo	ola	[o], [o:]	wohnen, oft
Pp	pirtis	[p]	Polizei
Rr	ragana	[r]	richtig
Ss	sostinė	[s]	sein
Šš	šūvis	[ʃ]	Chance
Tt	tėvynė	[t]	still
Uu	upė	[u]	kurz
Ųų	siųsti	[u:]	Zufall
Ūū	ūmėdė	[u:]	Zufall
Vv	vabalas	[ʊ]	Invalide
Zz	zuikis	[z]	sein
Žž	žiurkė	[ʒ]	Regisseur

Anmerkungen

- Macron (ū), ogonek (ą, ę, į, ų) kann verwendet werden, um lange Vokale in der modernen litauischen anzugeben. Akuter Stress (Áá Áą), Gravis (Àà) und Tilde (Ãã Ãą) - Umlaute werden verwendet, um die System-Töne geben. Diese Zeichen werden in der Regel nur in Wörterbüchern und Lehrbüchern verwendet.

ABKÜRZUNGEN
die im Vokabular verwendet werden

Deutsch. Abkürzungen

Adj	-	Adjektiv
Adv	-	Adverb
Amtsspr.	-	Amtssprache
f	-	Femininum
f, n	-	Femininum, Neutrum
Fem.	-	Femininum
m	-	Maskulinum
m, f	-	Maskulinum, Femininum
m, n	-	Maskulinum, Neutrum
Mask.	-	Maskulinum
n	-	Neutrum
pl	-	Plural
Sg.	-	Singular
ugs.	-	umgangssprachlich
unzähl.	-	unzählbar
usw.	-	und so weiter
v mod	-	Modalverb
vi	-	intransitives Verb
vi, vt	-	intransitives, transitives Verb
vt	-	transitives Verb
zähl.	-	zählbar
z.B.	-	zum Beispiel

Litauisch. Abkürzungen

dgs	-	Plural
m	-	Femininum
m dgs	-	Femininum plural
v	-	Maskulinum
v dgs	-	Maskulinum plural

GRUNDBEGRIFFE

Grundbegriffe. Teil 1

1. Pronomen

ich	aš	['aʃ]
du	tù	['tu]
er	jìs	[jɪs]
sie	jì	[jɪ]
wir	mẽs	['mʲæs]
ihr	jũs	['ju:s]
sie	jiẽ	['jiɛ]

2. Grüße. Begrüßungen. Verabschiedungen

Hallo! (ugs.)	Sveikas!	['svʲɛɪkas!]
Hallo! (Amtsspr.)	Sveikì!	[svʲɛɪ'kʲɪ!]
Guten Morgen!	Lãbas rýtas!	['lʲa:bas 'rʲi:tas!]
Guten Tag!	Labà dienà!	[lʲa'ba dʲiɛ'na!]
Guten Abend!	Lãbas vãkaras!	['lʲa:bas 'va:karas!]
grüßen (vi, vt)	sveĩkintis	['svʲɛɪkʲɪntʲɪs]
Hallo! (ugs.)	Lãbas!	['lʲa:bas!]
Gruß (m)	linkéjimas (v)	[lʲɪŋ'kʲɛjɪmas]
begrüßen (vt)	sveĩkinti	['svʲɛɪkʲɪntʲɪ]
Wie geht's?	Kaĩp sẽkasi?	['kʌɪp 'sʲækasʲɪ?]
Was gibt es Neues?	Kàs naũjo?	['kas 'nɑujɔ?]
Auf Wiedersehen!	Ikì pasimãtymo!	[ɪkʲɪ pasʲɪmatʲi:mo!]
Bis bald!	Ikì greĩto susìtikimo!	[ɪ'kʲɪ 'grʲɛɪtɔ susʲɪtʲɪ'kʲɪmɔ!]
Lebe wohl! Leben Sie wohl!	Lìkite sveikì!	['lʲɪkʲɪtʲɛ svʲɛɪ'kʲɪ!]
sich verabschieden	atsisveĩkinti	[atsʲɪ'svʲɛɪkʲɪntʲɪ]
Tschüs!	Ikì!	[ɪ'kʲɪ!]
Danke!	Ãčiū!	['a:tʂʲu:!]
Dankeschön!	Labaĩ ãčiū!	[lʲa'bʌɪ 'a:tʂʲu:!]
Bitte (Antwort)	Prãšom.	['pra:ʃom]
Keine Ursache.	Nevertà padėkõs.	[nʲɛver'ta padʲe:'ko:s]
Nichts zu danken.	Nėrà ùž kã̃.	[nʲe:'ra 'ʊʒ ka:]
Entschuldige!	Atlẽisk!	[at'lʲɛɪsk!]
Entschuldigung!	Atlẽiskite!	[at'lʲɛɪskʲɪtʲɛ!]
entschuldigen (vt)	atlẽisti	[at'lʲɛɪstʲɪ]
sich entschuldigen	atsiprašýti	[atsʲɪpra'ʃɪ:tʲɪ]

Verzeihung!	Máno atsiprāšymas.	['ma:nɔ atsʲɪ'praːʃɪːmas]
Es tut mir leid!	Atléiskite!	[atʲlʲɛɪskʲɪtʲɛ!]
verzeihen (vt)	atléisti	[atʲlʲɛɪstʲɪ]
Das macht nichts!	Nieko baisaũs.	['nʲɛkɔ bʌɪ'sɑʊs]
bitte (Die Rechnung, ~!)	prãšom	['pra:ʃom]

Nicht vergessen!	Nepamĩ́ршkite!	[nʲɛpa'mʲɪrʃkʲɪtʲɛ!]
Natürlich!	Žìnoma!	['ʒʲɪnoma!]
Natürlich nicht!	Žìnoma nė!	['ʒʲɪnoma nʲɛ!]
Gut! Okay!	Sutinkù!	[sʊtʲɪŋ'kʊ!]
Es ist genug!	Užtèks!	[ʊʒ'tʲɛks!]

3. Jemanden ansprechen

Entschuldigen Sie!	Atsiprašaũ, ...	[atsʲɪpra'ʃɑʊ, ...]
Herr	Pónas	['po:nas]
Frau	Póne	['po:nʲɛ]
Frau (Fräulein)	Panẽlė	[pa'nʲælʲe:]
Junger Mann	Ponáiti	[po'nʌɪtʲɪ]
Junge	Berniùk	[bʲɛr'nʲʊk]
Mädchen	Mergáitė	[mʲɛr'gʌɪtʲe:]

4. Grundzahlen. Teil 1

null	nùlis	['nʊlʲɪs]
eins	víenas	['vʲiɛnas]
zwei	dù	['dʊ]
drei	trìs	['trʲɪs]
vier	keturì	[kʲɛtʊ'rʲɪ]

fünf	penkì	[pʲɛŋ'kʲɪ]
sechs	šešì	[ʃɛ'ʃɪ]
sieben	septynì	[sʲɛptʲiː'nʲɪ]
acht	aštuonì	[aʃtʊɑ'nʲɪ]
neun	devynì	[dʲɛvʲiː'nʲɪ]

zehn	dẽšimt	['dʲæʃɪmt]
elf	vienúolika	[vʲiɛ'nʊɑlʲɪka]
zwölf	dvýlika	['dvʲiːlʲɪka]
dreizehn	trýlika	['trʲiːlʲɪka]
vierzehn	keturiólika	[kʲɛtʊ'rʲolʲɪka]

fünfzehn	penkiólika	[pʲɛŋ'kʲolʲɪka]
sechzehn	šešiólika	[ʃɛ'ʃolʲɪka]
siebzehn	septyniólika	[sʲɛptʲiː'nʲolʲɪka]
achtzehn	aštuoniólika	[aʃtʊɑ'nʲolʲɪka]
neunzehn	devyniólika	[dʲɛvʲiː'nʲolʲɪka]

zwanzig	dvìdešimt	['dvʲɪdʲɛʃɪmt]
einundzwanzig	dvìdešimt víenas	['dvʲɪdʲɛʃɪmt 'vʲiɛnas]
zweiundzwanzig	dvìdešimt dù	['dvʲɪdʲɛʃɪmt 'dʊ]
dreiundzwanzig	dvìdešimt trìs	['dvʲɪdʲɛʃɪmt 'trʲɪs]

dreißig	trìsdešimt	['trʲɪsdʲɛʃɪmt]
einunddreißig	trìsdešimt víenas	['trʲɪsdʲɛʃɪmt 'vʲiɛnas]
zweiunddreißig	trìsdešimt dù	['trʲɪsdʲɛʃɪmt 'dʊ]
dreiunddreißig	trìsdešimt trìs	['trʲɪsdʲɛʃɪmt 'trʲɪs]
vierzig	kẽturiasdešimt	['kʲætʊrʲæsdʲɛʃɪmt]
einundvierzig	kẽturiasdešimt víenas	['kʲætʊrʲæsdʲɛʃɪmt 'vʲiɛnas]
zweiundvierzig	kẽturiasdešimt dù	['kʲætʊrʲæsdʲɛʃɪmt 'dʊ]
dreiundvierzig	kẽturiasdešimt trìs	['kʲætʊrʲæsdʲɛʃɪmt 'trʲɪs]
fünfzig	peñkiasdešimt	['pʲɛŋkʲæsdʲɛʃɪmt]
einundfünfzig	peñkiasdešimt víenas	['pʲɛŋkʲæsdʲɛʃɪmt 'vʲiɛnas]
zweiundfünfzig	peñkiasdešimt dù	['pʲɛŋkʲæsdʲɛʃɪmt 'dʊ]
dreiundfünfzig	peñkiasdešimt trìs	['pʲɛŋkʲæsdʲɛʃɪmt 'trʲɪs]
sechzig	šẽšiasdešimt	['ʃæʃæsdʲɛʃɪmt]
einundsechzig	šẽšiasdešimt víenas	['ʃæʃæsdʲɛʃɪmt 'vʲiɛnas]
zweiundsechzig	šẽšiasdešimt dù	['ʃæʃæsdʲɛʃɪmt 'dʊ]
dreiundsechzig	šẽšiasdešimt trìs	['ʃæʃæsdʲɛʃɪmt 'trʲɪs]
siebzig	septýniasdešimt	[sʲɛpʲtʲiːnʲæsdʲɛʃɪmt]
einundsiebzig	septýniasdešimt víenas	[sʲɛpʲtʲiːnʲæsdʲɛʃɪmt 'vʲiɛnas]
zweiundsiebzig	septýniasdešimt dù	[sʲɛpʲtʲiːnʲæsdʲɛʃɪmt 'dʊ]
dreiundsiebzig	septýniasdešimt trìs	[sʲɛpʲtʲiːnʲæsdʲɛʃɪmt 'trʲɪs]
achtzig	aštúoniasdešimt	[aʃtʊɑnʲæsdʲɛʃɪmt]
einundachtzig	aštúoniasdešimt víenas	[aʃtʊɑnʲæsdʲɛʃɪmt 'vʲiɛnas]
zweiundachtzig	aštúoniasdešimt dù	[aʃtʊɑnʲæsdʲɛʃɪmt 'dʊ]
dreiundachtzig	aštúoniasdešimt trìs	[aʃtʊɑnʲæsdʲɛʃɪmt 'trʲɪs]
neunzig	devýniasdešimt	[dʲɛ'vʲiːnʲæsdʲɛʃɪmt]
einundneunzig	devýniasdešimt víenas	[dʲɛ'vʲiːnʲæsdʲɛʃɪmt 'vʲiɛnas]
zweiundneunzig	devýniasdešimt dù	[dʲɛ'vʲiːnʲæsdʲɛʃɪmt 'dʊ]
dreiundneunzig	devýniasdešimt trìs	[dʲɛ'vʲiːnʲæsdʲɛʃɪmt 'trʲɪs]

5. Grundzahlen. Teil 2

einhundert	šim̃tas	['ʃɪmtas]
zweihundert	dù šimtaĩ	['dʊ ʃɪm'tʌɪ]
dreihundert	trìs šimtaĩ	['trʲɪs ʃɪm'tʌɪ]
vierhundert	keturì šimtaĩ	[kʲɛtʊ'rʲɪ ʃɪm'tʌɪ]
fünfhundert	penkì šimtaĩ	[pʲɛŋ'kʲɪ ʃɪm'tʌɪ]
sechshundert	šešì šimtaĩ	[ʃɛ'ʃʲɪ ʃɪm'tʌɪ]
siebenhundert	septynì šimtaĩ	[sʲɛpʲtʲiːnʲɪ ʃɪmtʌɪ]
achthundert	aštuonì šimtaĩ	[aʃtʊɑnʲɪ ʃɪm'tʌɪ]
neunhundert	devynì šimtaĩ	[dʲɛvʲiːnʲɪ ʃɪm'tʌɪ]
eintausend	tū̃kstantis	['tuːkstantʲɪs]
zweitausend	dù tū̃kstančiai	['dʊ 'tuːkstantʂʲɛɪ]
dreitausend	trỹs tū̃kstančiai	['trʲiːs 'tuːkstantʂʲɛɪ]
zehntausend	dẽšimt tū̃kstančių	['dʲæʃɪmt 'tuːkstantʂʲuː]
hunderttausend	šim̃tas tū̃kstančių	['ʃɪmtas 'tuːkstantʂʲuː]
Million (f)	milijõnas (v)	[mʲɪlʲɪ'ɪ'joːnas]
Milliarde (f)	milijárdas (v)	[mʲɪlʲɪ'ɪ'jardas]

14

6. Ordnungszahlen

der erste	pìrmas	[ˈpʲɪrmas]
der zweite	añtras	[ˈantras]
der dritte	trẽčias	[ˈtrʲæt͡sʲæs]
der vierte	ketvìrtas	[kʲɛtˈvʲɪrtas]
der fünfte	peñktas	[ˈpʲɛŋktas]
der sechste	šẽštas	[ˈʃæʃtas]
der siebte	septiñtas	[sʲɛpˈtʲɪntas]
der achte	aštuñtas	[aʃˈtʊntas]
der neunte	deviñtas	[dʲɛˈvʲɪntas]
der zehnte	dešim̃tas	[dʲɛˈʃɪmtas]

7. Zahlen. Brüche

Bruch (m)	trùpmena (m)	[ˈtrʊpmʲɛna]
Hälfte (f)	víena antrõji	[ˈvʲiɛna anˈtroːjɪ]
Drittel (n)	víena trečiõji	[ˈvʲiɛna trʲɛˈt͡sʲoːjɪ]
Viertel (n)	víena ketvirtõji	[ˈvʲiɛna kʲɛtvʲɪrˈtoːjɪ]
Achtel (m, n)	víena aštuntõji	[ˈvʲiɛna aʃtʊnˈtoːjɪ]
Zehntel (n)	víena dešimtõji	[ˈvʲiɛna dʲɛʃɪmˈtoːjɪ]
zwei Drittel	dvì trẽčioosios	[dvʲɪ ˈtrʲæt͡sʲoosʲos]
drei Viertel	trỹs ketvìrtosios	[ˈtrʲiːs kʲɛtˈvʲɪrtosʲos]

8. Zahlen. Grundrechenarten

Subtraktion (f)	atim̃tis (m)	[aˈtʲɪmˈtʲɪs]
subtrahieren (vt)	atim̃ti	[aˈtʲɪmtʲɪ]
Division (f)	dalýba (m)	[daˈlʲiːba]
dividieren (vt)	dalìnti	[daˈlʲɪntʲɪ]
Addition (f)	sudėjìmas (v)	[sʊdʲeːˈjɪmas]
addieren (vt)	sudėti	[sʊˈdʲeːtʲɪ]
hinzufügen (vt)	pridėti	[prʲɪˈdʲeːtʲɪ]
Multiplikation (f)	daugýba (m)	[dɑʊˈgʲiːba]
multiplizieren (vt)	dáuginti	[ˈdɑʊgʲɪntʲɪ]

9. Zahlen. Verschiedenes

Ziffer (f)	skaitmuõ (v)	[skʌɪtˈmʊɑ]
Zahl (f)	skaĩčius (v)	[ˈskʌɪt͡sʲʊs]
Zahlwort (n)	skaĩtvardis (v)	[ˈskʌɪtvardʲɪs]
Minus (n)	mìnusas (v)	[ˈmʲɪnʊsas]
Plus (n)	pliùsas (v)	[ˈplʲʊsas]
Formel (f)	formulė (m)	[ˈformʊlʲeː]
Berechnung (f)	išskaičiãvimas (v)	[ɪʃskʌɪˈt͡sʲævʲɪmas]
zählen (vt)	skaičiúoti	[skʌɪˈt͡sʲʊɑtʲɪ]

Deutsch	Litauisch	IPA
berechnen (vt)	apskaičiúoti	[apskʌɪ'tsʲʊatʲɪ]
vergleichen (vt)	sulýginti	[sʊ'lʲi:gʲɪntʲɪ]

Wie viel, -e?	Kíek?	['kʲiɛk?]
Summe (f)	sumà (m)	[sʊ'ma]
Ergebnis (n)	rezultãtas (v)	[rʲɛzʊlʲ'ta:tas]
Rest (m)	likùtis (v)	[lʲɪ'kʊtʲɪs]

einige (~ Tage)	kẽletas	['kʲælʲɛtas]
wenig (Adv)	nedaũg ...	[nʲɛ'daʊg ...]
Übrige (n)	vìsa kìta	['vʲɪsa 'kʲɪta]
anderthalb	pusañtro	[pʊ'santrɔ]
Dutzend (n)	tùzinas (v)	['tʊzʲɪnas]

entzwei (Adv)	per pùsę	['pʲɛr 'pʊsʲɛ:]
zu gleichen Teilen	põ lýgiai	['pɔ: lʲi:gʲɛɪ]
Hälfte (f)	pùsė (m)	['pʊsʲe:]
Mal (n)	kártas (v)	['kartas]

10. Die wichtigsten Verben. Teil 1

abbiegen (nach links ~)	sùkti	['sʊktʲɪ]
abschicken (vt)	išsių̃sti	[ɪʃsʲu:stʲɪ]
ändern (vt)	pakeìsti	[pa'kʲɛɪstʲɪ]
andeuten (vt)	užsimiñti	[ʊʒsʲɪ'mʲɪntʲɪ]
Angst haben	bijóti	[bʲɪ'jotʲɪ]

ankommen (vi)	atvažiúoti	[atva'ʒʲʊatʲɪ]
antworten (vi)	atsakýti	[atsa'kʲi:tʲɪ]
arbeiten (vi)	dìrbti	['dʲɪrptʲɪ]
auf ... zählen	tikétis ...	[tʲɪ'kʲe:tʲɪs ...]
aufbewahren (vt)	sáugoti	['saʊgotʲɪ]

aufschreiben (vt)	užrašinéti	[ʊʒraʃɪ'nʲe:tʲɪ]
ausgehen (vi)	išeìti	[ɪ'ʃɛɪtʲɪ]
aussprechen (vt)	ištárti	[ɪʃ'tartʲɪ]
bedauern (vt)	gailétis	[gʌɪ'lʲe:tʲɪs]
bedeuten (vt)	reìkšti	['rʲɛɪkʃtʲɪ]
beenden (vt)	užbaĩgti	[ʊʒ'bʌɪktʲɪ]

befehlen (Milit.)	nurodinéti	[nʊrodʲɪ'nʲe:tʲɪ]
befreien (Stadt usw.)	išláisvinti	[ɪʃ'lʲʌɪsvʲɪntʲɪ]
beginnen (vt)	pradéti	[pra'dʲe:tʲɪ]
bemerken (vt)	pastebéti	[paste'bʲe:tʲɪ]
beobachten (vt)	stebéti	[ste'bʲe:tʲɪ]

berühren (vt)	čiupinéti	[tsʲʊpʲɪ'nʲe:tʲɪ]
besitzen (vt)	mokéti	[mo'kʲe:tʲɪ]
besprechen (vt)	aptarinéti	[aptarʲɪ'nʲætʲɪ]
bestehen auf	reikaláuti	[rʲɛɪka'lʲaʊtʲɪ]
bestellen (im Restaurant)	užsakinéti	[ʊʒsakʲɪ'nʲe:tʲɪ]

bestrafen (vt)	baũsti	['baʊstʲɪ]
beten (vi)	melstis	['mʲɛlʲstʲɪs]

bitten (vt)	prašýti	[praˈʃɪːtʲɪ]
brechen (vt)	láužyti	[ˈlʲauʒʲiːtʲɪ]
denken (vi, vt)	galvóti	[galʲˈvotʲɪ]
drohen (vi)	grasìnti	[graˈsʲɪntʲɪ]
Durst haben	norėti gérti	[noˈrʲeːtʲɪ ˈgʲærtʲɪ]
einladen (vt)	kviẽsti	[ˈkvʲɛstʲɪ]
einstellen (vt)	nustóti	[nʊˈstotʲɪ]
einwenden (vt)	prieštaráuti	[prʲiɛʃtaˈrautʲɪ]
empfehlen (vt)	rekomendúoti	[rʲɛkomʲɛnˈduatʲɪ]
erklären (vt)	paaiškìnti	[paˈʌɪʃkʲɪntʲɪ]
erlauben (vt)	léisti	[ˈlʲɛɪstʲɪ]
ermorden (vt)	žudýti	[ʒʊˈdʲiːtʲɪ]
erwähnen (vt)	minėti	[mʲɪˈnʲeːtʲɪ]
existieren (vi)	egzistúoti	[ɛgzʲɪsˈtuatʲɪ]

11. Die wichtigsten Verben. Teil 2

fallen (vi)	krìsti	[ˈkrʲɪstʲɪ]
fallen lassen	numèsti	[nʊˈmʲɛstʲɪ]
fangen (vt)	gáudyti	[ˈgaʊdʲiːtʲɪ]
finden (vt)	ràsti	[ˈrastʲɪ]
fliegen (vi)	skrìsti	[ˈskrʲɪstʲɪ]
folgen (Folge mir!)	sèkti ...	[ˈsʲɛktʲɪ ...]
fortsetzen (vt)	tẽsti	[ˈtʲɛːstʲɪ]
fragen (vt)	kláusti	[ˈklʲaustʲɪ]
frühstücken (vi)	pusryčiáuti	[ˈpʊsrʲiːtsʲɛʊtʲɪ]
geben (vt)	dúoti	[ˈduatʲɪ]
gefallen (vi)	patìkti	[paˈtʲɪktʲɪ]
gehen (zu Fuß gehen)	eĩti	[ˈɛɪtʲɪ]
gehören (vi)	priklausýti	[prʲɪklʲaʊˈsʲiːtʲɪ]
graben (vt)	raũsti	[ˈraʊstʲɪ]
haben (vt)	turéti	[tʊˈrʲeːtʲɪ]
helfen (vi)	padéti	[paˈdʲeːtʲɪ]
herabsteigen (vi)	léistis	[ˈlʲɛɪstʲɪs]
hereinkommen (vi)	įeĩti	[iːˈɛɪtʲɪ]
hoffen (vi)	tikėtis	[tʲɪˈkʲeːtʲɪs]
hören (vt)	girdéti	[gʲɪrˈdʲeːtʲɪ]
hungrig sein	noréti válgyti	[noˈrʲeːtʲɪ ˈvalʲgʲiːtʲɪ]
informieren (vt)	informúoti	[ɪnforˈmuatʲɪ]
jagen (vi)	medžióti	[mʲɛˈdʒʲotʲɪ]
kennen (vt)	pažinóti	[paʒʲɪˈnotʲɪ]
klagen (vi)	skųstis	[ˈskuːstʲɪs]
können (v mod)	galéti	[gaˈlʲeːtʲɪ]
kontrollieren (vt)	kontroliúoti	[kontroˈlʲuatʲɪ]
kosten (vt)	kainúoti	[kʌɪˈnuatʲɪ]
kränken (vt)	įžeidinéti	[iːʒʲɛɪdʲɪˈnʲeːtʲɪ]
lächeln (vi)	šypsótis	[ʃɪːpˈsotʲɪs]

lachen (vi)	juõktis	['jʊaktʲɪs]
laufen (vi)	bėgti	['bʲeːktʲɪ]
leiten (Betrieb usw.)	vadováuti	[vado'vaʊtʲɪ]

lernen (vt)	studijúoti	[stʊdʲɪ'jʊatʲɪ]
lesen (vi, vt)	skaitýti	[skʌɪ'tʲiːtʲɪ]
lieben (vt)	mylėti	[mʲiːˈlʲeːtʲɪ]
machen (vt)	darýti	[da'rʲiːtʲɪ]

mieten (Haus usw.)	núomotis	['nʊamotʲɪs]
nehmen (vt)	im̃ti	['ɪmtʲɪ]
noch einmal sagen	kartóti	[kar'totʲɪ]
nötig sein	bū́ti reikalìngu	['buːtʲɪ rʲɛɪka'lʲɪŋgʊ]
öffnen (vt)	atidarýti	[atʲɪda'rʲiːtʲɪ]

12. Die wichtigsten Verben. Teil 3

planen (vt)	planúoti	[plʲa'nʊatʲɪ]
prahlen (vi)	gìrtis	['gʲɪrtʲɪs]
raten (vt)	patarinéti	[patarʲɪ'rʲnʲeːtʲɪ]
rechnen (vt)	skaičiúoti	[skʌɪ'tʂʲʊatʲɪ]
reservieren (vt)	rezervúoti	[rʲɛzʲɛr'vʊatʲɪ]

retten (vt)	gélbėti	['gʲælʲbʲeːtʲɪ]
richtig raten (vt)	atspéti	[at'spʲeːtʲɪ]
rufen (um Hilfe ~)	kviẽsti	['kvʲɛstʲɪ]
sagen (vt)	pasakýti	[pasa'kʲiːtʲɪ]
schaffen (Etwas Neues zu ~)	sukùrti	[sʊ'kʊrtʲɪ]

schelten (vt)	bárti	['bartʲɪ]
schießen (vi)	šáudyti	['ʃaʊdʲiːtʲɪ]
schmücken (vt)	puõšti	['pʊaʃtʲɪ]
schreiben (vi, vt)	rašýti	[ra'ʃɪːtʲɪ]
schreien (vi)	šaũkti	['ʃaʊktʲɪ]
schweigen (vi)	tylėti	[tʲiːˈlʲeːtʲɪ]
schwimmen (vi)	plaũkti	['plʲaʊktʲɪ]
schwimmen gehen	máudytis	['maʊdʲiːtʲɪs]
sehen (vi, vt)	matýti	[ma'tʲiːtʲɪ]

sein (vi)	bū́ti	['buːtʲɪ]
sich beeilen	skubėti	[skʊ'bʲeːtʲɪ]
sich entschuldigen	atsiprašinéti	[atsʲɪpraʃɪ'rʲnʲeːtʲɪ]

sich interessieren	dométis	[do'mʲeːtʲɪs]
sich irren	klýsti	['klʲiːstʲɪ]
sich setzen	séstis	['sʲeːstʲɪs]
sich weigern	atsisakýti	[atsʲɪsa'kʲiːtʲɪ]
spielen (vi, vt)	žaĩsti	['ʒʌɪstʲɪ]

sprechen (vi)	sakýti	[sa'kʲiːtʲɪ]
staunen (vi)	stebėtis	[stʲe'bʲeːtʲɪs]
stehlen (vt)	võgti	['voːktʲɪ]
stoppen (vt)	sustóti	[sʊs'totʲɪ]
suchen (vt)	ieškóti	[ɪɛʃ'kotʲɪ]

13. Die wichtigsten Verben. Teil 4

täuschen (vt)	apgaudinėti	[apgɑʊdʲɪ'nʲe:tʲɪ]
teilnehmen (vi)	dalyváuti	[dalʲi:'vɑʊtʲɪ]
übersetzen (Buch usw.)	ve̅rsti	['vʲɛrstʲɪ]
unterschätzen (vt)	nejvértinti	[nʲɛɪ:'vʲɛrtʲɪntʲɪ]
unterschreiben (vt)	pasirašinėti	[pasʲɪraʃɪ'nʲe:tʲɪ]
vereinigen (vt)	apjùngti	[a'pjʊŋktʲɪ]
vergessen (vt)	užmi̅ršti	[ʊʒ'mʲɪrʃtʲɪ]
vergleichen (vt)	lýginti	['lʲi:gʲɪntʲɪ]
verkaufen (vt)	pardavinėti	[pardavʲɪ'nʲe:tʲɪ]
verlangen (vt)	reikaláuti	[rʲɛɪka'lʲɑʊtʲɪ]
versäumen (vt)	praleidinėti	[pralʲɛɪdʲɪ'nʲe:tʲɪ]
versprechen (vt)	žadėti	[ʒa'dʲe:tʲɪ]
verstecken (vt)	slėpti	['slʲe:ptʲɪ]
verstehen (vt)	suprasti	[sʊp'rastʲɪ]
versuchen (vt)	bandýti	[ban'dʲi:tʲɪ]
verteidigen (vt)	gi̅nti	['gʲɪntʲɪ]
vertrauen (vi)	pasitikėti	[pasʲɪtʲɪ'kʲe:tʲɪ]
verwechseln (vt)	suklýsti	[sʊk'lʲi:stʲɪ]
verzeihen (vi, vt)	atléisti	[at'lʲɛɪstʲɪ]
verzeihen (vt)	atléisti	[at'lʲɛɪstʲɪ]
voraussehen (vt)	numatýti	[nʊma'tʲi:tʲɪ]
vorschlagen (vt)	siū́lyti	['sʲu:lʲi:tʲɪ]
vorziehen (vt)	teĩkti pirmenýbę	['tʲɛɪktʲɪ pʲɪrmʲɛ'nʲi:bʲɛ:]
wählen (vt)	išširiñkti	[ɪʃsʲɪ'rʲɪŋktʲɪ]
warnen (vt)	pérspėti	['pʲɛrspʲe:tʲɪ]
warten (vi)	láukti	['lʲɑʊktʲɪ]
weinen (vi)	ve̅rkti	['vʲɛrktʲɪ]
wissen (vt)	žinóti	[ʒʲɪ'notʲɪ]
Witz machen	juokáuti	[jʊɑ'kɑʊtʲɪ]
wollen (vt)	norėti	[no'rʲe:tʲɪ]
zahlen (vt)	mokėti	[mo'kʲe:tʲɪ]
zeigen (jemandem etwas)	ródyti	['rodʲi:tʲɪ]
zu Abend essen	vakarieniáuti	[vakarʲɪɛ'nʲæʊtʲɪ]
zu Mittag essen	pietáuti	[pʲɪɛ'tɑʊtʲɪ]
zubereiten (vt)	gamìnti	[ga'mʲɪntʲɪ]
zustimmen (vi)	sutìkti	[sʊ'tʲɪktʲɪ]
zweifeln (vi)	abejóti	[abʲɛ'jotʲɪ]

14. Farben

Farbe (f)	spalvà (m)	[spalʲ'va]
Schattierung (f)	ãtspalvis (v)	['a:tspalʲvʲɪs]
Farbton (m)	tònas (v)	['tonas]
Regenbogen (m)	vaivorykštė (m)	[vʌɪ'vorʲi:kʃtʲe:]
weiß	baltà	[balʲ'ta]

| schwarz | juodà | [jʊɐˈda] |
| grau | pilkà | [pʲɪlʲˈka] |

grün	žalià	[ʒaˈlʲæ]
gelb	geltóna	[gʲɛlʲˈtona]
rot	raudóna	[rɐʊˈdona]

blau	mėlyna	[ˈmʲeːlʲiːna]
hellblau	žydrà	[ʒʲiːdˈra]
rosa	rõžinė	[ˈroːʒʲɪnʲeː]
orange	oránžinė	[oˈranʒʲɪnʲeː]
violett	violètinė	[vʲɪjoˈlʲɛtʲɪnʲeː]
braun	rudà	[rʊˈda]

| golden | auksìnis | [ɐʊkˈsʲɪnʲɪs] |
| silbrig | sidabrìnis | [sʲɪdaˈbrʲɪnʲɪs] |

beige	smėlio spalvõs	[ˈsmʲeːlʲɔ spalʲˈvoːs]
cremefarben	krèminės spalvõs	[ˈkrʲɛmʲɪnʲeːs spalʲˈvoːs]
türkis	tuȓkio spalvõs	[ˈtʊrkʲɔ spalʲˈvoːs]
kirschrot	vỹšnių spalvõs	[vʲiːʃnʲuː spalʲˈvoːs]
lila	alỹvų spalvõs	[aˈlʲiːvuː spalʲˈvoːs]
himbeerrot	aviẽtinės spalvõs	[aˈvʲɛtʲɪnʲeːs spalʲˈvoːs]

hell	šviesì	[ʃvʲiɛˈsʲɪ]
dunkel	tamsì	[tamˈsʲɪ]
grell	ryškì	[rʲiːʃˈkʲɪ]

Farb- (z.B. -stifte)	spalvótas	[spalʲˈvotas]
Farb- (z.B. -film)	spalvótas	[spalʲˈvotas]
schwarz-weiß	juodaĩ báltas	[jʊɐˈdʌɪ ˈbalʲtas]
einfarbig	vienspálvis	[vʲiɛnsˈpalʲvʲɪs]
bunt	įvairiaspálvis	[iːvʌɪrʲæsˈpalʲvʲɪs]

15. Fragen

Wer?	Kàs?	[ˈkas?]
Was?	Ką̀?	[ˈkaː?]
Wo?	Kuȓ?	[ˈkʊr?]
Wohin?	Kuȓ?	[ˈkʊr?]
Woher?	Ìš kuȓ?	[ɪʃ ˈkʊr?]
Wann?	Kadà?	[kaˈda?]
Wozu?	Kám?	[ˈkam?]
Warum?	Kodė̃l?	[kɔˈdʲeːlʲ?]
Wofür?	Kám?	[ˈkam?]
Wie?	Kaĩp?	[ˈkʌɪp?]
Welcher?	Kóks?	[ˈkoks?]

Wem?	Kám?	[ˈkam?]
Über wen?	Apiẽ ką̀?	[aˈpʲɛ ˈkaː?]
Wovon? (~ sprichst du?)	Apiẽ ką̀?	[aˈpʲɛ ˈkaː?]
Mit wem?	Sù kuõ?	[ˈsʊ ˈkʊɐ?]
Wie viel? Wie viele?	Kíek?	[ˈkʲiɛk?]
Wessen?	Kienõ?	[kʲiɛˈnoː?]

16. Präpositionen

mit (Frau ~ Katzen)	sù ...	['sʊ ...]
ohne (~ Dich)	bė	['bʲɛ]
nach (~ London)	į̃	[iː]
über (~ Geschäfte sprechen)	apiẽ	[a'pʲɛ]
vor (z.B. ~ acht Uhr)	ikì	[ɪ'kʲɪ]
vor (z.B. ~ dem Haus)	priẽš	['prʲɛʃ]
unter (~ dem Schirm)	põ	['poː]
über (~ dem Meeresspiegel)	vír̃š	['vʲɪrʃ]
auf (~ dem Tisch)	añt	['ant]
aus (z.B. ~ München)	ìš	[ɪʃ]
aus (z.B. ~ Porzellan)	ìš	[ɪʃ]
in (~ zwei Tagen)	põ ..., ùž ...	['poː ...], ['ʊʒ ...]
über (~ zaun)	per̃	['pʲɛr]

17. Funktionswörter. Adverbien. Teil 1

Wo?	Kur̃?	['kʊr?]
hier	čià	['tsʲæ]
dort	teñ	['tʲɛn]
irgendwo	kažkur̃	[kaʒ'kʊr]
nirgends	niẽkur	['nʲɛkʊr]
an (bei)	priẽ ...	['prʲɛ ...]
am Fenster	priẽ lángo	['prʲɛ 'lʲangɔ]
Wohin?	Kur̃?	['kʊr?]
hierher	čià	['tsʲæ]
dahin	teñ	['tʲɛn]
von hier	ìš čià	[ɪʃ tsʲæ]
von da	ìš teñ	[ɪʃ tʲɛn]
nah (Adv)	šalià	[ʃa'lʲæ]
weit, fern (Adv)	tolì	[to'lʲɪ]
in der Nähe von ...	šalià	[ʃa'lʲæ]
in der Nähe	artì	[ar'tʲɪ]
unweit (~ unseres Hotels)	netolì	[nʲɛ'tolʲɪ]
link (Adj)	kairỹs	[kʌɪ'rʲiːs]
links (Adv)	ìš kairė̃s	[ɪʃ kʌɪ'rʲeːs]
nach links	į̃ kaĩrę	[iː 'kʌɪrʲɛː]
recht (Adj)	dešinỹs	[dʲɛʃɪ'nʲiːs]
rechts (Adv)	ìš dešinė̃s	[ɪʃ dɛʃɪ'nʲeːs]
nach rechts	į̃ dẽšinę	[iː 'dʲæʃɪnʲɛː]
vorne (Adv)	príekyje	['prʲɛkʲiːjɛ]
Vorder-	príekinis	['prʲɛkʲɪnʲɪs]

vorwärts	pirmyn	[pʲɪr'mʲiːn]
hinten (Adv)	galė	[ga'lʲɛ]
von hinten	iš galo	[ɪʃ 'gaːlʲɔ]
rückwärts (Adv)	atgal	[at'galʲ]

| Mitte (f) | vidurỹs (v) | [vʲɪdʊ'rʲiːs] |
| in der Mitte | per viduri̇̃ | ['pʲɛr 'vʲɪːdʊrʲɪː] |

seitlich (Adv)	šone	['ʃonʲɛ]
überall (Adv)	visur̃	[vʲɪ'sʊr]
ringsherum (Adv)	aplinkui	[ap'lʲɪŋkʊi]

von innen (Adv)	iš vidaũs	[ɪʃ vʲɪ'dɑʊs]
irgendwohin (Adv)	kažkur̃	[kaʒ'kʊr]
geradeaus (Adv)	tiẽsiai	['tʲɛsʲɛɪ]
zurück (Adv)	atgal	[at'galʲ]

| irgendwoher (Adv) | iš kur̃ nors | [ɪʃ 'kʊr 'nors] |
| von irgendwo (Adv) | iš kažkur̃ | [ɪʃ kaʒ'kʊr] |

erstens	pirma	['pʲɪrma]
zweitens	antra	['antra]
drittens	trečia	['trʲætʂʲæ]

plötzlich (Adv)	staiga	[stʌɪ'ga]
zuerst (Adv)	pradžiõj	[prad'ʒʲoːj]
zum ersten Mal	pirmą kartą	['pʲɪrma: 'karta:]
lange vor...	daũg laiko priẽš ...	['dɑʊg 'lʲʌɪkɔ 'prʲɛʃ ...]
von Anfang an	iš naũjo	[ɪʃ 'nɑʊjɔ]
für immer	visãm laĩkui	[vʲɪ'sam 'lʲʌɪkʊi]

nie (Adv)	niekada	[nʲiɛkad'a]
wieder (Adv)	vėl	['vʲeːlʲ]
jetzt (Adv)	dabar̃	[da'bar]
oft (Adv)	dažnai	[daʒ'nʌɪ]
damals (Adv)	tada	[ta'da]
dringend (Adv)	skubiai	[skʊ'bʲɛɪ]
gewöhnlich (Adv)	i̇́prastai	[iːpras'tʌɪ]

übrigens, ...	bejė, ...	[bɛ'jæ, ...]
möglicherweise (Adv)	i̇̃manoma	[iː'maːnoma]
wahrscheinlich (Adv)	tikėtina	[tʲɪ'kʲeːtʲɪna]
vielleicht (Adv)	gãli būti	['gaːlʲɪ 'buːtʲɪ]
außerdem ...	be to, ...	['bʲɛ toː, ...]
deshalb ...	todėl ...	[to'dʲeːlʲ ...]
trotz ...	nepaisant ...	[nʲɛ'pʌɪsant ...]
dank ...	... dėka	[... dʲeː'ka]

was (~ ist denn?)	kas	['kas]
das (~ ist alles)	kas	['kas]
etwas	kažkas	[kaʒ'kas]
irgendwas	kažkas	[kaʒ'kas]
nichts	niẽko	['nʲɛkɔ]

| wer (~ ist ~?) | kas | ['kas] |
| jemand | kažkas | [kaʒ'kas] |

irgendwer	kažkàs	[kaʒ'kas]
niemand	niẽkas	['nʲɛkas]
nirgends	niẽkur	['nʲɛkʊr]
niemandes (~ Eigentum)	niẽkieno	['nʲɛ'kʲiɛnɔ]
jemandes	kažkienõ	[kaʒkʲiɛ'noː]
so (derart)	taĩp	['tʌɪp]
auch	taĩp pàt	['tʌɪp 'pat]
ebenfalls	ir̃gi	['ɪrgʲɪ]

18. Funktionswörter. Adverbien. Teil 2

Warum?	Kodė̃l?	[kɔ'dʲeːlʲ?]
aus irgendeinem Grund	kažkodė̃l	[kaʒko'dʲeːlʲ]
weil ...	... todė̃l, kàd	[... to'dʲeːlʲ, 'kad]
zu irgendeinem Zweck	kažkodė̃l	[kaʒko'dʲeːlʲ]
und	ir̃	[ɪr]
oder	arbà	[ar'ba]
aber	bèt	['bʲɛt]
zu (~ viele)	pernelýg	[pʲɛrnʲɛ'lʲiːg]
nur (~ einmal)	tiktaĩ	[tʲɪk'tʌɪ]
genau (Adv)	tiksliaĩ	[tʲɪks'lʲɛɪ]
etwa	maždaũg	[maʒ'dɑʊg]
ungefähr (Adv)	apýtikriai	[a'pʲiːtʲɪkrʲɛɪ]
ungefähr (Adj)	apýtikriai	[a'pʲiːtʲɪkrʲɛɪ]
fast	bevéik	[bʲɛ'vʲɛɪk]
Übrige (n)	vìsa kìta (m)	['vʲɪsa 'kʲɪta]
jeder (~ Mann)	kiekvíenas	[kʲiɛk'vʲiɛnas]
beliebig (Adj)	bèt kurìs	['bʲɛt kʊ'rʲɪs]
viel	daũg	['dɑʊg]
viele Menschen	daũgelis	['dɑʊgʲɛlʲɪs]
alle (wir ~)	visì	[vʲɪ'sʲɪ]
im Austausch gegen ...	mainaĩs į̃ ...	[mʌɪ'nʌɪs iː ..]
dafür (Adv)	mainaĩs	[mʌɪ'nʌɪs]
mit der Hand (Hand-)	rañkiniu būdù	['raŋkʲɪnʲʊ buː'dʊ]
schwerlich (Adv)	kažì	[ka'ʒʲɪ]
wahrscheinlich (Adv)	tikriáusiai	[tʲɪk'rʲæʊsʲɛɪ]
absichtlich (Adv)	týčia	['tʲiːtʂʲæ]
zufällig (Adv)	netýčia	[nʲɛ'tʲiːtʂʲæ]
sehr (Adv)	labaĩ	[lʲa'bʌɪ]
zum Beispiel	pãvyzdžiui	['pa:vʲiːzdʒʲʊi]
zwischen	tar̃p	['tarp]
unter (Wir sind ~ Mördern)	tar̃p	['tarp]
so viele (~ Ideen)	tiẽk	['tʲɛk]
besonders (Adv)	ýpač	['ɪːpatʂ]

Grundbegriffe. Teil 2

19. Wochentage

Montag (m)	pirmādienis (v)	[pʲɪrˈmaːdʲiɛnʲɪs]
Dienstag (m)	antrādienis (v)	[anˈtraːdʲiɛnʲɪs]
Mittwoch (m)	trečiādienis (v)	[trʲɛˈtʂʲædʲiɛnʲɪs]
Donnerstag (m)	ketvirtādienis (v)	[kʲɛtvʲɪrˈtaːdʲiɛnʲɪs]
Freitag (m)	penktādienis (v)	[pʲɛŋkˈtaːdʲiɛnʲɪs]
Samstag (m)	šeštādienis (v)	[ʃɛʃˈtaːdʲiɛnʲɪs]
Sonntag (m)	sekmādienis (v)	[sʲɛkˈmaːdʲiɛnʲɪs]
heute	šiandien	[ˈʃændʲiɛn]
morgen	rytoj	[rʲiːˈtoj]
übermorgen	poryt	[poˈrʲiːt]
gestern	vakar	[ˈvaːkar]
vorgestern	užvakar	[ˈʊʒvakar]
Tag (m)	diena (m)	[dʲiɛˈna]
Arbeitstag (m)	darbo diena (m)	[ˈdarbɔ dʲiɛˈna]
Feiertag (m)	šventinė diena (m)	[ˈʃventʲɪnʲe: dʲiɛˈna]
freier Tag (m)	išeiginė diena (m)	[ɪʃɛɪˈgʲɪnʲe: dʲiɛˈna]
Wochenende (n)	savaitgalis (v)	[saˈvʌɪtgalʲɪs]
den ganzen Tag	visą dieną	[ˈvʲɪsa: ˈdʲɛna:]
am nächsten Tag	sekančią dieną	[ˈsʲɛkantʂʲæ: ˈdʲɛna:]
zwei Tage vorher	prieš dvi dienas	[ˈprʲɛʃ ˈdvʲɪ dʲiɛˈnas]
am Vortag	išvakarėse	[ˈɪʃvakarʲeːse]
täglich (Adj)	kasdienis	[kasˈdʲɛnʲɪs]
täglich (Adv)	kasdien	[kasˈdʲɛn]
Woche (f)	savaitė (m)	[saˈvʌɪtʲeː]
letzte Woche	praeitą savaitę	[ˈpraʲɛɪta: saˈvʌɪtʲɛː]
nächste Woche	ateinančią savaitę	[aˈtʲɛɪnantʂʲæ: saˈvʌɪtʲɛː]
wöchentlich (Adj)	kassavaitinis	[kassaˈvʌɪtʲɪnʲɪs]
wöchentlich (Adv)	kas savaitę	[ˈkas saˈvʌɪtʲɛː]
zweimal pro Woche	du kartus per savaitę	[ˈdʊ karˈtʊs pʲer saˈvʌɪtʲɛː]
jeden Dienstag	kiekvieną antrādienį	[kʲiɛkˈvʲɪːɛna: anˈtraːdʲɪːɛnʲɪː]

20. Stunden. Tag und Nacht

Morgen (m)	rytas (v)	[ˈrʲiːtas]
morgens	ryte	[rʲiːˈtʲɛ]
Mittag (m)	vidurdienis (v)	[vʲɪˈdurdʲiɛnʲɪs]
nachmittags	popiet	[poˈpʲɛt]
Abend (m)	vakaras (v)	[ˈvaːkaras]
abends	vakare	[vakaˈrʲɛ]

T&P Books. Wortschatz Deutsch-Litauisch für das Selbststudium - 5000 Wörter

Nacht (f)	naktìs (m)	[nak'tʲɪs]
nachts	nãktį	['naːktiː]
Mitternacht (f)	vidùrnaktis (v)	[vʲɪ'dʊrnaktʲɪs]

Sekunde (f)	sekùndė (m)	[sʲɛ'kʊndʲeː]
Minute (f)	minùtė (m)	[mʲɪ'nʊtʲeː]
Stunde (f)	valandà (m)	[valʲan'da]
eine halbe Stunde	pùsvalandis (v)	['pʊsvalʲandʲɪs]
Viertelstunde (f)	ketvírtis valandõs	[kʲɛt'vʲɪrtʲɪs valʲan'doːs]
fünfzehn Minuten	penkiòlika minùčių	[pʲɛŋ'kʲolʲɪka mʲɪ'nʊtʂʲuː]
Tag und Nacht	parà (m)	[pa'ra]

Sonnenaufgang (m)	sáulės patekėjimas (v)	['saʊlʲeːs patʲɛ'kʲɛjɪmas]
Morgendämmerung (f)	aušrà (m)	[aʊʃ'ra]
früher Morgen (m)	ankstyvas rýtas (v)	[aŋk'stʲiːvas 'rʲiːtas]
Sonnenuntergang (m)	saulėlydis (v)	[saʊ'lʲeːlʲiːdʲɪs]

früh am Morgen	ankstì rytė̃	[aŋk'stʲɪ rʲiː'tʲɛ]
heute Morgen	šiañdien rytė̃	['ʃændʲiɛn rʲiː'tʲɛ]
morgen früh	rytój rytė̃	[rʲiː'toj rʲiː'tʲɛ]

heute Mittag	šiañdien diẽną	['ʃændʲɛn 'dʲiɛnaː]
nachmittags	popiẽt	[po'pʲɛt]
morgen Nachmittag	rytój popiẽt	[rʲiː'toj po'pʲɛt]

heute Abend	šiañdien vakarė̃	['ʃændʲiɛn vaka'rʲɛ]
morgen Abend	rytój vakarė̃	[rʲiː'toj vaka'rʲɛ]

Punkt drei Uhr	lýgiai trẽčią vãlandą	['lʲiːgʲɛɪ 'trʲætʂʲæː 'vaːlandaː]
gegen vier Uhr	apiẽ ketvírtą vãlandą	[a'pʲɛ kʲɛtv'ɪrta: vaːlʲanda:]
um zwölf Uhr	dvýliktai vãlandai	['dvʲiːlʲɪktʌɪ 'vaːlandʌɪ]

in zwanzig Minuten	ùž dvidešimtiẽs minùčių	['ʊʒ dvʲɪdʲɛʃɪm'tʲɛs mʲɪ'nʊtʂʲuː]
in einer Stunde	ùž valandõs	['ʊʒ valʲan'doːs]
rechtzeitig (Adv)	laikù	[lʲʌɪ'kʊ]

Viertel vor ...	bė̃ ketvírčio	['bʲɛ 'kʲɛtvʲɪrtʂʲo]
innerhalb einer Stunde	valandõs bė́gyje	[valʲan'doːs 'bʲeːgʲiːje]
alle fünfzehn Minuten	kàs penkiòlika minùčių	['kas pʲɛŋ'kʲolʲɪka mʲɪ'nʊtʂʲuː]
Tag und Nacht	vìsą pãrą (m)	['vʲɪsa: 'paːraː]

21. Monate. Jahreszeiten

Januar (m)	saũsis (v)	['saʊsʲɪs]
Februar (m)	vasãris (v)	[va'saːrʲɪs]
März (m)	kõvas (v)	[kɔ'vas]
April (m)	balañdis (v)	[ba'lʲandʲɪs]
Mai (m)	gegužė̃ (m)	[gʲɛgʊ'ʒʲeː]
Juni (m)	biržẽlis (v)	[bʲɪr'ʒʲælʲɪs]

Juli (m)	líepa (m)	['lʲiɛpa]
August (m)	rugpjū́tis (v)	[rʊg'pjuːtʲɪs]
September (m)	rugsėjis (v)	[rʊg'sʲɛjɪs]
Oktober (m)	spãlis (v)	['spaːlʲɪs]

25

German	Litauisch	IPA
November (m)	lãpkritis (v)	[ˡlʲaːpkrʲɪtʲɪs]
Dezember (m)	grúodis (v)	[ˈgrʊadʲɪs]
Frühling (m)	pavãsaris (v)	[paˈvaːsarʲɪs]
im Frühling	pavãsarį	[paˈvaːsarʲɪː]
Frühlings-	pavasarìnis	[pavasaˈrʲɪnʲɪs]
Sommer (m)	vãsara (m)	[ˈvaːsara]
im Sommer	vãsarą	[ˈvaːsaraː]
Sommer-	vasarìnis	[vasaˈrʲɪnʲɪs]
Herbst (m)	ruduõ (v)	[rʊˈdʊa]
im Herbst	rùdenį	[ˈrʊdʲɛnʲɪː]
Herbst-	rudenìnis	[rʊdʲɛˈnʲɪnʲɪs]
Winter (m)	žiemà (m)	[ʒʲiɛˈma]
im Winter	žiẽmą	[ˈʒʲɛmaː]
Winter-	žiemìnis	[ʒʲiɛˈmʲɪnʲɪs]
Monat (m)	ménuo (v)	[ˈmʲeːnʊa]
in diesem Monat	šį́ ménesį	[ʃɪː ˈmʲeːnesʲɪː]
nächsten Monat	kìtą ménesį	[ˈkʲɪːta ˈmʲeːnesʲɪː]
letzten Monat	praeìtą ménesį	[ˈpraʲɛɪta ˈmʲeːnesʲɪː]
vor einem Monat	priẽš ménesį	[ˈprʲɪːɛʃ ˈmʲeːnesʲɪː]
über eine Monat	ùž ménesio	[ˈʊʒ ˈmʲeːnesʲɔ]
in zwei Monaten	ùž dvejų̃ ménesių	[ˈʊʒ dveˈju ˈmʲeːnesʲuː]
den ganzen Monat	vìsą ménesį	[ˈvʲɪsa ˈmʲeːnesʲɪː]
monatlich (Adj)	kasmėnesìnis	[kasmʲeːneˈsʲɪnʲɪs]
monatlich (Adv)	kàs ménesį	[ˈkas ˈmʲeːnesʲɪː]
jeden Monat	kiekvíeną ménesį	[kʲiɛkˈvʲɪːɛna ˈmʲeːnesʲɪː]
zweimal pro Monat	dù kartùs peř ménesį	[ˈdʊ karˈtʊs per ˈmʲeːnesʲɪː]
Jahr (n)	mẽtai (v dgs)	[ˈmʲætʌɪ]
dieses Jahr	šiaìs mẽtais	[ʃɛɪs ˈmʲætʌɪs]
nächstes Jahr	kitaìs mẽtais	[kʲɪˈtʌɪs ˈmʲætʌɪs]
voriges Jahr	praeitaìs mẽtais	[praʲɛɪˈtʌɪs ˈmʲætʌɪs]
vor einem Jahr	priẽš metùs	[ˈprʲɛʃ mʲɛˈtʊs]
in einem Jahr	ùž mẽtų	[ˈʊʒ ˈmʲætuː]
in zwei Jahren	ùž dvejų̃ mẽtų	[ˈʊʒ dvʲɛˈju ˈmʲætuː]
das ganze Jahr	visùs metùs	[vʲɪˈsʊs mʲɛˈtʊs]
jedes Jahr	kàs metùs	[ˈkas mʲɛˈtʊs]
jährlich (Adj)	kasmetìnis	[kasmʲɛˈtʲɪnʲɪs]
jährlich (Adv)	kàs metùs	[ˈkas mʲɛˈtʊs]
viermal pro Jahr	kẽturis kartùs per metùs	[ˈkʲæturʲɪs karˈtʊs pʲɛr mʲɛˈtʊs]
Datum (heutige ~)	dienà (m)	[dʲiɛˈna]
Datum (Geburts-)	datà (m)	[daˈta]
Kalender (m)	kalendõrius (v)	[kalʲɛnˈdoːrʲʊs]
ein halbes Jahr	pùsė mẽtų	[ˈpʊsʲeː ˈmʲætuː]
Halbjahr (n)	pùsmetis (v)	[ˈpʊsmʲɛtʲɪs]

| Saison (f) | sezonas (v) | [sʲɛ'zonas] |
| Jahrhundert (n) | ámžius (v) | ['amʒʲʊs] |

22. Maßeinheiten

Gewicht (n)	svõris (v)	['svoːrʲɪs]
Länge (f)	ĩlgis (v)	[iIʲgʲɪs]
Breite (f)	plõtis (v)	['pIʲoːtʲɪs]
Höhe (f)	aũkštis (v)	['ɑʊkʃtʲɪs]
Tiefe (f)	gỹlis (v)	['gʲiːIʲɪs]
Volumen (n)	tũris (v)	['tuːrʲɪs]
Fläche (f)	plótas (v)	['pIʲotas]

Gramm (n)	grãmas (v)	['graːmas]
Milligramm (n)	miligrãmas (v)	[mʲɪIʲɪ'graːmas]
Kilo (n)	kilogrãmas (v)	[kʲɪIʲo'graːmas]
Tonne (f)	tonà (m)	[to'na]
Pfund (n)	svãras (v)	['svaːras]
Unze (f)	ùncija (m)	['ʊntsʲɪjɛ]

Meter (m)	mètras (v)	['mʲɛtras]
Millimeter (m)	milimètras (v)	[mʲɪIʲɪ'mʲɛtras]
Zentimeter (m)	centimètras (v)	[tsʲɛntʲɪ'mʲɛtras]
Kilometer (m)	kilomètras (v)	[kʲɪIʲo'mʲɛtras]
Meile (f)	mylià (m)	[mʲiːIʲæ]

Zoll (m)	cólis (v)	['tsoIʲɪs]
Fuß (m)	pėdà (m)	[pʲeːˈda]
Yard (n)	járdas (v)	[jardas]

| Quadratmeter (m) | kvadrãtinis mètras (v) | [kvadˈraːtʲɪnʲɪs 'mʲɛtras] |
| Hektar (n) | hektãras (v) | [ɣʲɛk'taːras] |

Liter (m)	lìtras (v)	['Iʲɪtras]
Grad (m)	laĩpsnis (v)	['Iʲʌɪpsnʲɪs]
Volt (n)	vòltas (v)	['voIʲtas]
Ampere (n)	ampèras (v)	[am'pʲɛras]
Pferdestärke (f)	árklio galià (m)	['arkIʲo ga'Iʲæ]

Anzahl (f)	kiẽkis (v)	['kʲɛkʲɪs]
etwas ...	nedaũg ...	[nʲɛ'dɑʊg ...]
Hälfte (f)	pùsė (m)	['pʊsʲeː]

| Dutzend (n) | tùzinas (v) | ['tʊzʲɪnas] |
| Stück (n) | víenetas (v) | ['vʲiɛnʲɛtas] |

| Größe (f) | dỹdis (v), išmatãvimai (v dgs) | ['dʲiːdʲɪs], [iʃmaˈtaːvʲɪmʌɪ] |
| Maßstab (m) | mastẽlis (v) | [mas'tʲæIʲɪs] |

minimal (Adj)	minimalùs	[mʲɪnʲɪmaˈIʲʊs]
der kleinste	mažiáusias	[maˈʒʲæʊsʲæs]
mittler, mittel-	vidutìnis	[vʲɪdʊˈtʲɪnʲɪs]
maximal (Adj)	maksimalùs	[maksʲɪmaˈIʲʊs]
der größte	didžiáusias	[dʲɪˈdʒʲæʊsʲæs]

23. Behälter

Deutsch	Litauisch	Aussprache
Glas (Einmachglas)	stiklainis (v)	[stʲɪkˈlʲʌɪnʲɪs]
Dose (z.B. Bierdose)	skardinė (m)	[skarˈdʲɪnʲeː]
Eimer (m)	kibiras (v)	[ˈkʲɪbʲɪras]
Fass (n), Tonne (f)	statinė (m)	[staˈtʲɪnʲeː]
Waschschüssel (n)	dubenėlis (v)	[dʊbeˈnʲeːlʲɪs]
Tank (m)	bakas (v)	[ˈbaːkas]
Flachmann (m)	kolba (m)	[ˈkolʲba]
Kanister (m)	kanistras (v)	[kaˈnʲɪstras]
Zisterne (f)	bakas (v)	[ˈbaːkas]
Kaffeebecher (m)	puodėlis (v)	[pʊɑˈdʲæːlʲɪs]
Tasse (f)	puodėlis (v)	[pʊɑˈdʲæːlʲɪs]
Untertasse (f)	lėkštelė (m)	[lʲeːkʃˈtʲæːlʲeː]
Wasserglas (n)	stiklas (v)	[ˈstʲɪklʲas]
Weinglas (n)	taurė (m)	[taʊˈrʲeː]
Kochtopf (m)	puodas (v)	[ˈpʊɑdas]
Flasche (f)	butelis (v)	[ˈbʊtʲɛlʲɪs]
Flaschenhals (m)	kaklas (v)	[ˈkaːklʲas]
Karaffe (f)	grafinas (v)	[graˈfʲɪnas]
Tonkrug (m)	ąsotis (v)	[aːˈsoːtʲɪs]
Gefäß (n)	indas (v)	[ˈɪndas]
Tontopf (m)	puodas (v)	[ˈpʊɑdas]
Vase (f)	vaza (m)	[vaˈza]
Flakon (n)	butelis (v)	[ˈbʊtʲɛlʲɪs]
Fläschchen (n)	buteliukas (v)	[bʊtʲɛˈlʲʊkas]
Tube (z.B. Zahnpasta)	tūba (m)	[tuːˈba]
Sack (~ Kartoffeln)	maišas (v)	[ˈmʌɪʃas]
Tüte (z.B. Plastiktüte)	paketas (v)	[paˈkʲɛtas]
Schachtel (f) (z.B. Zigaretten~)	pluoštas (v)	[ˈplʲʊɑʃtas]
Karton (z.B. Schuhkarton)	dėžė (m)	[dʲeːˈʒʲeː]
Kiste (z.B. Bananenkiste)	dėžė (m)	[dʲeːˈʒʲeː]
Korb (m)	krepšys (v)	[krʲɛpˈʃʲɪːs]

DER MENSCH

Der Mensch. Körper

24. Kopf

Kopf (m)	galvà (m)	[galʲˈva]
Gesicht (n)	véidas (v)	[ˈvʲɛɪdas]
Nase (f)	nósis (m)	[ˈnosʲɪs]
Mund (m)	burnà (m)	[bʊrˈna]
Auge (n)	akìs (m)	[aˈkʲɪs]
Augen (pl)	ãkys (m dgs)	[ˈaːkʲiːs]
Pupille (f)	vyzdỹs (v)	[vʲiːzˈdʲiːs]
Augenbraue (f)	añtakis (v)	[ˈantakʲɪs]
Wimper (f)	blakstíena (m)	[blʲakˈstʲiɛna]
Augenlid (n)	võkas (v)	[ˈvoːkas]
Zunge (f)	liežùvis (v)	[lʲiɛˈʒʊvʲɪs]
Zahn (m)	dantìs (v)	[danˈtʲɪs]
Lippen (pl)	lū́pos (m dgs)	[ˈlʲuːpos]
Backenknochen (pl)	skruostìkauliai (v dgs)	[skrʊɑˈstʲɪkɑʊlʲɛɪ]
Zahnfleisch (n)	dantenõs (m dgs)	[dantʲɛˈnoːs]
Gaumen (m)	gomurỹs (v)	[gomʊˈrʲiːs]
Nasenlöcher (pl)	šnérvės (m dgs)	[ˈʃnʲærvʲeːs]
Kinn (n)	smãkras (v)	[ˈsmaːkras]
Kiefer (m)	žandìkaulis (v)	[ʒanˈdʲɪkɑʊlʲɪs]
Wange (f)	skruóstas (v)	[ˈskrʊɑstas]
Stirn (f)	kaktà (m)	[kakˈta]
Schläfe (f)	smilkinỹs (v)	[smʲɪlʲkʲɪˈnʲiːs]
Ohr (n)	ausìs (m)	[ɑʊˈsʲɪs]
Nacken (m)	pakáušis, sprándas (v)	[paˈkɑʊʃɪs], [ˈsprandas]
Hals (m)	kãklas (v)	[ˈkaːklʲas]
Kehle (f)	gerklė̃ (m)	[gʲɛrkˈlʲeː]
Haare (pl)	plaukaĩ (v dgs)	[plʲɑʊˈkʌɪ]
Frisur (f)	šukúosena (m)	[ʃʊˈkʊɑsʲɛna]
Haarschnitt (m)	kirpìmas (v)	[kʲɪrˈpʲɪmas]
Perücke (f)	perùkas (v)	[pʲɛˈrʊkas]
Schnurrbart (m)	ū̃sai (v dgs)	[ˈuːsʌɪ]
Bart (m)	barzdà (m)	[barzˈda]
haben (einen Bart ~)	nešióti	[nʲɛˈʃʲotʲɪ]
Zopf (m)	kasà (m)	[kaˈsa]
Backenbart (m)	žándenos (m dgs)	[ˈʒandʲɛnos]
rothaarig	rùdis	[ˈrʊdʲɪs]
grau	žìlas	[ˈʒʲɪlʲas]

kahl	plikas	['plʲɪkas]
Glatze (f)	plikė (m)	['plʲɪkʲe:]
Pferdeschwanz (m)	uodega (m)	[uadʲɛ'ga]
Pony (Ponyfrisur)	kirpčiai (v dgs)	['kʲɪrptsʲɛɪ]

25. Menschlicher Körper

| Hand (f) | plaštaka (m) | ['plʲaːʃtaka] |
| Arm (m) | ranka (m) | [raŋ'ka] |

Finger (m)	pirštas (v)	['pʲɪrʃtas]
Daumen (m)	nykštys (v)	[nʲiːkʃ'tʲiːs]
kleiner Finger (m)	mažasis pirštas (v)	[ma'ʒasʲɪs 'pʲɪrʃtas]
Nagel (m)	nagas (v)	['naːgas]

Faust (f)	kumštis (v)	['kumʃtʲɪs]
Handfläche (f)	delnas (v)	['dʲɛlʲnas]
Handgelenk (n)	riešas (v)	['rʲiɛʃas]
Unterarm (m)	dilbis (v)	['dʲɪlʲbʲɪs]
Ellbogen (m)	alkūnė (m)	[alʲ'kuːnʲeː]
Schulter (f)	petis (v)	[pʲɛ'tʲɪs]

Bein (n)	koja (m)	['koja]
Fuß (m)	pėda (m)	[pʲeː'da]
Knie (n)	kelias (v)	['kʲælʲæs]
Wade (f)	blauzda (m)	[blʲauz'da]
Hüfte (f)	šlaunis (m)	[ʃlʲauˈnʲɪs]
Ferse (f)	kulnas (v)	['kulʲnas]

Körper (m)	kūnas (v)	['kuːnas]
Bauch (m)	pilvas (v)	['pʲɪlʲvas]
Brust (f)	krūtinė (m)	[kruːˈtʲɪnʲeː]
Busen (m)	krūtis (m)	[kruːˈtʲɪs]
Seite (f), Flanke (f)	šonas (v)	['ʃonas]
Rücken (m)	nugara (m)	['nugara]
Kreuz (n)	juosmuo (v)	[juas'mua]
Taille (f)	liemuo (v)	[lʲiɛ'mua]

Nabel (m)	bamba (m)	['bamba]
Gesäßbacken (pl)	sėdmenys (v dgs)	['sʲeːdmenʲiːs]
Hinterteil (n)	pasturgalis, užpakalis (v)	[pasˈturgalʲɪs], ['uʒpakalʲɪs]

Leberfleck (m)	apgamas (v)	['aːpgamas]
Muttermal (n)	apgamas (v)	['aːpgamas]
Tätowierung (f)	tatuiruotė (m)	[tatuiˈruatʲeː]
Narbe (f)	randas (v)	['randas]

Kleidung & Accessoires

26. Oberbekleidung. Mäntel

Kleidung (f)	apranga (m)	[apran'ga]
Oberkleidung (f)	viršutiniai drabužiai (v dgs)	[vʲɪrʃʊ'tʲɪnʲɛɪ dra'bʊʒʲɛɪ]
Winterkleidung (f)	žieminiai drabužiai (v)	[ʒʲiɛ'mʲɪnʲɛɪ dra'bʊʒʲɛɪ]
Mantel (m)	paltas (v)	['palʲtas]
Pelzmantel (m)	kailiniai (v dgs)	[kʌɪlʲɪ'nʲɛɪ]
Pelzjacke (f)	puskailiniai (v)	['pʊskʌɪlʲɪnʲɛɪ]
Daunenjacke (f)	pūkinė (m)	[puː'kʲɪnʲeː]
Jacke (z.B. Lederjacke)	striukė (m)	['strʲʊkʲeː]
Regenmantel (m)	apsiaustas (v)	[ap'sʲɛʊstas]
wasserdicht	nepėrślampamas	[nʲɛ'pʲɛrʃlʲampamas]

27. Men's & women's clothing

Hemd (n)	marškiniai (v dgs)	[marʃkʲɪ'nʲɛɪ]
Hose (f)	kelnės (m dgs)	['kʲɛlʲnʲeːs]
Jeans (pl)	džinsai (v dgs)	['dʒɪnsʌɪ]
Jackett (n)	švarkas (v)	['ʃvarkas]
Anzug (m)	kostiumas (v)	[kɔs'tʲʊmas]
Damenkleid (n)	suknelė (m)	[sʊk'nʲælʲeː]
Rock (m)	sijonas (v)	[sʲɪ'jɔːnas]
Bluse (f)	palaidinė (m)	[palʲʌɪ'dʲɪnʲeː]
Strickjacke (f)	susegamas megztinis (v)	['sʊsʲɛgamas mʲɛgz'tʲɪnʲɪs]
Jacke (Damen Kostüm)	žaketas, švarkelis (v)	[ʒa'kʲɛtas], [ʃvar'kʲælʲɪs]
T-Shirt (n)	futbolininko marškiniai (v)	['fʊtbolʲɪnʲɪŋkɔ marʃkʲɪ'nʲɛɪ]
Shorts (pl)	šortai (v dgs)	['ʃortʌɪ]
Sportanzug (m)	sportinis kostiumas (v)	['sportʲɪnʲɪs kos'tʲʊmas]
Bademantel (m)	chalatas (v)	[xa'lʲaːtas]
Schlafanzug (m)	pižama (m)	[pʲɪʒa'ma]
Sweater (m)	nertinis (v)	[nʲɛr'tʲɪnʲɪs]
Pullover (m)	megztinis (v)	[mʲɛgz'tʲɪnʲɪs]
Weste (f)	liemenė (m)	[lʲiɛ'mʲænʲeː]
Frack (m)	frakas (v)	['fraːkas]
Smoking (m)	smokingas (v)	['smokʲɪngas]
Uniform (f)	uniforma (m)	[ʊnʲɪ'forma]
Arbeitskleidung (f)	darbo drabužiai (v)	['darbɔ dra'bʊʒʲɛɪ]
Overall (m)	kombinezonas (v)	[kɔmbʲɪnʲɛ'zonas]
Kittel (z.B. Arztkittel)	chalatas (v)	[xa'lʲaːtas]

28. Kleidung. Unterwäsche

Unterwäsche (f)	baltiniai (v dgs)	[balʲtʲɪ'nʲɛɪ]
Unterhemd (n)	apatiniai marškinėliai (v dgs)	[apa'tʲɪnʲɛɪ marʃkʲɪ'nʲeːlʲɛɪ]
Socken (pl)	kojinės (m dgs)	['koːjɪnʲeːs]
Nachthemd (n)	naktiniai marškiniai (v dgs)	[nak'tʲɪnʲɛɪ marʃkʲɪ'nʲɛɪ]
Büstenhalter (m)	liemenėlė (m)	[lʲiɛme'nʲelʲeːlʲeː]
Kniestrümpfe (pl)	golfai (v)	['golʲfʌɪ]
Strumpfhose (f)	pėdkelnės (m dgs)	['pʲeːdkʲɛlʲnʲeːs]
Strümpfe (pl)	kojinės (m dgs)	['koːjɪnʲeːs]
Badeanzug (m)	maudymosi kostiumėlis (v)	['mɑʊdʲiːmosʲɪ kostʲʊ'mʲeːlʲɪs]

29. Kopfbekleidung

Mütze (f)	kepurė (m)	[kʲɛ'pʊrʲeː]
Filzhut (m)	skrybėlė (m)	[skrʲiːbʲeːˈlʲeː]
Baseballkappe (f)	beisbolo lazda (m)	['bʲɛɪsbolʲɔ lʲaz'da]
Schiebermütze (f)	kepurė (m)	[kʲɛ'pʊrʲeː]
Baskenmütze (f)	beretė (m)	[bʲɛ'rʲɛtʲeː]
Kapuze (f)	gobtuvas (v)	[gop'tʊvas]
Panamahut (m)	panama (m)	[pana'ma]
Strickmütze (f)	megzta kepuraitė (m)	[mʲɛgz'ta kepʊ'rʌɪtʲeː]
Kopftuch (n)	skara (m), skarelė (m)	[ska'ra], [ska'rʲælʲeː]
Damenhut (m)	skrybėlaitė (m)	[skrʲiːbʲeːˈlʲʌɪtʲeː]
Schutzhelm (m)	šalmas (v)	['ʃalʲmas]
Feldmütze (f)	pilotė (m)	[pʲɪ'lʲotʲeː]
Helm (z.B. Motorradhelm)	šalmas (v)	['ʃalʲmas]
Melone (f)	katiliukas (v)	[katʲɪ'lʲʊkas]
Zylinder (m)	cilindras (v)	[tsʲɪ'lʲɪndras]

30. Schuhwerk

Schuhe (pl)	avalynė (m)	['aːvalʲiːnʲeː]
Stiefeletten (pl)	batai (v)	['baːtʌɪ]
Halbschuhe (pl)	bateliai (v)	[ba'tʲælʲɛɪ]
Stiefel (pl)	auliniai batai (v)	[ɑʊ'lʲɪnʲɛɪ 'baːtʌɪ]
Hausschuhe (pl)	šlepetės (m dgs)	[ʃlʲɛ'pʲætʲeːs]
Tennisschuhe (pl)	sportbačiai (v dgs)	['sportbatʂʲɛɪ]
Leinenschuhe (pl)	sportbačiai (v dgs)	['sportbatʂʲɛɪ]
Sandalen (pl)	sandalai (v dgs)	[san'daːlʲʌɪ]
Schuster (m)	batsiuvỹs (v)	[batsʲʊ'vʲiːs]
Absatz (m)	kulnas (v)	['kʊlʲnas]
Paar (n)	pora (m)	[po'ra]
Schnürsenkel (m)	batraištis (v)	['baːtrʌɪʃtʲɪs]

schnüren (vt)	várstyti	['vɑrstʲiːtʲɪ]
Schuhlöffel (m)	šáukštas (v)	['ʃɑʊkʃtas]
Schuhcreme (f)	ãvalynės krèmas (v)	['aːvalʲiːnʲeːs 'krʲɛmas]

31. Persönliche Accessoires

Handschuhe (pl)	pir̃štinės (m dgs)	['pʲɪrʃtʲɪnʲeːs]
Fausthandschuhe (pl)	kùmštinės (m dgs)	['kʊmʃtʲɪnʲeːs]
Schal (Kaschmir-)	šãlikas (v)	['ʃaːlʲɪkas]

Brille (f)	akiniaĩ (dgs)	[akʲɪ'nʲɛɪ]
Brillengestell (n)	rėmẽliai (v dgs)	[rʲeːˈmʲælʲɛɪ]
Regenschirm (m)	skė́tis (v)	['skʲeːtʲɪs]
Spazierstock (m)	lazdẽlė (m)	[lazˈdʲælʲeː]
Haarbürste (f)	plaukų̃ šepetỹs (v)	[plʲɑʊˈkuː ʃɛpʲɛˈtʲiːs]
Fächer (m)	vėduõklė (m)	[vʲeːˈdʊɑklʲeː]

Krawatte (f)	kaklãraištis (v)	[kakˈlʲaːrʌɪʃtʲɪs]
Fliege (f)	pètelìškė (m)	[pʲɛtʲɛˈlʲɪʃkʲeː]
Hosenträger (pl)	pẽtnešos (m dgs)	['pʲætnʲɛʃos]
Taschentuch (n)	nósinė (m)	['nosʲɪnʲeː]

Kamm (m)	šùkos (m dgs)	['ʃʊkos]
Haarspange (f)	segtùkas (v)	[sʲɛk'tʊkas]
Haarnadel (f)	plaukų̃ segtùkas (v)	[plʲɑʊˈkuː sʲɛk'tʊkas]
Schnalle (f)	sagtìs (m)	[sakˈtʲɪs]

| Gürtel (m) | dir̃žas (v) | ['dʲɪrʒas] |
| Umhängegurt (m) | dir̃žas (v) | ['dʲɪrʒas] |

Tasche (f)	rankinùkas (v)	[raŋkʲɪ'nʊkas]
Handtasche (f)	rankinùkas (v)	[raŋkʲɪ'nʊkas]
Rucksack (m)	kuprìnė (m)	[kʊ'prʲɪnʲeː]

32. Kleidung. Verschiedenes

Mode (f)	madà (m)	[maˈda]
modisch	madìngas	[maˈdʲɪngas]
Modedesigner (m)	modeliúotojas (v)	[modʲɛˈlʲʊɑtoːjɛs]

Kragen (m)	apýkaklė (m)	[aˈpʲiːkaklʲeː]
Tasche (f)	kišẽnė (m)	[kʲɪˈʃænʲeː]
Taschen-Ärmel (m)	kišenìnis	[kʲɪʃɛˈnʲɪnʲɪs]
	rankóvė (m)	[raŋˈkovʲeː]
Aufhänger (m)	pakabà (m)	[pakaˈba]
Hosenschlitz (m)	klỹnas (v)	['klʲiːnas]

Reißverschluss (m)	užtrauktùkas (v)	[ʊʒtrɑʊk'tʊkas]
Verschluss (m)	užsegìmas (v)	[ʊʒsʲɛˈgʲɪmas]
Knopf (m)	sagà (m)	[saˈga]
Knopfloch (n)	kìlpa (m)	['kʲɪlpa]
abgehen (Knopf usw.)	atplýšti	[atˈplʲiːʃtʲɪ]

T&P Books. Wortschatz Deutsch-Litauisch für das Selbststudium - 5000 Wörter

nähen (vi, vt)	siúti	['sʲu:tʲɪ]
sticken (vt)	siuvinéti	[sʲʊvʲɪ'nʲe:tʲɪ]
Stickerei (f)	siuvinéjimas (v)	[sʲʊvʲɪ'nʲɛjɪmas]
Nadel (f)	ādata (m)	['a:data]
Faden (m)	siū́las (v)	['sʲu:lʲas]
Naht (f)	siū́lė (m)	['sʲu:lʲe:]

sich beschmutzen	išsitepti	[ɪʃsʲɪ'tʲɛptʲɪ]
Fleck (m)	démė (m)	[dʲe:'mʲe:]
sich knittern	susiglámžyti	[sʊsʲɪ'glʲa mʒʲi:tʲɪ]
zerreißen (vt)	supléšyti	[sʊp'lʲe:ʃɪ:tʲɪ]
Motte (f)	kañdis (v)	['kandʲɪs]

33. Kosmetikartikel. Kosmetik

Zahnpasta (f)	dantų̃ pasta (m)	[dan'tu: pas'ta]
Zahnbürste (f)	dantų̃ šepetė̃lis (v)	[dan'tu: ʃepe'tʲe:lʲɪs]
Zähne putzen	valýti dantìs	[va'lʲi:tʲɪ dan'tʲɪs]

Rasierer (m)	skustùvas (v)	[skʊ'stʊvas]
Rasiercreme (f)	skutìmosi krèmas (v)	[skʊ'tʲɪmosʲɪ 'krʲɛmas]
sich rasieren	skùstis	['skʊstʲɪs]

Seife (f)	muĩlas (v)	['mʊɪlʲas]
Shampoo (n)	šampū́nas (v)	[ʃam'pu:nas]

Schere (f)	žìrklė̃s (m dgs)	['ʒʲɪrklʲe:s]
Nagelfeile (f)	dìldė (m) nagáms	['dʲɪlʲdʲe: na'gams]
Nagelzange (f)	gnybtùkai (v)	[gnʲi:p'tʊkʌɪ]
Pinzette (f)	pincètas (v)	[pʲɪn'tsʲɛtas]

Kosmetik (f)	kosmètika (m)	[kɔs'mʲɛtʲɪka]
Gesichtsmaske (f)	kaũkė (m)	['kaʊkʲe:]
Maniküre (f)	manikiū̃ras (v)	[manʲɪ'kʲu:ras]
Maniküre machen	darýti manikiū̃rą	[da'rʲi:tʲɪ manʲɪ'kʲu:ra:]
Pediküre (f)	pedikiū̃ras (v)	[pʲɛdʲɪ'kʲu:ras]

Kosmetiktasche (f)	kosmètinė (m)	[kɔs'mʲɛtʲɪnʲe:]
Puder (m)	pudrà (m)	[pʊd'ra]
Puderdose (f)	pùdrinė (m)	['pʊdrʲɪnʲe:]
Rouge (n)	skaistalaĩ (v dgs)	[skʌɪsta'lʲaĩ]

Parfüm (n)	kvepalaĩ (v dgs)	[kvʲɛpa'lʲaĩ]
Duftwasser (n)	tualètinis vanduõ (v)	[tʊa'lʲɛtʲɪnʲɪs van'dʊɑ]
Lotion (f)	losjònas (v)	[lʲo'sjo nas]
Kölnischwasser (n)	odekolònas (v)	[odʲɛko'lʲonas]

Lidschatten (m)	vokų̃ šešė́liai (v)	[vo'ku: ʃe'ʃʲe:lʲɛɪ]
Kajalstift (m)	akių̃ piẽštukas (v)	[a'kʲu: pʲɪɛʃ'tʊkas]
Wimperntusche (f)	tùšas (v)	['tʊʃas]

Lippenstift (m)	lū́pų dažaĩ (v)	['lʲu:pu: da'ʒʌɪ]
Nagellack (m)	nagų̃ lãkas (v)	[na'gu: 'lʲa:kas]
Haarlack (m)	plaukų̃ lãkas (v)	[plʲaʊ'ku: 'lʲa:kas]

Deodorant (n)	dezodorántas (v)	[dʲɛzodoˈrantas]
Creme (f)	krèmas (v)	[ˈkrʲɛmas]
Gesichtscreme (f)	véido krèmas (v)	[ˈvʲɛɪdɔ ˈkrʲɛmas]
Handcreme (f)	rañkų krèmas (v)	[ˈraŋkuː ˈkrʲɛmas]
Anti-Falten-Creme (f)	krèmas (v) nuõ raukšlių̃	[ˈkrʲɛmas nʋɑ rɑʋkʃˈlʲuː]
Tagescreme (f)	dienìnis krèmas (v)	[dʲiɛˈnʲɪnʲɪs ˈkrʲɛmas]
Nachtcreme (f)	naktìnis krèmas (v)	[nakˈtʲɪnʲɪs ˈkrʲɛmas]
Tages-	dienìnis	[dʲiɛˈnʲɪnʲɪs]
Nacht-	naktìnis	[nakˈtʲɪnʲɪs]
Tampon (m)	tampònas (v)	[tamˈponas]
Toilettenpapier (n)	tualètinis pōpierius (v)	[tʋaˈlʲɛtʲɪnʲɪs ˈpoːpʲiɛrʲʋs]
Föhn (m)	fènas (v)	[ˈfʲɛnas]

34. Armbanduhren Uhren

Armbanduhr (f)	laĩkrodis (v)	[ˈlʲʌɪkrodʲɪs]
Zifferblatt (n)	ciferblãtas (v)	[tsʲɪfʲɛrˈblʲaːtas]
Zeiger (m)	rodỹklė (m)	[roˈdʲiːklʲeː]
Metallarmband (n)	apỹrankė (m)	[aˈpʲiːraŋkʲeː]
Uhrenarmband (n)	diržẽlis (v)	[dʲɪrˈʒʲælʲɪs]

Batterie (f)	elemeñtas (v)	[ɛlʲɛˈmʲɛntas]
verbraucht sein	išsikráuti	[ɪʃsʲɪˈkrɑʋtʲɪ]
die Batterie wechseln	pakeĩsti elemeñtą	[paˈkʲɛɪstʲɪ ɛlʲɛˈmʲɛntaː]
vorgehen (vi)	skubėti	[skʊˈbʲeːtʲɪ]
nachgehen (vi)	atsilìkti	[atsʲɪˈlʲɪktʲɪ]

Wanduhr (f)	síeninis laĩkrodis (v)	[ˈsʲiɛnʲɪnʲɪs ˈlʲʌɪkrodʲɪs]
Sanduhr (f)	smė̃lio laĩkrodis (v)	[ˈsmʲeːlʲɔ ˈlʲʌɪkrodʲɪs]
Sonnenuhr (f)	sáulės laĩkrodis (v)	[ˈsɑʋlʲeːs ˈlʲʌɪkrodʲɪs]
Wecker (m)	žadintùvas (v)	[ʒadʲɪnˈtʊvas]
Uhrmacher (m)	laĩkrodininkas (v)	[ˈlʲʌɪkrodʲɪnʲɪŋkas]
reparieren (vt)	taisýti	[tʌɪˈsʲiːtʲɪ]

Essen. Ernährung

35. Essen

Deutsch	Litauisch	IPA
Fleisch (n)	mėsà (m)	[mʲeːˈsa]
Hühnerfleisch (n)	vištà (m)	[vʲɪʃˈta]
Küken (n)	viščiùkas (v)	[vʲɪʃˈtsʲʊkas]
Ente (f)	ántis (m)	[ˈantʲɪs]
Gans (f)	žą́sinas (v)	[ˈʒaːsʲɪnas]
Wild (n)	žvėríena (m)	[ʒvʲeːˈrʲiɛna]
Pute (f)	kalakutíena (m)	[kalʲakʊˈtʲiɛna]
Schweinefleisch (n)	kiaulíena (m)	[kʲɛʊˈlʲiɛna]
Kalbfleisch (n)	veršíena (m)	[vʲɛrˈʃiɛna]
Hammelfleisch (n)	avíena (m)	[aˈvʲiɛna]
Rindfleisch (n)	jáutiena (m)	[ˈjaʊtʲiɛna]
Kaninchenfleisch (n)	triùšis (v)	[ˈtrʲʊʃɪs]
Wurst (f)	dešrà (m)	[dʲɛʃˈra]
Würstchen (n)	dešrẽlė (m)	[dʲɛʃˈrʲælʲeː]
Schinkenspeck (m)	bekònas (v)	[bʲɛˈkonas]
Schinken (m)	kum̃pis (v)	[ˈkʊmpʲɪs]
Räucherschinken (m)	kum̃pis (v)	[ˈkʊmpʲɪs]
Pastete (f)	paštètas (v)	[paʃˈtʲɛtas]
Leber (f)	kẽpenys (m dgs)	[kʲɛpeˈnʲiːs]
Hackfleisch (n)	fáršas (v)	[ˈfarʃas]
Zunge (f)	liežùvis (v)	[lʲiɛˈʒʊvʲɪs]
Ei (n)	kiaušìnis (v)	[kʲɛʊˈʃɪnʲɪs]
Eier (pl)	kiaušìniai (v dgs)	[kʲɛʊˈʃɪnʲɛɪ]
Eiweiß (n)	báltymas (v)	[ˈbalʲtʲiːmas]
Eigelb (n)	trynỹs (v)	[trʲiːˈnʲiːs]
Fisch (m)	žuvìs (m)	[ʒʊˈvʲɪs]
Meeresfrüchte (pl)	jū́ros gėrýbės (m dgs)	[ˈjuːros gʲeːˈrʲiːbʲeːs]
Krebstiere (pl)	vėžiãgyviai (v dgs)	[vʲeːˈʒʲæɡʲiːvʲɛɪ]
Kaviar (m)	ìkrai (v dgs)	[ˈɪkrʌɪ]
Krabbe (f)	krãbas (v)	[ˈkraːbas]
Garnele (f)	krevẽtė (m)	[krʲɛˈvʲɛtʲeː]
Auster (f)	áustrė (m)	[ˈaʊstrʲeː]
Languste (f)	langùstas (v)	[lʲanˈɡʊstas]
Krake (m)	aštuonkójis (v)	[aʃtʊɑŋˈkoːjɪs]
Kalmar (m)	kalmãras (v)	[kalʲmaːras]
Störfleisch (n)	eršketíena (m)	[ɛrʃkʲɛˈtʲiɛna]
Lachs (m)	lašišà (m)	[lʲaʃɪˈʃa]
Heilbutt (m)	õtas (v)	[ˈoːtas]
Dorsch (m)	mènkė (m)	[ˈmʲɛŋkʲeː]

Makrele (f)	skumbrė (m)	['skʊmbrʲeː]
Tunfisch (m)	tunas (v)	['tʊnas]
Aal (m)	ungurỹs (v)	[ʊŋgʊ'rʲiːs]
Forelle (f)	upėtakis (v)	[ʊ'pʲeːtakʲɪs]
Sardine (f)	sardinė (m)	[sar'dʲɪnʲeː]
Hecht (m)	lydekà (m)	[lʲiːdʲɛ'ka]
Hering (m)	silkė (m)	['sʲɪlʲkʲeː]
Brot (n)	duona (m)	['dʊɑna]
Käse (m)	sūris (v)	['suːrʲɪs]
Zucker (m)	cukrus (v)	['tsʊkrʊs]
Salz (n)	druskà (m)	[drʊs'ka]
Reis (m)	rỹžiai (v)	['rʲiːʒʲɛɪ]
Teigwaren (pl)	makarōnai (v dgs)	[maka'roːnʌɪ]
Nudeln (pl)	lākštiniai (v dgs)	['lʲaːkʃtʲɪnʲɛɪ]
Butter (f)	sviestas (v)	['svʲɛstas]
Pflanzenöl (n)	augalinis aliẽjus (v)	[ɑʊgalʲɪnʲɪs a'lʲɛjʊs]
Sonnenblumenöl (n)	saulégrąžų aliẽjus (v)	[sɑʊ'lʲeːgraːʒuː a'lʲɛjʊs]
Margarine (f)	margarinas (v)	[marga'rʲɪnas]
Oliven (pl)	alỹvuogės (m dgs)	[a'lʲiːvʊɑgʲeːs]
Olivenöl (n)	alỹvuogių aliẽjus (v)	[a'lʲiːvʊɑgʲʊː a'lʲɛjʊs]
Milch (f)	píenas (v)	['pʲɛnas]
Kondensmilch (f)	sutirštintas píenas (v)	[sʊ'tʲɪrʃtʲɪntas 'pʲɛnas]
Joghurt (m)	jogurtas (v)	[jo'gʊrtas]
saure Sahne (f)	grietinė (m)	[grʲɛ'tʲɪnʲeː]
Sahne (f)	grietinėlė (m)	[grʲɛtʲɪ'nʲeːlʲeː]
Mayonnaise (f)	majonezas (v)	[majo'nʲɛzas]
Buttercreme (f)	krėmas (v)	['krʲɛmas]
Grütze (f)	kruõpos (m dgs)	['krʊɑpos]
Mehl (n)	miltai (v dgs)	['mʲɪlʲtʌɪ]
Konserven (pl)	konservai (v dgs)	[kɔn'sʲɛrvʌɪ]
Maisflocken (pl)	kukurūzų dribsniai (v dgs)	[kʊkʊ'ruːzuː 'drʲɪbsnʲɛɪ]
Honig (m)	medus (v)	[mʲɛ'dʊs]
Marmelade (f)	džemas (v)	['dʒʲɛmas]
Kaugummi (m, n)	kramtomoji guma (m)	[kramto'mojɪ gʊ'ma]

36. Getränke

Wasser (n)	vanduõ (v)	[van'dʊɑ]
Trinkwasser (n)	geriamas vanduõ (v)	['gʲærʲæmas van'dʊɑ]
Mineralwasser (n)	minerãlinis vanduõ (v)	[mʲɪnʲɛ'raːlʲɪnʲɪs van'dʊɑ]
still	be gazo	['bʲɛ 'gaːzɔ]
mit Kohlensäure	gazuotas	[ga'zʊɑtas]
mit Gas	gazuotas	[ga'zʊɑtas]
Eis (n)	lẽdas (v)	['lʲædas]

Deutsch	Litauisch	IPA
mit Eis	su ledais	['sʊ lʲɛ'daɪs]
alkoholfrei (Adj)	nealkoholonis	[nʲɛalʲkoˈɣolonʲɪs]
alkoholfreies Getränk (n)	nealkoholonis gėrimas (v)	[nʲɛalʲkoˈɣolonʲɪs 'gʲeːrʲɪmas]
Erfrischungsgetränk (n)	gaivùsis gėrimas (v)	[gʌɪˈvʊsʲɪs 'gʲeːrʲɪmas]
Limonade (f)	limonãdas (v)	[lʲɪmoˈnaːdas]

Spirituosen (pl)	alkoholiniai gėrimai (v dgs)	[alʲkoˈɣolʲɪnʲɛɪ 'gʲeːrʲɪmʌɪ]
Wein (m)	vỹnas (v)	['vʲiːnas]
Weißwein (m)	baltas vỹnas (v)	['balʲtas 'vʲiːnas]
Rotwein (m)	raudonas vỹnas (v)	[rɑʊˈdonas 'vʲiːnas]

Likör (m)	likeris (v)	['lʲɪkʲɛrʲɪs]
Champagner (m)	šampãnas (v)	[ʃamˈpaːnas]
Wermut (m)	vermutas (v)	['vʲɛrmʊtas]

Whisky (m)	viskis (v)	['vʲɪskʲɪs]
Wodka (m)	degtinė (m)	[dʲɛkˈtʲɪnʲeː]
Gin (m)	džinas (v)	['dʒʲɪnas]
Kognak (m)	konjãkas (v)	[kɔnʲjaːkas]
Rum (m)	romas (v)	['romas]

Kaffee (m)	kavà (m)	[ka'va]
schwarzer Kaffee (m)	juoda kavà (m)	[jʊɑ da ka'va]
Milchkaffee (m)	kavà su pienu (m)	[ka'va 'sʊ 'pʲiɛnʊ]
Cappuccino (m)	kapučino kavà (m)	[kapuˈtʂɪnɔ ka'va]
Pulverkaffee (m)	tirpi kavà (m)	[tʲɪrˈpʲɪ ka'va]

Milch (f)	pienas (v)	['pʲiɛnas]
Cocktail (m)	kokteilis (v)	[kokˈtʲɛɪlʲɪs]
Milchcocktail (m)	pieniškas kokteilis (v)	['pʲiɛnʲɪʃkas kokˈtʲɛɪlʲɪs]

Saft (m)	sultys (m dgs)	['sʊlʲtʲiːs]
Tomatensaft (m)	pomidorų sultys (m dgs)	[pomʲɪˈdoruː 'sʊlʲtʲiːs]
Orangensaft (m)	apelsinų sultys (m dgs)	[apʲɛlʲˈsʲɪnuː 'sʊlʲtʲiːs]
frisch gepresster Saft (m)	šviežiai spaustos sultys (m dgs)	[ʃvʲiɛˈʒʲɛɪ 'spɑʊstos 'sʊlʲtʲiːs]

Bier (n)	alùs (v)	[a'lʲʊs]
Helles (n)	šviesùs alùs (v)	[ʃvʲiɛˈsʊs a'lʲʊs]
Dunkelbier (n)	tamsùs alùs (v)	[tamˈsʊs a'lʲʊs]

Tee (m)	arbatà (m)	[arba'ta]
schwarzer Tee (m)	juoda arbatà (m)	[jʊɑ da arba'ta]
grüner Tee (m)	žalia arbatà (m)	[ʒaˈlʲæ arba'ta]

37. Gemüse

Gemüse (n)	daržovės (m dgs)	[darˈʒovʲeːs]
grünes Gemüse (pl)	žalumynai (v)	[ʒalʲʊˈmʲiːnʌɪ]

Tomate (f)	pomidoras (v)	[pomʲɪˈdoras]
Gurke (f)	agurkas (v)	[a'gurkas]
Karotte (f)	morka (m)	[morʲka]
Kartoffel (f)	bulvė (f)	['bʊlʲvʲeː]

Zwiebel (f)	svogūnas (v)	[svoˈguːnas]
Knoblauch (m)	česnãkas (v)	[tʃʲɛsˈnaːkas]
Kohl (m)	kopūstas (v)	[kɔˈpuːstas]
Blumenkohl (m)	kalafiòras (v)	[kalʲaˈfʲoras]
Rosenkohl (m)	briùselio kopūstas (v)	[ˈbrʲʊsʲɛlʲɔ koˈpuːstas]
Brokkoli (m)	brokolių kopūstas (v)	[ˈbrokolʲu: koˈpuːstas]
Rote Bete (f)	runkelis, burõkas (v)	[ˈrʊŋkʲɛlʲɪs], [bʊˈroːkas]
Aubergine (f)	baklažãnas (v)	[baklʲaˈʒaːnas]
Zucchini (f)	agurõtis (v)	[agʊˈroːtʲɪs]
Kürbis (m)	ropė (m)	[ˈropʲeː]
Rübe (f)	moliūgas (v)	[moˈlʲuːgas]
Petersilie (f)	petrãžolė (m)	[pʲɛˈtraːʒolʲeː]
Dill (m)	krãpas (v)	[ˈkraːpas]
Kopf Salat (m)	salõta (v)	[saˈlʲoːta]
Sellerie (m)	saliēras (v)	[saˈlʲɛras]
Spargel (m)	smìdras (v)	[ˈsmʲɪdras]
Spinat (m)	špinãtas (v)	[ʃpʲɪˈnaːtas]
Erbse (f)	žirniai (v dgs)	[ˈʒʲɪrnʲɛɪ]
Bohnen (pl)	pùpos (m dgs)	[ˈpʊpos]
Mais (m)	kukurūzas (v)	[kʊkʊˈruːzas]
weiße Bohne (f)	pupẽlės (m dgs)	[pʊˈpʲælʲeːs]
Paprika (m)	pipìras (v)	[pʲɪˈpʲɪras]
Radieschen (n)	ridìkas (v)	[rʲɪˈdʲɪkas]
Artischocke (f)	artišõkas (v)	[artʲɪˈʃokas]

38. Obst. Nüsse

Frucht (f)	vaĩsius (v)	[ˈvʌɪsʲʊs]
Apfel (m)	obuolỹs (v)	[obʊɑˈlʲiːs]
Birne (f)	kriáušė (m)	[ˈkrʲæʊʃʲeː]
Zitrone (f)	citrinà (m)	[tsʲɪtrʲɪˈna]
Apfelsine (f)	apelsìnas (v)	[apʲɛlʲˈsʲɪnas]
Erdbeere (f)	brãškė (m)	[ˈbraːʃkʲeː]
Mandarine (f)	mandarìnas (v)	[mandaˈrʲɪnas]
Pflaume (f)	slyvà (m)	[slʲiːˈva]
Pfirsich (m)	pérsikas (v)	[ˈpʲɛrsʲɪkas]
Aprikose (f)	abrikòsas (v)	[abrʲɪˈkosas]
Himbeere (f)	aviẽtė (m)	[aˈvʲɛtʲeː]
Ananas (f)	ananãsas (v)	[anaˈnaːsas]
Banane (f)	banãnas (v)	[baˈnaːnas]
Wassermelone (f)	arbūzas (v)	[arˈbuːzas]
Weintrauben (pl)	vỹnuogės (m dgs)	[ˈvʲiːnʊɑgʲeːs]
Sauerkirsche (f)	vyšnià (m)	[vʲiːʃnʲæ]
Süßkirsche (f)	trẽšnė (m)	[ˈtrʲæʃnʲeː]
Melone (f)	meliònas (v)	[mʲɛˈlʲonas]
Grapefruit (f)	greĩpfrutas (v)	[ˈgrʲɛɪpfrutas]
Avocado (f)	avokãdas (v)	[avoˈkadas]

Deutsch	Litauisch	Aussprache
Papaya (f)	papája (m)	[pa'pa ja]
Mango (f)	mángo (v)	['mangɔ]
Granatapfel (m)	granãtas (v)	[gra'na:tas]
rote Johannisbeere (f)	raudoníeji serbeñtai (v dgs)	[raʊdo'nʲɛji sʲɛr'bʲɛntʌɪ]
schwarze Johannisbeere (f)	juodíeji serbeñtai (v dgs)	[jʊɑ'dʲɛjɪ sʲɛr'bʲɛntʌɪ]
Stachelbeere (f)	agrãstas (v)	[ag'ra:stas]
Heidelbeere (f)	mėlỹnės (m dgs)	[mʲe:'lʲi:nʲe:s]
Brombeere (f)	gérvuogės (m dgs)	['gʲɛrvʊagʲe:s]
Rosinen (pl)	razìnos (m dgs)	[ra'zʲɪnos]
Feige (f)	figà (m)	[fʲɪ'ga]
Dattel (f)	datùlė (m)	[da'tʊlʲe:]
Erdnuss (f)	žẽmės ríešutai (v)	['ʒʲæmʲe:s rʲɛʃʊ'tʌɪ]
Mandel (f)	migdólas (v)	[mʲɪg'do:lʲas]
Walnuss (f)	graĩkinis ríešutas (v)	['grʌɪkʲɪnʲɪs 'rʲɛʃʊtas]
Haselnuss (f)	ríešutas (v)	['rʲɛʃʊtas]
Kokosnuss (f)	kókoso ríešutas (v)	['kokoso 'rʲɛʃʊtas]
Pistazien (pl)	pistãcijos (m dgs)	[pʲɪs'ta:tsʲɪjɔs]

39. Brot. Süßigkeiten

Deutsch	Litauisch	Aussprache
Konditorwaren (pl)	konditèrijos gaminiaĩ (v)	[kɔndʲɪ'tʲɛrʲɪjɔs gamʲɪ'nʲɛɪ]
Brot (n)	dúona (m)	['dʊɑna]
Keks (m, n)	sausaĩniai (v)	[sɑʊ'sʌɪnʲɛɪ]
Schokolade (f)	šokolãdas (v)	[ʃoko'lʲa:das]
Schokoladen-	šokolãdinis	[ʃoko'lʲa:dʲɪnʲɪs]
Bonbon (m, n)	saldaĩnis (v)	[salʲ'dʌɪnʲɪs]
Kuchen (m)	pyragáitis (v)	[pʲi:ra'gʌɪtʲɪs]
Torte (f)	tòrtas (v)	['tortas]
Kuchen (Apfel-)	pyrãgas (v)	[pʲi:'ra:gas]
Füllung (f)	įdaras (v)	['i:daras]
Konfitüre (f)	uogíenė (m)	[ʊɑ'gʲɛnʲe:]
Marmelade (f)	marmelãdas (v)	[marmʲɛ'lʲa:das]
Waffeln (pl)	vãfliai (v dgs)	['va:flʲɛɪ]
Eis (n)	ledaĩ (v dgs)	[lʲɛ'dʌɪ]
Pudding (m)	pùdingas (v)	['pʊdʲɪngas]

40. Gerichte

Deutsch	Litauisch	Aussprache
Gericht (n)	pãtiekalas (v)	['pa:tʲɪɛkalʲas]
Küche (f)	virtùvė (m)	[vʲɪr'tʊvʲe:]
Rezept (n)	recèptas (v)	[rʲɛ'tsʲɛptas]
Portion (f)	pòrcija (m)	['portsʲɪjɛ]
Salat (m)	salõtos (m)	[sa'lʲo:tos]
Suppe (f)	sriubà (m)	[srʲʊ'ba]
Brühe (f), Bouillon (f)	sultinỹs (v)	[sʊlʲtʲɪ'nʲi:s]

belegtes Brot (n)	sumuštìnis (v)	[sʊmʊʃˈtʲɪnʲɪs]
Spiegelei (n)	kiaušinìenė (m)	[kʲɛʊʃɪˈnʲɛnʲeː]
Hamburger (m)	mėsaĩnis (v)	[mʲeːˈsʌɪnʲɪs]
Beefsteak (n)	bifštèksas (v)	[bʲɪfʲʃtʲɛksas]
Beilage (f)	garnỹras (v)	[garˈnʲiːras]
Spaghetti (pl)	spagèčiai (v dgs)	[spaˈgʲɛtʃʲɛɪ]
Kartoffelpüree (n)	bùlvių kõšė (m)	[ˈbʊlʲvʲuː ˈkoːʃʲeː]
Pizza (f)	picà (m)	[pʲɪˈtsa]
Brei (m)	kõšė (m)	[ˈkoːʃʲeː]
Omelett (n)	omlètas (v)	[omˈlʲɛtas]
gekocht	vìrtas	[ˈvʲɪrtas]
geräuchert	rūkýtas	[ruːˈkʲiːtas]
gebraten	kẽptas	[ˈkʲæptas]
getrocknet	džiovìntas	[dʒʲoˈvʲɪntas]
tiefgekühlt	šáldytas	[ˈʃalʲdʲiːtas]
mariniert	marinúotas	[marʲɪˈnʊɑtas]
süß	saldùs	[salʲˈdʊs]
salzig	sūrùs	[suːˈrʊs]
kalt	šáltas	[ˈʃalʲtas]
heiß	kárštas	[ˈkarʃtas]
bitter	kartùs	[karˈtʊs]
lecker	skanùs	[skaˈnʊs]
kochen (vt)	vìrti	[ˈvʲɪrtʲɪ]
zubereiten (vt)	gamìnti	[gaˈmʲɪntʲɪ]
braten (vt)	kèpti	[ˈkʲɛptʲɪ]
aufwärmen (vt)	pašìldyti	[paˈʃɪlʲdʲiːtʲɪ]
salzen (vt)	sū́dyti	[ˈsuːdʲiːtʲɪ]
pfeffern (vt)	įbérti pipìrų	[iːˈbʲɛrtʲɪ pʲɪˈpʲɪːruː]
reiben (vt)	tarkúoti	[tarˈkʊɑtʲɪ]
Schale (f)	lúoba (m)	[ˈlʲʊɑba]
schälen (vt)	lùpti bùlves	[ˈlʊptʲɪ ˈbʊlʲvʲɛs]

41. Gewürze

Salz (n)	druskà (m)	[drʊsˈka]
salzig (Adj)	sūrùs	[suːˈrʊs]
salzen (vt)	sū́dyti	[ˈsuːdʲiːtʲɪ]
schwarzer Pfeffer (m)	juodíeji pipìrai (v)	[jʊɑˈdʲiɛjɪ pʲɪˈpʲɪrʌɪ]
roter Pfeffer (m)	raudoníeji pipìrai (v)	[rɑʊdoˈnʲiɛjɪ pʲɪˈpʲɪrʌɪ]
Senf (m)	garstýčios (v)	[garˈstʲiːtsʲos]
Meerrettich (m)	krienaĩ (v dgs)	[krʲiɛˈnʌɪ]
Gewürz (n)	príeskonis (v)	[ˈprʲiɛskonʲɪs]
Gewürz (n)	príeskonis (v)	[ˈprʲiɛskonʲɪs]
Soße (f)	pãdažas (v)	[ˈpaːdaʒas]
Essig (m)	ãctas (v)	[ˈaːtstas]
Anis (m)	anỹžius (v)	[aˈnʲiːʒʲʊs]

Basilikum (n)	bazilikas (v)	[ba'zʲɪlʲɪkas]
Nelke (f)	gvazdikas (v)	[gvaz'dʲɪkas]
Ingwer (m)	imbieras (v)	['ɪmbʲiɛras]
Koriander (m)	kalendra (m)	[ka'lʲɛndra]
Zimt (m)	cinamonas (v)	[tsʲɪna'monas]
Sesam (m)	sezamas (v)	[sʲɛ'zaːmas]
Lorbeerblatt (n)	lauro lapas (v)	['lʲaurɔ 'lʲaːpas]
Paprika (m)	paprika (m)	['paːprʲɪka]
Kümmel (m)	kmynai (v)	['kmʲiːnʌɪ]
Safran (m)	šafranas (v)	[ʃafʲraːnas]

42. Mahlzeiten

Essen (n)	valgis (v)	['valʲgʲɪs]
essen (vi, vt)	valgyti	['valʲgʲiːtʲɪ]
Frühstück (n)	pusryčiai (v dgs)	['pusrʲiːtʃʲɛɪ]
frühstücken (vi)	pusryčiauti	['pusrʲiːtʃʲɛutʲɪ]
Mittagessen (n)	pietūs (v)	['pʲɛ'tuːs]
zu Mittag essen	pietauti	[pʲiɛ'tautʲɪ]
Abendessen (n)	vakarienė (m)	[vaka'rʲɛnʲeː]
zu Abend essen	vakarieniauti	[vakarʲiɛ'nʲæutʲɪ]
Appetit (m)	apetitas (v)	[apʲɛ'tʲɪtas]
Guten Appetit!	Gero apetito!	['gʲæɾɔ apʲɛ'tʲɪtɔ!]
öffnen (vt)	atidaryti	[atʲɪda'rʲiːtʲɪ]
verschütten (vt)	išpilti	[ɪʃ'pʲɪlʲtʲɪ]
verschüttet werden	išsipilti	[ɪʃsʲɪ'pʲɪlʲtʲɪ]
kochen (vi)	virti	['vʲɪrtʲɪ]
kochen (Wasser ~)	virinti	['vʲɪrʲɪntʲɪ]
gekocht (Adj)	virintas	['vʲɪrʲɪntas]
kühlen (vt)	atvėsinti	[atvʲeː'sʲɪntʲɪ]
abkühlen (vi)	vėsinti	[vʲeː'sʲɪntʲɪ]
Geschmack (m)	skonis (v)	['skoːnʲɪs]
Beigeschmack (m)	prieskonis (v)	['prʲiɛskonʲɪs]
auf Diät sein	laikyti dietos	[lʲʌɪ'kʲiːtʲɪ 'dʲɛtos]
Diät (f)	dieta (f)	[dʲiɛ'ta]
Vitamin (n)	vitaminas (v)	[vʲɪta'mʲɪnas]
Kalorie (f)	kalorija (m)	[ka'lʲorʲɪjɛ]
Vegetarier (m)	vegetaras (v)	[vʲɛgʲɛ'taːras]
vegetarisch (Adj)	vegetariškas	[vʲɛgʲɛ'taːrʲɪʃkas]
Fett (n)	riebalai (v dgs)	[rʲiɛba'lʲʌɪ]
Protein (n)	baltymai (v dgs)	[balʲtʲiː'mʌɪ]
Kohlenhydrat (n)	angliavandeniai (v dgs)	[an'glʲævandʲɛnʲɛɪ]
Scheibchen (n)	griežinys (v)	[grʲiɛʒʲɪ'nʲiːs]
Stück (ein ~ Kuchen)	gabalas (v)	['gaːbalʲas]
Krümel (m)	trupinys (v)	[trʊpʲɪ'nʲiːs]

43. Gedeck

Löffel (m)	šaukštas (v)	[ˈʃaukʃtas]
Messer (n)	peilis (v)	[ˈpʲɛɪlʲɪs]
Gabel (f)	šakutė (m)	[ʃaˈkutʲeː]
Tasse (eine ~ Tee)	puodukas (v)	[puɑˈdukas]
Teller (m)	lėkštė (m)	[lʲeːkʃtʲeː]
Untertasse (f)	lėkštelė (m)	[lʲeːkʃtʲælʲeː]
Serviette (f)	servetėlė (m)	[sʲɛrvetʲeːlʲeː]
Zahnstocher (m)	dantų krapštukas (v)	[danˈtuː krapʃˈtukas]

44. Restaurant

Restaurant (n)	restoranas (v)	[rʲɛstoˈraːnas]
Kaffeehaus (n)	kavinė (m)	[kaˈvʲɪnʲeː]
Bar (f)	baras (v)	[ˈbaːras]
Teesalon (m)	arbatos salonas (v)	[arˈbaːtos saˈlʲonas]
Kellner (m)	padavėjas (v)	[padaˈvʲeːjas]
Kellnerin (f)	padavėja (m)	[padaˈvʲeːja]
Barmixer (m)	barmenas (v)	[ˈbarmʲɛnas]
Speisekarte (f)	meniu (v)	[mʲɛˈnʲʊ]
Weinkarte (f)	vynų žemėlapis (v)	[ˈvʲiːnuː ʒeˈmʲeːlʲapʲɪs]
einen Tisch reservieren	rezervuoti staliuką	[rʲɛzʲɛrˈvʊatʲɪ staˈlʲʊkaː]
Gericht (n)	patiekalas (v)	[ˈpaːtʲiɛkalʲas]
bestellen (vt)	užsisakyti	[ʊʒsʲɪsakʲiːtʲɪ]
eine Bestellung aufgeben	padaryti užsakymą	[padaˈrʲiːtʲɪ ʊʒˈsaːkʲiːmaː]
Aperitif (m)	aperityvas (v)	[apʲɛrʲɪˈtʲiːvas]
Vorspeise (f)	užkandis (v)	[ˈʊʒkandʲɪs]
Nachtisch (m)	desertas (v)	[dʲɛˈsʲɛrtas]
Rechnung (f)	sąskaita (m)	[ˈsaːskʌɪta]
Rechnung bezahlen	apmokėti sąskaitą	[apmoˈkʲeːtʲɪ ˈsaːskʌɪtaː]
das Wechselgeld geben	duoti gražos	[ˈdʊatʲɪ graːˈʒoːs]
Trinkgeld (n)	arbatpinigiai (v dgs)	[arˈbaːtpʲɪnʲɪgʲɛɪ]

Familie, Verwandte und Freunde

45. Persönliche Informationen. Formulare

Vorname (m)	vardas (v)	['vardas]
Name (m)	pavardė (m)	[pavarˈdʲeː]
Geburtsdatum (n)	gimìmo datà (m)	[gʲɪˈmʲɪmɔ daˈta]
Geburtsort (m)	gimìmo vietà (m)	[gʲɪˈmʲɪmɔ vʲiɛˈta]
Nationalität (f)	tautýbė (m)	[tɑuˈtʲiːbʲeː]
Wohnort (m)	gyvẽnamoji vietà (m)	[gʲiːvʲæːnaˈmojɪ vʲiɛˈta]
Land (n)	šalìs (m)	[ʃaˈlʲɪs]
Beruf (m)	profèsija (m)	[profʲɛsʲɪjɛ]
Geschlecht (n)	lýtis (m)	[ˈlʲiːtʲɪs]
Größe (f)	ū̃gis (v)	[ˈuːgʲɪs]
Gewicht (n)	svõris (v)	[ˈsvoːrʲɪs]

46. Familienmitglieder. Verwandte

Mutter (f)	mótina (m)	[ˈmotʲɪna]
Vater (m)	tėvas (v)	[ˈtʲeːvas]
Sohn (m)	sūnùs (v)	[suːˈnʊs]
Tochter (f)	dukrà, duktė̃ (m)	[dʊkˈra], [dʊkˈtʲeː]
jüngste Tochter (f)	jaunesnióji duktė̃ (m)	[jɛunɛsˈnʲoːjɪ dʊkˈtʲeː]
jüngste Sohn (m)	jaunesnỹsis sūnùs (v)	[jɛunʲɛsˈnʲiːsʲɪs suːˈnʊs]
ältere Tochter (f)	vyresnióji duktė̃ (m)	[vʲiːresˈnʲoːjɪ dʊkˈtʲeː]
älterer Sohn (m)	vyresnỹsis sūnùs (v)	[vʲiːrʲɛsˈnʲiːsʲɪs suːˈnʊs]
Bruder (m)	brólis (v)	[ˈbrolʲɪs]
älterer Bruder (m)	vyresnỹsis brólis (v)	[vʲiːrʲɛsˈnʲiːsʲɪs ˈbrolʲɪs]
jüngerer Bruder (m)	jaunesnỹsis brólis (v)	[jɛunʲɛsˈnʲiːsʲɪs ˈbrolʲɪs]
Schwester (f)	sesuõ (m)	[sʲɛˈsʊɑ]
ältere Schwester (f)	vyresnióji sesuõ (m)	[vʲiːrʲɛsˈnʲoːjɪ sʲɛˈsʊɑ]
jüngere Schwester (f)	jaunesnióji sesuõ (m)	[jɛunʲɛsˈnʲoːjɪ sʲɛˈsʊɑ]
Cousin (m)	pùsbrolis (v)	[ˈpʊsbrolʲɪs]
Cousine (f)	pùsseserė (m)	[ˈpʊsseserʲeː]
Mama (f)	mamà (m)	[maˈma]
Papa (m)	tė̃tis (v)	[ˈtʲeːtʲɪs]
Eltern (pl)	tėvaĩ (v)	[tʲeːˈvʌɪ]
Kind (n)	vaĩkas (v)	[ˈvʌɪkas]
Kinder (pl)	vaikaĩ (v)	[vʌɪˈkʌɪ]
Großmutter (f)	senẽlė (m)	[sʲɛˈnʲælʲeː]
Großvater (m)	senẽlis (v)	[sʲɛˈnʲælʲɪs]
Enkel (m)	anū̃kas (v)	[aˈnuːkas]

| Enkelin (f) | anūkė (m) | [aˈnuːkʲeː] |
| Enkelkinder (pl) | anūkai (v) | [aˈnuːkʌɪ] |

Onkel (m)	dėdė (v)	[ˈdʲeːdʲeː]
Tante (f)	teta (m)	[tʲɛˈta]
Neffe (m)	sūnėnas (v)	[suːˈnʲeːnas]
Nichte (f)	dukterėčia (m)	[dʊkteˈrʲeːtʂʲæ]

Schwiegermutter (f)	uošvė (m)	[ˈʊɑʃvʲeː]
Schwiegervater (m)	uošvis (v)	[ˈʊɑʃvʲɪs]
Schwiegersohn (m)	žėntas (v)	[ˈʒʲɛntas]
Stiefmutter (f)	pamotė (m)	[ˈpaːmotʲeː]
Stiefvater (m)	patėvis (v)	[paˈtʲeːvʲɪs]

Säugling (m)	kūdikis (v)	[ˈkuːdʲɪkʲɪs]
Kleinkind (n)	naujagimis (v)	[nɑʊˈjaːgʲɪmʲɪs]
Kleine (m)	vaikas (v)	[ˈvʌɪkas]

Frau (f)	žmona (m)	[ʒmoˈna]
Mann (m)	vyras (v)	[ˈvʲiːras]
Ehemann (m)	sutuoktinis (v)	[sʊtʊɑkˈtʲɪnʲɪs]
Gemahlin (f)	sutuoktinė (m)	[sʊtʊɑkˈtʲɪnʲeː]

verheiratet (Ehemann)	vedęs	[ˈvʲædʲɛːs]
verheiratet (Ehefrau)	ištekėjusi	[ɪʃtʲɛˈkʲeːjʊsʲɪ]
ledig	viengungis	[vʲɪɛŋˈgʊŋgʲɪs]
Junggeselle (m)	viengungis (v)	[vʲɪɛŋˈgʊŋgʲɪs]
geschieden (Adj)	išsiskyręs	[ɪʃsʲɪˈskʲiːrʲɛːs]
Witwe (f)	našlė (m)	[naʃˈlʲeː]
Witwer (m)	našlys (v)	[naʃˈlʲiːs]

Verwandte (m)	giminaitis (v)	[gʲɪmʲɪˈnʌɪtʲɪs]
naher Verwandter (m)	artimas giminaitis (v)	[ˈartʲɪmas gʲɪmʲɪˈnʌɪtʲɪs]
entfernter Verwandter (m)	tolimas giminaitis (v)	[ˈtolʲɪmas gʲɪmʲɪˈnʌɪtʲɪs]
Verwandte (pl)	giminės (m dgs)	[ˈgʲɪmʲɪnʲeːs]

Waise (m, f)	našlaitis (v)	[naʃˈlʲʌɪtʲɪs]
Vormund (m)	globėjas (v)	[glʲoˈbʲeːjas]
adoptieren (einen Jungen)	įsūnyti	[iːˈsuːnʲɪːtʲɪ]
adoptieren (ein Mädchen)	įdukrinti	[iːˈdʊkrʲɪntʲɪ]

Medizin

47. Krankheiten

Krankheit (f)	ligà (m)	[lʲɪˈga]
krank sein	sírgti	[ˈsʲɪrktʲɪ]
Gesundheit (f)	sveikatà (m)	[svʲɛɪkaˈta]
Schnupfen (m)	slogà (m)	[slʲoˈga]
Angina (f)	anginà (m)	[angˈɪˈna]
Erkältung (f)	péršalimas (v)	[ˈpʲɛrʃalʲɪmas]
sich erkälten	péršalti	[ˈpʲɛrʃalʲtʲɪ]
Bronchitis (f)	bronchìtas (v)	[bronˈxʲɪtas]
Lungenentzündung (f)	plaũčių uždegìmas (v)	[ˈplʲautsʲu: uʒdʲɛˈgʲɪmas]
Grippe (f)	grìpas (v)	[ˈgrʲɪpas]
kurzsichtig	trumparẽgis	[trʊmpaˈrʲæɡʲɪs]
weitsichtig	toliarẽgis	[tolʲæˈrʲæɡʲɪs]
Schielen (n)	žvairùmas (v)	[ʒvʌɪˈrʊmas]
schielend (Adj)	žvaĩras	[ˈʒvʌɪras]
grauer Star (m)	kataraktà (m)	[katarakˈta]
Glaukom (n)	glaukomà (m)	[glʲaʊkoˈma]
Schlaganfall (m)	insùltas (v)	[ɪnˈsʊlʲtas]
Infarkt (m)	infárktas (v)	[ɪnˈfarktas]
Herzinfarkt (m)	miokárdo infárktas (v)	[mʲɪjɔˈkarda inˈfarktas]
Lähmung (f)	paralỹžius (v)	[paraˈlʲi:ʒʲʊs]
lähmen (vt)	paražiúoti	[paralʲɪˈʒʊatʲɪ]
Allergie (f)	alèrgija (m)	[aˈlʲɛrgʲɪjɛ]
Asthma (n)	astmà (m)	[astˈma]
Diabetes (m)	diabètas (v)	[dʲɪjaˈbʲɛtas]
Zahnschmerz (m)	dantų̃ skaũsmas (v)	[danˈtu: ˈskaʊsmas]
Karies (f)	káriesas (v)	[ˈka:rʲiɛsas]
Durchfall (m)	diarėjà (m)	[dʲjarʲeːˈja]
Verstopfung (f)	vidurių̃ užkietėjimas (v)	[vʲɪdʊˈrʲu: ʊʒkʲiɛˈtʲɛjɪmas]
Magenverstimmung (f)	skrañdžio sutrikìmas (v)	[ˈskrandʒʲo sʊtrʲɪˈkʲɪmas]
Vergiftung (f)	apsinuódijimas (v)	[apsʲɪˈnʊadʲɪjimas]
Vergiftung bekommen	apsinuódyti	[apsʲɪˈnʊadʲiːtʲɪ]
Arthritis (f)	artrìtas (v)	[artˈrʲɪtas]
Rachitis (f)	rachìtas (v)	[raˈxʲɪtas]
Rheumatismus (m)	reumatìzmas (v)	[rʲɛʊmaˈtʲɪzmas]
Atherosklerose (f)	aterosklerozė̃ (m)	[aterosklʲɛˈrozʲeː]
Gastritis (f)	gastrìtas (v)	[gasˈtrʲɪtas]
Blinddarmentzündung (f)	apendicìtas (v)	[apʲɛndʲɪˈtsʲɪtas]

| Cholezystitis (f) | cholecistìtas (v) | [xolʲɛtsʲɪsˈtʲɪtas] |
| Geschwür (n) | opà (m) | [oˈpa] |

Masern (pl)	tymaĩ (v)	[tʲiːˈmʌɪ]
Röteln (pl)	raudoniùkė (m)	[rɑʊdoˈnʲʊkʲeː]
Gelbsucht (f)	geltà (m)	[gʲɛlʲˈta]
Hepatitis (f)	hepatìtas (v)	[ɣʲɛpaˈtʲɪtas]

Schizophrenie (f)	šizofrènija (m)	[ʃɪzoˈfrʲɛnʲɪjɛ]
Tollwut (f)	pasiùtligė (m)	[paˈsʲʊtlʲɪgʲeː]
Neurose (f)	neuròzė (m)	[nʲɛʊˈrozʲe:]
Gehirnerschütterung (f)	smegenų̃ sutrenkìmas (v)	[smʲɛgʲɛˈnu: sʊtrʲɛŋˈkʲɪmas]

Krebs (m)	vėžỹs (v)	[vʲeːˈʒʲiːs]
Sklerose (f)	skleròzė (m)	[sklʲɛˈrozʲe:]
multiple Sklerose (f)	išsėtìnė skleròzė (m)	[ɪʃsʲeːˈtʲɪnʲe: sklʲɛˈrozʲe:]

Alkoholismus (m)	alkoholìzmas (v)	[alʲkoɣoˈlʲɪzmas]
Alkoholiker (m)	alokoholikas (v)	[alokoˈɣolʲɪkas]
Syphilis (f)	sìfilis (v)	[ˈsʲɪfʲɪlʲɪs]
AIDS	ŽIV (v)	[ˈʒʲɪv]

Tumor (m)	auglỹs (v)	[ɑʊgˈlʲiːs]
Fieber (n)	karštligė (m)	[ˈkarʃtlʲɪgʲeː]
Malaria (f)	maliãrija (m)	[maˈlʲærʲɪjɛ]
Gangrän (f, n)	gangrenà (m)	[gangrʲɛˈna]
Seekrankheit (f)	jū́ros ligà (m)	[ˈjuːros lʲɪˈga]
Epilepsie (f)	epilèpsija (m)	[ɛpʲɪˈlʲɛpsʲɪjɛ]

Epidemie (f)	epidèmija (m)	[ɛpʲɪˈdʲɛmʲɪjɛ]
Typhus (m)	šìltinė (m)	[ˈʃʲɪlʲtʲɪnʲe:]
Tuberkulose (f)	tuberkuliòzė (m)	[tʊbɛrkʊˈlʲozʲe:]
Cholera (f)	cholera (m)	[ˈxolʲɛra]
Pest (f)	mãras (v)	[ˈmaːras]

48. Symptome. Behandlungen. Teil 1

Symptom (n)	simptòmas (v)	[sʲɪmpˈtomas]
Temperatur (f)	temperatūrà (m)	[tʲɛmpʲɛratuːˈra]
Fieber (n)	aukštà temperatūrà (m)	[ɑʊkʃˈta tʲɛmpʲɛratuːˈra]
Puls (m)	pùlsas (v)	[ˈpʊlʲsas]

Schwindel (m)	galvõs svaigìmas (v)	[galʲˈvoːs svʌɪˈgʲɪmas]
heiß (Stirne usw.)	kárštas	[ˈkarʃtas]
Schüttelfrost (m)	drebulỹs (v)	[drʲɛbʊˈlʲiːs]
blass (z.B. -es Gesicht)	išbãlęs	[ɪʃˈbaːlʲɛːs]

Husten (m)	kosulỹs (v)	[kɔsʊˈlʲiːs]
husten (vi)	kosė́ti	[ˈkosʲeːtʲɪ]
niesen (vi)	čiáudėti	[ˈtʂʲæʊdʲeːtʲɪ]
Ohnmacht (f)	nualpìmas (v)	[nʊˈalʲpʲɪmas]
ohnmächtig werden	nualpti	[nʊˈalʲptʲɪ]
blauer Fleck (m)	mėlỹnė (m)	[mʲeːˈlʲiːnʲe:]
Beule (f)	gùzas (v)	[ˈgʊzas]

sich stoßen	atsitreñkti	[atsʲɪ'trʲɛŋktʲɪ]
Prellung (f)	sumušìmas (v)	[sumʊ'ʃɪmas]
sich stoßen	susimùšti	[susʲɪ'muʃtʲɪ]

hinken (vi)	šlubúoti	[ʃlʲʊ'buatʲɪ]
Verrenkung (f)	išnirìmas (v)	[ɪʃnʲɪ'rʲɪmas]
ausrenken (vt)	išnarìnti	[ɪʃna'rʲɪntʲɪ]
Fraktur (f)	lū̃žis (v)	['lʲuːʒʲɪs]
brechen (Arm usw.)	susiláužyti	[susʲɪ'lʲauʒʲiːtʲɪ]

Schnittwunde (f)	įpjovìmas (v)	[iːpjo'vʲɪːmas]
sich schneiden	įsipjáuti	[iːsʲɪ'pjautʲɪ]
Blutung (f)	kraujãvimas (v)	[krau'jaːvʲɪmas]

| Verbrennung (f) | nudegìmas (v) | [nʊdʲɛ'gʲɪmas] |
| sich verbrennen | nusidẽginti | [nʊsʲɪ'dʲægʲɪntʲɪ] |

stechen (vt)	įdùrti	[iː'dʊrtʲɪ]
sich stechen	įsidùrti	[iːsʲɪ'dʊrtʲɪ]
verletzen (vt)	sužalóti	[susʲɪʒa'lʲotʲɪ]
Verletzung (f)	sužalójimas (v)	[suʒa'lʲoːjɪmas]
Wunde (f)	žaizdà (m)	[ʒʌɪz'da]
Trauma (n)	tráuma (m)	['trauma]

irrereden (vi)	sapalióti	[sapa'lʲotʲɪ]
stottern (vi)	mikčióti	[mʲɪk'tʂʲotʲɪ]
Sonnenstich (m)	sáulės smū̃gis (v)	['saulʲeːs 'smuːgʲɪs]

49. Symptome. Behandlungen. Teil 2

| Schmerz (m) | skaũsmas (v) | ['skausmas] |
| Splitter (m) | rakštìs (m) | [rakʃ'tʲɪs] |

Schweiß (m)	prãkaitas (v)	['praːkʌɪtas]
schwitzen (vi)	prakaitúoti	[prakʌɪ'tuatʲɪ]
Erbrechen (n)	pỹkinimas (v)	['pʲiːkʲɪnʲɪmas]
Krämpfe (pl)	traukùliai (v)	[trau'kulʲɛɪ]

schwanger	nė́ščia	[nʲeːʃtʂʲæ]
geboren sein	gìmti	['gʲɪmtʲɪ]
Geburt (f)	gimdymas (v)	['gʲɪmdʲiːmas]
gebären (vt)	gimdýti	[gʲɪm'dʲiːtʲɪ]
Abtreibung (f)	abòrtas (v)	[a'bortas]

Atem (m)	kvėpãvimas (v)	[kvʲeː'paːvʲɪmas]
Atemzug (m)	įkvė́pis (v)	['iːkvʲeːpʲɪs]
Ausatmung (f)	iškvėpìmas (v)	[ɪʃkvʲeː'pʲɪmas]
ausatmen (vt)	iškvė̃pti	[ɪʃ'kvʲeːptʲɪ]
einatmen (vt)	įkvė̃pti	[iː'kvʲeːptʲɪ]

Invalide (m)	invalìdas (v)	[ɪnva'lʲɪdas]
Krüppel (m)	luošỹs (v)	[lʲua'ʃɪːs]
Drogenabhängiger (m)	narkomãnas (v)	[narko'maːnas]
taub	kurčias	['kurtʂʲæs]

stumm	nebylỹs	[nʲɛbʲiːˈlʲiːs]
taubstumm	kurčnebylis	[ˈkʊrtʂnʲɛbʲiːlʲɪs]
verrückt (Adj)	pamìšęs	[paˈmʲɪʃɛːs]
Irre (m)	pamìšęs (v)	[paˈmʲɪʃɛːs]
Irre (f)	pamìšusi (m)	[paˈmʲɪʃʊsʲɪ]
den Verstand verlieren	išprotéti	[ɪʃproˈtʲeːtʲɪ]
Gen (n)	gėnas (v)	[ˈgʲɛnas]
Immunität (f)	imunitėtas (v)	[ɪmʊnʲɪˈtʲɛtas]
erblich	pavéldimas	[paˈvʲɛlʲdʲɪmas]
angeboren	įgimtas	[ˈiːgʲɪmtas]
Virus (m, n)	vìrusas (v)	[ˈvʲɪrʊsas]
Mikrobe (f)	mikròbas (v)	[mʲɪkˈrobas]
Bakterie (f)	baktèrija (m)	[bakˈtʲɛrʲɪjɛ]
Infektion (f)	infèkcija (m)	[ɪnˈfʲɛktsʲɪjɛ]

50. Symptome. Behandlungen. Teil 3

Krankenhaus (n)	ligóninė (m)	[lʲɪˈgonʲɪnʲeː]
Patient (m)	pacieñtas (v)	[paˈtsʲiɛntas]
Diagnose (f)	diagnòzė (m)	[dʲɪjagˈnozʲeː]
Heilung (f)	gýdymas (v)	[ˈgʲiːdʲiːmas]
Behandlung (f)	gýdymas (v)	[ˈgʲiːdʲiːmas]
Behandlung bekommen	gýdytis	[ˈgʲiːdʲiːtʲɪs]
behandeln (vt)	gýdyti	[ˈgʲiːdʲiːtʲɪ]
pflegen (Kranke)	slaugýti	[slʲɑʊˈgʲiːtʲɪ]
Pflege (f)	slauga̍ (m)	[slʲɑʊˈga]
Operation (f)	operãcija (m)	[opʲɛˈraːtsʲɪjɛ]
verbinden (vt)	pérrišti	[ˈpʲɛrrʲɪʃtʲɪ]
Verband (m)	pérrišimas (v)	[ˈpʲɛrrʲɪʃɪmas]
Impfung (f)	skiẽpas (v)	[ˈskʲɛpas]
impfen (vt)	skiẽpyti	[ˈskʲɛpʲiːtʲɪ]
Spritze (f)	įdūrìmas (v)	[iːduːˈrʲɪːmas]
eine Spritze geben	suléisti vaistus	[sʊˈlʲɛɪstʲɪ ˈvʌɪstʊs]
Anfall (m)	príepuolis (v)	[ˈprʲiɛpʊalʲɪs]
Amputation (f)	amputãcija (m)	[ampʊˈtaːtsʲɪjɛ]
amputieren (vt)	amputúoti	[ampʊˈtʊɑtʲɪ]
Koma (n)	koma̍ (m)	[kɔˈma]
im Koma liegen	bū́ti kòmoje	[ˈbuːtʲɪ ˈkõmojɛ]
Reanimation (f)	reanimãcija (m)	[rʲɛanʲɪˈmaːtsʲɪjɛ]
genesen von ... (vi)	sveĩkti ...	[ˈsvʲɛɪktʲɪ ...]
Zustand (m)	bū́klė (m)	[ˈbuːklʲeː]
Bewusstsein (n)	sámonė (m)	[ˈsaːmonʲeː]
Gedächtnis (n)	atmintìs (m)	[atmʲɪnˈtʲɪs]
ziehen (einen Zahn ~)	šãlinti	[ˈʃaːlʲɪntʲɪ]
Plombe (f)	plòmba (m)	[ˈplʲomba]

plombieren (vt)	plombúoti	[plʲom'buatʲɪ]
Hypnose (f)	hipnõzė (m)	[ɣʲɪp'nozʲeː]
hypnotisieren (vt)	hipnotizúoti	[ɣʲɪpnotʲɪ'zuatʲɪ]

51. Ärzte

Arzt (m)	gýdytojas (v)	['gʲiːdʲiːtoːjɛs]
Krankenschwester (f)	medicìnos sesẽlė (m)	[mʲɛdʲɪ'tsʲɪnos se'sʲælʲeː]
Privatarzt (m)	asmenìnis gýdytojas (v)	[asmʲɛ'nʲɪnʲɪs 'gʲiːdʲiːtoːjɛs]
Zahnarzt (m)	dantìstas (v)	[dan'tʲɪstas]
Augenarzt (m)	okulìstas (v)	[oku'lʲɪstas]
Internist (m)	terapèutas (v)	[tʲɛra'pʲɛutas]
Chirurg (m)	chirùrgas (v)	[xʲɪ'rʊrgas]
Psychiater (m)	psichiãtras (v)	[psʲɪxʲɪ'jatras]
Kinderarzt (m)	pediãtras (v)	[pʲɛ'dʲɪ'jatras]
Psychologe (m)	psicholõgas (v)	[psʲɪxo'lʲogas]
Frauenarzt (m)	ginekolõgas (v)	[gʲɪnʲɛko'lʲogas]
Kardiologe (m)	kardiolõgas (v)	[kardʲɪjo'lʲogas]

52. Medizin. Medikamente. Accessoires

Arznei (f)	váistas (v)	['vʌɪstas]
Heilmittel (n)	príemonė (m)	['prʲiɛmonʲeː]
verschreiben (vt)	išrašýti	[ɪʃra'ʃʲɪːtʲɪ]
Rezept (n)	recèptas (v)	[rʲɛ'tsʲɛptas]
Tablette (f)	tablètė (m)	[tab'lʲɛtʲeː]
Salbe (f)	tẽpalas (v)	['tʲæpalʲas]
Ampulle (f)	ámpulė (m)	['ampʊlʲeː]
Mixtur (f)	mikstūrà (m)	[mʲɪkstuː'ra]
Sirup (m)	sìrupas (v)	['sʲɪrʊpas]
Pille (f)	piliùlė (f)	[pʲɪ'lʲʊlʲeː]
Pulver (n)	miltẽliai (v dgs)	[mʲɪlʲ'tʲælʲɛɪ]
Verband (m)	bìntas (v)	['bʲɪntas]
Watte (f)	vatà (m)	[va'ta]
Jod (n)	jòdas (v)	[jo das]
Pflaster (n)	pléistras (v)	['plʲɛɪstras]
Pipette (f)	pipètė (m)	[pʲɪ'pʲɛtʲeː]
Thermometer (n)	termomètras (v)	[tʲɛrmo'mʲɛtras]
Spritze (f)	švìrkštas (v)	['ʃvʲɪrkʃtas]
Rollstuhl (m)	neįgaliójo vežimẽlis (v)	[nʲɛɪːga'lʲojo vʲɛ'ʒʲɪmʲeːlʲɪs]
Krücken (pl)	ramentaĩ (v dgs)	[ra'mʲɛntʌɪ]
Betäubungsmittel (n)	skaũsmą malšìnantys váistai (v dgs)	['skaʊsma: malʲ'ʃʲɪnantʲiːs 'vʌɪstʌɪ]
Abführmittel (n)	laĩsvinantys váistai (v dgs)	['lʲʌɪsvʲɪnantʲiːs 'vʌɪstʌɪ]
Spiritus (m)	spìritas (v)	['spʲɪrʲɪtas]

Heilkraut (n)	**žolė** (m)	[ʒɔ'lʲeː]
Kräuter- (z.B. Kräutertee)	**žolinis**	[ʒɔ'lʲinʲɪs]

LEBENSRAUM DES MENSCHEN

Stadt

53. Stadt. Leben in der Stadt

Stadt (f)	miestas (v)	['mʲɛstas]
Hauptstadt (f)	sostinė (m)	['sostʲɪnʲeː]
Dorf (n)	kaimas (v)	['kʌɪmas]

Stadtplan (m)	miesto planas (v)	['mʲɛstɔ 'plʲaːnas]
Stadtzentrum (n)	miesto centras (v)	['mʲɛstɔ 'tsʲɛntras]
Vorort (m)	priemiestis (v)	['prʲiɛmʲɛstʲɪs]
Vorort-	priemiesčio	['prʲiɛmʲiɛstsʲɔ]

Stadtrand (m)	pakraštys (v)	[pakraʃ'tʲiːs]
Umgebung (f)	apylinkės (m dgs)	[a'pʲiːlʲɪŋkʲeːs]
Stadtviertel (n)	kvartalas (v)	[kvar'taːlʲas]
Wohnblock (m)	gyvenamas kvartalas (v)	[gʲiː'vʲænamas kvar'taːlʲas]

Straßenverkehr (m)	judėjimas (v)	[juˈdʲɛjɪmas]
Ampel (f)	šviesoforas (v)	[ʃvʲiɛso'foras]
Stadtverkehr (m)	miesto transportas (v)	['mʲɛstɔ trans'portas]
Straßenkreuzung (f)	sankryža (m)	['saŋkrʲiːʒa]

Übergang (m)	perėja (m)	['pʲɛrʲeːja]
Fußgängerunterführung (f)	požeminė perėja (m)	[poʒe'mʲɪnʲeː 'pʲærʲeːja]
überqueren (vt)	pereiti	['pʲɛrʲɛɪtʲɪ]
Fußgänger (m)	pėstysis (v)	['pʲeːstʲiːsʲɪs]
Gehweg (m)	šaligatvis (v)	[ʃa'lʲɪgatvʲɪs]

Brücke (f)	tiltas (v)	['tʲɪlʲtas]
Kai (m)	krantinė (m)	[kran'tʲɪnʲeː]

Allee (f)	alėja (m)	[a'lʲeːja]
Park (m)	parkas (v)	['parkas]
Boulevard (m)	bulvaras (v)	[bʊlʲ'vaːras]
Platz (m)	aikštė (m)	[ʌɪkʃ'tʲeː]
Avenue (f)	prospektas (v)	[pros'pʲɛktas]
Straße (f)	gatvė (m)	['gaːtvʲeː]
Gasse (f)	skersgatvis (v)	['skʲɛrsgatvʲɪs]
Sackgasse (f)	tupikas (v)	[tʊ'pʲɪkas]

Haus (n)	namas (v)	['naːmas]
Gebäude (n)	pastatas (v)	['paːstatas]
Wolkenkratzer (m)	dangoraižis (v)	[dan'gorʌɪʒʲɪs]

Fassade (f)	fasadas (v)	[fa'saːdas]
Dach (n)	stogas (v)	['stogas]

Fenster (n)	langas (v)	['lʲangas]
Bogen (m)	arka (m)	['arka]
Säule (f)	kolona (m)	[kɔlʲo'na]
Ecke (f)	kampas (v)	['kampas]

Schaufenster (n)	vitrina (m)	[vʲɪtrʲɪ'na]
Firmenschild (n)	iškaba (m)	['ɪʃkaba]
Anschlag (m)	afiša (m)	[afʲɪ'ʃa]
Werbeposter (m)	reklaminis plakatas (v)	[rʲɛk'lʲa:mʲɪnʲɪs plʲa'ka:tas]
Werbeschild (n)	reklaminis skydas (v)	[rʲɛk'lʲa:mʲɪnʲɪs 'skʲi:das]

Müll (m)	šiukšlės (m dgs)	['ʃʊkʃlʲe:s]
Mülleimer (m)	urna (m)	['ʊrna]
Abfall wegwerfen	šiukšlinti	['ʃʊkʃlʲɪntʲɪ]
Mülldeponie (f)	sąvartynas (v)	[sa:varˈtʲi:nas]

Telefonzelle (f)	telefono budelė (m)	[tʲɛlʲɛ'fonɔ 'bʊdelʲe:]
Straßenlaterne (f)	žibinto stulpas (v)	[ʒʲɪ'bʲɪntɔ 'stʊlʲpas]
Bank (Park-)	suolas (v)	['sʊɑlʲas]

Polizist (m)	policininkas (v)	[po'lʲɪtsʲɪnʲɪŋkas]
Polizei (f)	policija (m)	[po'lʲɪtsʲɪjɛ]
Bettler (m)	skurdžius (v)	['skʊrdʒʲʊs]
Obdachlose (m)	benamis (v)	[bʲɛ'na:mʲɪs]

54. Innerstädtische Einrichtungen

Laden (m)	parduotuvė (m)	[pardʊɑ'tʊvʲe:]
Apotheke (f)	vaistinė (m)	['vʌɪstʲɪnʲe:]
Optik (f)	optika (m)	['optʲɪka]
Einkaufszentrum (n)	prekybos centras (v)	[prʲɛ'kʲi:bos 'tsʲɛntras]
Supermarkt (m)	supermarketas (v)	[sʊpʲɛr'markʲɛtas]

Bäckerei (f)	bandelių krautuvė (m)	[ban'dʲælʲu: 'krɑʊtʊvʲe:]
Bäcker (m)	kepėjas (v)	[kʲɛ'pʲe:jas]
Konditorei (f)	konditerija (m)	[kondʲɪ'tʲɛrʲɪjɛ]
Lebensmittelladen (m)	bakaléja (m)	[baka'lʲe:ja]
Metzgerei (f)	mėsos krautuvė (m)	[mʲe:'so:s 'krɑʊtʊvʲe:]

| Gemüseladen (m) | daržovių krautuvė (m) | [dar'ʒovʲu: 'krɑʊtʊvʲe:] |
| Markt (m) | prekyvietė (m) | [prʲɛ'kʲi:vʲɛtʲe:] |

Kaffeehaus (n)	kavinė (m)	[ka'vʲɪnʲe:]
Restaurant (n)	restoranas (v)	[rʲɛsto'ra:nas]
Bierstube (f)	aludė (m)	[a'lʲʊdʲe:]
Pizzeria (f)	picerija (m)	[pʲɪ'tsʲɛrʲɪjɛ]

Friseursalon (m)	kirpykla (m)	[kʲɪrpʲi:k'lʲa]
Post (f)	paštas (v)	['pa:ʃtas]
chemische Reinigung (f)	valykla (m)	[valʲi:k'la]
Fotostudio (n)	fotoatelję (v)	[fotoate'lʲje:]

| Schuhgeschäft (n) | avalynės parduotuvė (m) | ['a:valʲi:nʲe:s pardʊɑ'tʊvʲe:] |
| Buchhandlung (f) | knygynas (v) | [knʲi:'gʲi:nas] |

Sportgeschäft (n)	sportinių prekių parduotuvė (m)	['sportʲɪnʲu: 'prʲækʲu: parduɑ'tuvʲe:]
Kleiderreparatur (f)	drabužių taisykla (m)	[dra'bʊʒʲu: tʌɪsʲi:k'lʲa]
Bekleidungsverleih (m)	drabužių nuoma (m)	[dra'bʊʒʲu: 'nuɑma]
Videothek (f)	filmų nuoma (m)	['fʲɪlʲmu: 'nuɑma]

Zirkus (m)	cirkas (v)	['tsʲɪrkas]
Zoo (m)	zoologijos sodas (v)	[zoo'lʲogʲɪjos 'so:das]
Kino (n)	kino teatras (v)	['kʲɪno tʲɛ'a:tras]
Museum (n)	muziejus (v)	[mʊ'zʲɛjʊs]
Bibliothek (f)	biblioteka (m)	[bʲɪblʲɪjotʲɛ'ka]

Theater (n)	teatras (v)	[tʲɛ'a:tras]
Opernhaus (n)	opera (m)	['opʲɛra]
Nachtklub (m)	naktinis klubas (v)	[nak'tʲɪnʲɪs 'klʲʊbas]
Kasino (n)	kazino (v)	[kazʲɪ'no]

Moschee (f)	mečetė (m)	[mʲɛ'tʂʲɛtʲe:]
Synagoge (f)	sinagoga (m)	[sʲɪnago'ga]
Kathedrale (f)	katedra (m)	['ka:tʲɛdra]
Tempel (m)	šventykla (m)	[ʃvʲɛntʲi:k'lʲa]
Kirche (f)	bažnyčia (m)	[baʒ'nʲi:tʂʲæ]

Institut (n)	institutas (v)	[ɪnstʲɪ'tʊtas]
Universität (f)	universitetas (v)	[ʊnʲɪvʲɛrsʲɪ'tʲɛtas]
Schule (f)	mokykla (m)	[mokʲi:k'lʲa]

Präfektur (f)	prefektūra (m)	[prʲɛfʲɛk'tu:'ra]
Rathaus (n)	savivaldybė (m)	[savʲɪvalʲ'dʲi:bʲe:]
Hotel (n)	viešbutis (v)	['vʲɛʃbʊtʲɪs]
Bank (f)	bankas (v)	['baŋkas]

Botschaft (f)	ambasada (m)	[ambasa'da]
Reisebüro (n)	turizmo agentūra (m)	[tʊ'rʲɪzmɔ agʲɛntu:'ra]
Informationsbüro (n)	informācijos biuras (v)	[ɪnfor'ma:tsʲɪjos 'bʲʊras]
Wechselstube (f)	keitykla (m)	[kʲɛɪtʲi:k'lʲa]

| U-Bahn (f) | metro | [mʲɛ'tro] |
| Krankenhaus (n) | ligoninė (m) | [lʲɪ'gonʲɪnʲe:] |

| Tankstelle (f) | degalinė (m) | [dʲɛga'lʲɪnʲe:] |
| Parkplatz (m) | stovėjimo aikštelė (m) | [sto'vʲɛjɪmɔ ʌɪkʃ'tʲælʲe:] |

55. Schilder

Firmenschild (n)	iškaba (m)	['ɪʃkaba]
Aufschrift (f)	užrašas (v)	['ʊʒraʃas]
Plakat (n)	plakatas (v)	[plʲa'ka:tas]
Wegweiser (m)	nuoroda (m)	['nuɑroda]
Pfeil (m)	rodyklė (m)	[ro'dʲi:klʲe:]

Vorsicht (f)	perspėjimas (v)	['pʲɛrspʲe:jimas]
Warnung (f)	įspėjimas (v)	[i:spʲe:'jɪmas]
warnen (vt)	įspėti	[i:s'pʲe:tʲɪ]

freier Tag (m)	išeiginė diena (m)	[ɪʃɛɪ'gʲɪnʲe: dʲiɛ'na]
Fahrplan (m)	tvarkaraštis (v)	[tvarʲka:raʃtʲɪs]
Öffnungszeiten (pl)	darbo valandos (m dgs)	['darbɔ valʲan'do:s]
HERZLICH WILLKOMMEN!	SVEIKÌ ATVÝKĘ!	[svʲɛɪ'kʲɪ at'vʲi:kʲɛ:!]
EINGANG	ĮĖJÌMAS	[i:ʲɛ:'jɪmas]
AUSGANG	IŠĖJÌMAS	[ɪʃe:'jɪmas]
DRÜCKEN	STÙMTI	['stʊmtʲɪ]
ZIEHEN	TRÁUKTI	['traʊktʲɪ]
GEÖFFNET	ATIDARÝTA	[atʲɪda'rʲi:ta]
GESCHLOSSEN	UŽDARÝTA	[ʊʒda'rʲi:ta]
DAMEN, FRAUEN	MÓTERIMS	['motʲɛrʲɪms]
HERREN, MÄNNER	VÝRAMS	['vʲi:rams]
AUSVERKAUF	NÙOLAIDOS	['nʊalʲʌɪdos]
REDUZIERT	IŠPARDAVÌMAS	[ɪʃparda'vʲɪmas]
NEU!	NAUJÍENA!	[naʊ'jiɛna!]
GRATIS	NEMÓKAMAI	[nʲɛ'mokamʌɪ]
ACHTUNG!	DĖMESIO!	['dʲe:mesʲɔ!]
ZIMMER BELEGT	VIĖTŲ NĖRA	['vʲɛtu: 'nʲe:ra]
RESERVIERT	REZERVÙOTA	[rʲɛzʲɛr'vʊata]
VERWALTUNG	ADMINISTRÃCIJA	[admʲɪnʲɪs'tratsʲɪja]
NUR FÜR PERSONAL	TÌK PERSONÁLUI	['tʲɪk pʲɛrso'nalʲʊi]
VORSICHT BISSIGER HUND	PIKTAS ŠUO	['pʲɪktas 'ʃʊa]
RAUCHEN VERBOTEN!	RŪKÝTI DRAŨDŽIAMA	[ru:'kʲi:tʲɪ 'draʊdʒʲæma]
BITTE NICHT BERÜHREN	NELIÉSTI!	[nʲɛ'lʲɛstʲɪ!]
GEFÄHRLICH	PAVOJÌNGA	[pavo'jɪnga]
VORSICHT!	PAVÕJUS	[pa'vo:jʊs]
HOCHSPANNUNG	AUKŠTÃ ĮTAMPA	[aʊkʃ'ta 'i:tampa]
BADEN VERBOTEN	MÁUDYTIS DRAŨDŽIAMA	['maʊdʲi:tʲɪs 'draʊdʒʲæma]
AUßER BETRIEB	NEVEĨKIA	[nʲɛ'vʲɛɪkʲɛ]
LEICHTENTZÜNDLICH	DEGÙ	[dʲɛ'gʊ]
VERBOTEN	DRAUDŽIAMA	['draʊdʒʲæma]
DURCHGANG VERBOTEN	PRAĖJÌMAS DRAUDŽIAMAS	[prae:'jɪmas 'draʊdʒʲæmas]
FRISCH GESTRICHEN	NUDAŽYTA	[nʊda'ʒʲi:ta]

56. Innerstädtischer Transport

Bus (m)	autobùsas (v)	[aʊto'bʊsas]
Straßenbahn (f)	tramvãjus (v)	[tram'va:jʊs]
Obus (m)	troleibùsas (v)	[trolʲɛɪ'bʊsas]
Linie (f)	maršrùtas (v)	[marʃ'rʊtas]
Nummer (f)	nùmeris (v)	['nʊmʲɛrʲɪs]
mit ... fahren	važiúoti ...	[va'ʒʲʊatʲɪ ...]
einsteigen (vi)	įlìpti į ...	[i:'lʲɪ:ptʲɪ i: ...]

aussteigen (aus dem Bus)	išlipti iš ...	[ɪʃˡlʲɪptʲɪ ɪʃ ...]
Haltestelle (f)	stotelė (m)	[stoˈtʲælʲeː]
nächste Haltestelle (f)	kita stotelė (m)	[kʲɪˈta stoˈtʲælʲeː]
Endhaltestelle (f)	galutinė stotelė (m)	[galʊˈtʲɪnʲeː stoˈtʲælʲeː]
Fahrplan (m)	tvarkaraštis (v)	[tvarˈkaːraʃtʲɪs]
warten (vi, vt)	laukti	[ˡlʲaʊktʲɪ]
Fahrkarte (f)	bilietas (v)	[ˈbʲɪlʲiɛtas]
Fahrpreis (m)	bilieto kaina (m)	[ˈbʲɪlʲiɛtɔ ˈkʌɪna]
Kassierer (m)	kasininkas (v)	[ˈkaːsʲɪnʲɪŋkas]
Fahrkartenkontrolle (f)	kontrolė (m)	[kɔnˈtrolʲeː]
Fahrkartenkontrolleur (m)	kontrolierius (v)	[kɔntroˈlʲɛrʲʊs]
sich verspäten	vėluoti	[vʲeːˈlʲʊatʲɪ]
versäumen (Zug usw.)	pavėluoti	[pavʲeːˈlʲʊatʲɪ]
sich beeilen	skubėti	[skʊˈbʲeːtʲɪ]
Taxi (n)	taksi (v)	[takˈsʲɪ]
Taxifahrer (m)	taksistas (v)	[takˈsʲɪstas]
mit dem Taxi	su taksi	[ˈsʊ takˈsʲɪ]
Taxistand (m)	taksi stovėjimo aikštelė (m)	[takˈsʲɪ stoˈvʲɛjɪmɔ ʌɪkʃˈtʲælʲeː]
ein Taxi rufen	iškviesti taksi	[ɪʃkˈvʲɛstʲɪ takˈsʲɪ]
ein Taxi nehmen	įsėsti į taksi	[iːsʲesˈtʲɪː iː takˈsʲɪː]
Straßenverkehr (m)	gatvės judėjimas (v)	[ˈgaːtvʲeːs jʊˈdʲɛjɪmas]
Stau (m)	kamštis (v)	[ˈkamʃtʲɪs]
Hauptverkehrszeit (f)	piko valandos (m dgs)	[ˈpʲɪkɔ ˈvaːlʲandos]
parken (vi)	parkuotis	[parˈkʊatʲɪs]
parken (vt)	parkuoti	[parˈkʊatʲɪ]
Parkplatz (m)	stovėjimo aikštelė (m)	[stoˈvʲɛjɪmɔ ʌɪkʃˈtʲælʲeː]
U-Bahn (f)	metro	[mʲɛˈtro]
Station (f)	stotis (m)	[stoˈtʲɪs]
mit der U-Bahn fahren	važiuoti metro	[vaˈʒʲʊatʲɪ mʲɛˈtrɔ]
Zug (m)	traukinys (v)	[traʊkʲɪˈnʲiːs]
Bahnhof (m)	stotis (m)	[stoˈtʲɪs]

57. Sehenswürdigkeiten

Denkmal (n)	paminklas (v)	[paˈmʲɪŋklʲas]
Festung (f)	tvirtovė (m)	[tvʲɪrˈtovʲeː]
Palast (m)	rūmai (v)	[ˈruːmʌɪ]
Schloss (n)	pilis (m)	[pʲɪˈlʲɪs]
Turm (m)	bokštas (v)	[ˈbokʃtas]
Mausoleum (n)	mauzoliejus (v)	[maʊzoˈlʲɛjʊs]
Architektur (f)	architektūra (m)	[arxʲɪtʲɛktuːˈra]
mittelalterlich	viduramžių	[vʲɪˈduramʒʲuː]
alt (antik)	senovinis	[sʲɛˈnovʲɪnʲɪs]
national	nacionalinis	[natsʲɪjoˈnaːlʲɪnʲɪs]
berühmt	žymus	[ʒʲiːˈmʊs]
Tourist (m)	turistas (v)	[tʊˈrʲɪstas]
Fremdenführer (m)	gidas (v)	[ˈgʲɪdas]

Ausflug (m)	ekskursija (m)	[ɛksˈkursʲɪjɛ]
zeigen (vt)	rodyti	[ˈrodʲiːtʲɪ]
erzählen (vt)	pasakoti	[ˈpaːsakotʲɪ]

finden (vt)	rasti	[ˈrastʲɪ]
sich verlieren	pasiklysti	[pasʲɪˈklʲiːstʲɪ]
Karte (U-Bahn ~)	schema (m)	[sxʲɛˈma]
Karte (Stadt-)	planas (v)	[ˈplʲaːnas]

Souvenir (n)	suvenyras (v)	[suvʲɛˈnʲiːras]
Souvenirladen (m)	suvenyrų parduotuvė (m)	[suveˈnʲiːruː parduaˈtuvʲeː]
fotografieren (vt)	fotografuoti	[fotograˈfuatʲɪ]
sich fotografieren	fotografuotis	[fotograˈfuatʲɪs]

58. Shopping

kaufen (vt)	pirkti	[ˈpʲɪrktʲɪ]
Einkauf (m)	pirkinys (v)	[pʲɪrkʲɪˈnʲiːs]
einkaufen gehen	apsipirkti	[apsʲɪˈpʲɪrktʲɪ]
Einkaufen (n)	apsipirkimas (v)	[apsʲɪpʲɪrˈkʲɪmas]

| offen sein (Laden) | veikti | [ˈvʲɛɪktʲɪ] |
| zu sein | užsidaryti | [uʒsʲɪdaˈrʲiːtʲɪ] |

Schuhe (pl)	avalynė (m)	[ˈaːvalʲiːnʲeː]
Kleidung (f)	drabužiai (v)	[draˈbuʒʲɛɪ]
Kosmetik (f)	kosmetika (m)	[kɔsˈmʲɛtʲɪka]
Lebensmittel (pl)	produktai (v)	[proˈduktʌɪ]
Geschenk (n)	dovana (m)	[doˈvana]

| Verkäufer (m) | pardavėjas (v) | [pardaˈvʲeːjas] |
| Verkäuferin (f) | pardavėja (m) | [pardaˈvʲeːja] |

Kasse (f)	kasa (m)	[kaˈsa]
Spiegel (m)	veidrodis (v)	[ˈvʲɛɪdrodʲɪs]
Ladentisch (m)	prekystalis (v)	[prʲɛˈkʲiːstalʲɪs]
Umkleidekabine (f)	matavimosi kabina (m)	[maˈtaːvʲɪmosʲɪ kabʲɪˈna]

anprobieren (vt)	matuoti	[maˈtuatʲɪ]
passen (Schuhe, Kleid)	tikti	[ˈtʲɪktʲɪ]
gefallen (vi)	patikti	[paˈtʲɪktʲɪ]

Preis (m)	kaina (m)	[ˈkʌɪna]
Preisschild (n)	kainynas (v)	[kʌɪˈnʲiːnas]
kosten (vt)	kainuoti	[kʌɪˈnuatʲɪ]
Wie viel?	Kiek?	[ˈkʲɛk?]
Rabatt (m)	nuolaida (m)	[ˈnualʲʌɪda]

preiswert	nebrangus	[nʲɛbranˈgus]
billig	pigus	[pʲɪˈgus]
teuer	brangus	[branˈgus]
Das ist teuer	Tai brangu.	[ˈtʌɪ branˈgu]
Verleih (m)	nuoma (m)	[ˈnuama]
leihen, mieten (ein Auto usw.)	išsinuomoti	[ɪʃsʲɪˈnuamotʲɪ]

| Kredit (m), Darlehen (n) | kreditas (v) | [krʲɛ'dʲɪtas] |
| auf Kredit | kreditu | [krʲɛdʲɪ'tʊ] |

59. Geld

Geld (n)	pinigai (v)	[pʲɪnʲɪ'gʌɪ]
Austausch (m)	keitimas (v)	[kʲɛɪ'tʲɪmas]
Kurs (m)	kursas (v)	['kʊrsas]
Geldautomat (m)	bankomatas (v)	[baŋko'ma:tas]
Münze (f)	moneta (m)	[monʲɛ'ta]

| Dollar (m) | doleris (v) | ['dolʲɛrʲɪs] |
| Euro (m) | euras (v) | ['ɛʊras] |

Lira (f)	lira (m)	[lʲɪ'ra]
Mark (f)	markė (m)	['markʲe:]
Franken (m)	frankas (v)	['fraŋkas]
Pfund Sterling (n)	svaras (v)	['sva:ras]
Yen (m)	jena (m)	[jɛ'na]

Schulden (pl)	skola (m)	[sko'lʲa]
Schuldner (m)	skolininkas (v)	['sko:lʲɪnʲɪŋkas]
leihen (vt)	duoti į skolą	['dʊatʲɪ i: 'sko:lʲa:]
leihen, borgen (Geld usw.)	imti į skolą	['ɪmtʲɪ i: 'sko:lʲa:]

Bank (f)	bankas (v)	['baŋkas]
Konto (n)	sąskaita (m)	['sa:skʌɪta]
auf ein Konto einzahlen	dėti į sąskaitą	['dʲe:tʲɪ i: 'sa:skʌɪta:]
abheben (vt)	imti iš sąskaitos	['ɪmtʲɪ ɪʃ 'sa:skʌɪtos]

Kreditkarte (f)	kreditinė kortelė (m)	[krʲɛ'dʲɪtʲɪnʲe: kor'tʲæːlʲe:]
Bargeld (n)	grynieji pinigai (v)	[grʲi:'nʲiɛjɪ pʲɪnʲɪ'gʌɪ]
Scheck (m)	čekis (v)	['tʃʲɛkʲɪs]
einen Scheck schreiben	išrašyti čekį	[ɪʃra'ʃɪ:tʲɪ 'tʃʲɛkʲɪ:]
Scheckbuch (n)	čekių knygelė (m)	['tʃʲɛkʲu: knʲi:'gʲæːlʲe:]

Geldtasche (f)	piniginė (m)	[pʲɪnʲɪ'gʲɪnʲe:]
Geldbeutel (m)	piniginė (m)	[pʲɪnʲɪ'gʲɪnʲe:]
Safe (m)	seifas (v)	['sʲɛɪfas]

Erbe (m)	paveldėtojas (v)	[pavelʲ'dʲe:to:jɛs]
Erbschaft (f)	palikimas (v)	[palʲɪ'kʲɪmas]
Vermögen (n)	turtas (v)	['tʊrtas]

Pacht (f)	nuoma (m)	['nʊɑma]
Miete (f)	buto mokestis (v)	['bʊtɔ 'mokʲɛstʲɪs]
mieten (vt)	nuomotis	['nʊɑmotʲɪs]

Preis (m)	kaina (m)	['kʌɪna]
Kosten (pl)	kaina (m)	['kʌɪna]
Summe (f)	suma (m)	[sʊ'ma]

| ausgeben (vt) | leisti | ['lʲɛɪstʲɪ] |
| Ausgaben (pl) | sąnaudos (m dgs) | ['sa:nɑʊdos] |

sparen (vt)	taupýti	[tɑʊˈpʲiːtʲɪ]
sparsam	taupùs	[tɑʊˈpʊs]
zahlen (vt)	mokéti	[moˈkʲeːtʲɪ]
Lohn (m)	apmokéjimas (v)	[apmoˈkʲɛjɪmas]
Wechselgeld (n)	grąžà (m)	[graːˈʒa]
Steuer (f)	mókestis (v)	[ˈmokʲɛstʲɪs]
Geldstrafe (f)	baudà (m)	[bɑʊˈda]
bestrafen (vt)	baũsti	[ˈbɑʊstʲɪ]

60. Post. Postdienst

Post (Postamt)	pãštas (v)	[ˈpaːʃtas]
Post (Postsendungen)	pãštas (v)	[ˈpaːʃtas]
Briefträger (m)	pãštininkas (v)	[ˈpaːʃtʲɪnʲɪŋkas]
Öffnungszeiten (pl)	dárbo valandõs (m dgs)	[ˈdarbɔ valʲanˈdoːs]
Brief (m)	láiškas (v)	[ˈlʲʌɪʃkas]
Einschreibebrief (m)	užsakýtas láiškas (v)	[ʊʒsaˈkʲiːtas ˈlʲʌɪʃkas]
Postkarte (f)	atvirùtė (m)	[atvʲɪˈrʊtʲeː]
Telegramm (n)	telegramà (m)	[tʲɛlʲɛgraˈma]
Postpaket (n)	siuntinỹs (v)	[sʲʊntʲɪˈnʲiːs]
Geldanweisung (f)	piniginis pavedìmas (v)	[pʲɪnʲɪˈgʲɪnʲɪs pavʲɛˈdʲɪmas]
bekommen (vt)	gáuti	[ˈgɑʊtʲɪ]
abschicken (vt)	išsiųsti	[ɪʃˈsʲuːstʲɪ]
Absendung (f)	išsiuntìmas (v)	[ɪʃsʲʊnˈtʲɪmas]
Postanschrift (f)	ãdresas (v)	[ˈaːdrʲɛsas]
Postleitzahl (f)	iñdeksas (v)	[ˈɪndʲɛksas]
Absender (m)	siuntėjas (v)	[sʲʊnˈtʲeːjas]
Empfänger (m)	gavėjas (v)	[gaˈvʲeːjas]
Vorname (m)	var̃das (v)	[ˈvardas]
Nachname (m)	pavardė̃ (m)	[pavarˈdʲeː]
Tarif (m)	tarìfas (v)	[taˈrʲɪfas]
Standard- (Tarif)	į̃prastas	[ˈiːprastas]
Spar- (-tarif)	taupùs	[tɑʊˈpʊs]
Gewicht (n)	svõris (v)	[ˈsvoːrʲɪs]
abwiegen (vt)	svérti	[ˈsvʲɛrtʲɪ]
Briefumschlag (m)	võkas (v)	[ˈvoːkas]
Briefmarke (f)	markùtė (m)	[marˈkʊtʲeː]

Wohnung. Haus. Zuhause

61. Haus. Elektrizität

Deutsch	Litauisch	Aussprache
Elektrizität (f)	elektrà (m)	[ɛlʲɛkt'ra]
Glühbirne (f)	lemputė (m)	[lʲɛm'pʊtʲeː]
Schalter (m)	jungìklis (v)	[jʊn'gʲɪklʲɪs]
Sicherung (f)	kamštis (v)	['kamʃtʲɪs]
Draht (m)	laĩdas (v)	['lʲʌɪdas]
Leitung (f)	instaliãcija (m)	[ɪnsta'lʲæt͡sʲɪjɛ]
Stromzähler (m)	skaitliùkas (v)	[skʌɪt'lʲʊkas]
Zählerstand (m)	paródymas (v)	[pa'rodʲiːmas]

62. Villa. Schloss

Deutsch	Litauisch	Aussprache
Landhaus (n)	užmiesčio nãmas (v)	['ʊʒmʲiɛstsʲɔ 'naːmas]
Villa (f)	vilà (m)	[vɪ'lʲa]
Flügel (m)	spar̃nas (v)	['sparnas]
Garten (m)	sõdas (v)	['soːdas]
Park (m)	párkas (v)	['parkas]
Orangerie (f)	oranžèrija (m)	[oran'ʒʲɛrʲɪjɛ]
pflegen (Garten usw.)	prižiūrėti	[prʲɪʒʲuː'rʲeːtʲɪ]
Schwimmbad (n)	baseĩnas (v)	[ba'sʲɛɪnas]
Kraftraum (m)	spòrto sãlė (m)	['sportɔ saː'lʲeː]
Tennisplatz (m)	tèniso kòrtas (v)	['tʲɛnʲɪsɔ 'kortas]
Heimkinoraum (m)	kino teãtras (v)	['kʲɪnɔ tʲɛ'aːtras]
Garage (f)	garãžas (v)	[ga'raːʒas]
Privateigentum (n)	asmenìnė nuosavýbė (m)	[asme'nʲɪnʲeː nʊasa'vʲiːbʲeː]
Privatgrundstück (n)	asmenìnės valdõs (m)	[asme'nʲɪnʲeːs 'valʲdoːs]
Warnung (f)	pérspėjimas (v)	['pʲɛrspʲeːjimas]
Warnschild (n)	įspėjantis užrašas (v)	[iːs'pʲeːjantʲɪs 'ʊʒraʃas]
Bewachung (f)	apsaugà (m)	[apsɑʊ'ga]
Wächter (m)	apsaugìnis (v)	[apsɑʊ'gʲɪnʲɪs]
Alarmanlage (f)	signalizãcija (m)	[sʲɪgnalʲɪ'zaːt͡sʲɪjɛ]

63. Wohnung

Deutsch	Litauisch	Aussprache
Wohnung (f)	bùtas (v)	['bʊtas]
Zimmer (n)	kambarỹs (v)	[kamba'rʲiːs]
Schlafzimmer (n)	miegamàsis (v)	[mʲiɛga'masʲɪs]

Esszimmer (n)	valgomàsis (v)	[val'go'masʲɪs]
Wohnzimmer (n)	svečių̃ kambarỹs (v)	[svʲɛ'tsʲu: kamba'rʲi:s]
Arbeitszimmer (n)	kabinètas (v)	[kabʲɪ'nʲɛtas]

Vorzimmer (n)	príeškambaris (v)	['prʲiɛʃkambarʲɪs]
Badezimmer (n)	voniõs kambarỹs (v)	[vo'nʲo:s kamba'rʲi:s]
Toilette (f)	tualètas (v)	[tʊa'lʲɛtas]

Decke (f)	lùbos (m dgs)	['lʲʊbos]
Fußboden (m)	griñdys (m dgs)	['grʲɪndʲi:s]
Ecke (f)	kam̃pas (v)	['kampas]

64. Möbel. Innenausstattung

Möbel (n)	baldai (v)	['balʲdʌɪ]
Tisch (m)	stãlas (v)	['sta:lʲas]
Stuhl (m)	kėdė̃ (m)	[kʲe:'dʲe:]
Bett (n)	lovà (m)	['lʲova]

| Sofa (n) | sofà (m) | [so'fa] |
| Sessel (m) | fotèlis (v) | ['fotʲɛlʲɪs] |

| Bücherschrank (m) | spìnta (m) | ['spʲɪnta] |
| Regal (n) | lentýna (m) | [lʲɛn'tʲi:na] |

Schrank (m)	drabùžių spìnta (m)	[dra'bʊʒʲu: 'spʲɪnta]
Hakenleiste (f)	pakabà (m)	[paka'ba]
Kleiderständer (m)	kabyklà (m)	[kabʲi:k'lʲa]

| Kommode (f) | komodà (m) | [kɔmo'da] |
| Couchtisch (m) | žurnãlinis staliùkas (v) | [ʒʊr'na:lʲɪnʲɪs sta'lʲʊkas] |

Spiegel (m)	véidrodis (v)	['vʲɛɪdrodʲɪs]
Teppich (m)	kìlimas (v)	['kʲɪlʲɪmas]
Matte (kleiner Teppich)	kilimė̃lis (v)	[kʲɪlʲɪ'mʲe:lʲɪs]

Kamin (m)	židinỹs (v)	[ʒɪdʲɪ'nʲi:s]
Kerze (f)	žvãkė (m)	['ʒva:kʲe:]
Kerzenleuchter (m)	žvakìdė (m)	[ʒva'kʲɪdʲe:]

Vorhänge (pl)	užúolaidos (m dgs)	[ʊ'ʒʊalʲʌɪdos]
Tapete (f)	tapètai (v)	[ta'pʲɛtʌɪ]
Jalousie (f)	žãliuzės (m dgs)	['ʒa:lʲʊzʲe:s]

| Tischlampe (f) | stalìnė lémpa (m) | [sta'lʲɪnʲe: 'lʲɛmpa] |
| Leuchte (f) | šviestùvas (v) | [ʃvʲiɛ'stʊvas] |

| Stehlampe (f) | toršèras (v) | [tor'ʃɛras] |
| Kronleuchter (m) | sietýnas (v) | [sʲiɛ'tʲi:nas] |

Bein (Tischbein usw.)	kojýtė (m)	[kɔ'ji:tʲe:]
Armlehne (f)	ranktū̃ris (v)	['raŋktu:rʲɪs]
Lehne (f)	ãtlošas (v)	['a:tlʲoʃas]
Schublade (f)	stalčius (v)	['stalʲtʂʲʊs]

65. Bettwäsche

Bettwäsche (f)	patalynė (m)	['paːtalʲiːnʲeː]
Kissen (n)	pagalvė (m)	[paˈgalʲvʲeː]
Kissenbezug (m)	užvalkalas (v)	[ʊʒvalʲkalas]
Bettdecke (f)	užklotas (v)	[ʊʒˈklʲotas]
Laken (n)	paklodė (m)	[pakˈlʲoːdʲeː]
Tagesdecke (f)	lovatiesė (m)	[lʲoˈvaːtʲiɛsʲeː]

66. Küche

Küche (f)	virtuvė (m)	[vʲɪrˈtʊvʲeː]
Gas (n)	dujos (m dgs)	[ˈdujɔs]
Gasherd (m)	dujinė (m)	[ˈdujinʲeː]
Elektroherd (m)	elektrinė (m)	[ɛlʲɛkˈtrʲɪnʲeː]
Backofen (m)	orkaitė (m)	[ˈorkʌɪtʲeː]
Mikrowellenherd (m)	mikrobangų krosnelė (m)	[mʲɪkrobanˈguː krosˈnʲælʲeː]

Kühlschrank (m)	šaldytuvas (v)	[ʃalʲdʲiːˈtʊvas]
Tiefkühltruhe (f)	šaldymo kamera (m)	[ˈʃalʲdʲiːmɔ ˈkaːmʲɛra]
Geschirrspülmaschine (f)	indų plovimo mašina (m)	[ˈɪnduː plʲoˈvʲɪmɔ maʃɪˈna]

Fleischwolf (m)	mėsmalė (m)	[ˈmʲeːsmalʲeː]
Saftpresse (f)	sulčiaspaudė (m)	[sʊlʲˈtʃʲæspɑʊdʲeː]
Toaster (m)	tosteris (v)	[ˈtostʲɛrʲɪs]
Mixer (m)	mikseris (v)	[ˈmʲɪksʲɛrʲɪs]

Kaffeemaschine (f)	kavos aparatas (v)	[kaˈvoːs apaˈraːtas]
Kaffeekanne (f)	kavinukas (v)	[kavʲɪˈnʊkas]
Kaffeemühle (f)	kavamalė (m)	[kaˈvaːmalʲeː]

Wasserkessel (m)	arbatinukas (v)	[arbatʲɪˈnʊkas]
Teekanne (f)	arbatinis (v)	[arbaːˈtʲɪnʲɪs]
Deckel (m)	dangtelis (v)	[daŋkˈtʲælʲɪs]
Teesieb (n)	sietelis (v)	[sʲiɛˈtʲælʲɪs]

Löffel (m)	šaukštas (v)	[ˈʃɑʊkʃtas]
Teelöffel (m)	arbatinis šaukštelis (v)	[arˈbaːtʲɪnʲɪs ʃɑʊkʃˈtʲælʲɪs]
Esslöffel (m)	valgomasis šaukštas (v)	[ˈvalʲgomasʲɪs ˈʃɑʊkʃtas]
Gabel (f)	šakutė (m)	[ʃaˈkʊtʲeː]
Messer (n)	peilis (v)	[ˈpʲɛɪlʲɪs]

Geschirr (n)	indai (v)	[ˈɪndʌɪ]
Teller (m)	lėkštė (m)	[lʲeːkʃˈtʲeː]
Untertasse (f)	lėkštelė (m)	[lʲeːkʃˈtʲælʲeː]

Schnapsglas (n)	taurelė (m)	[tɑʊˈrʲælʲeː]
Glas (n)	stiklinė (m)	[stʲɪkˈlʲɪnʲeː]
Tasse (f)	puodukas (v)	[pʊɑˈdukas]

Zuckerdose (f)	cukrinė (m)	[ˈtsʊkrʲɪnʲeː]
Salzstreuer (m)	druskinė (m)	[ˈdrʊskʲɪnʲeː]
Pfefferstreuer (m)	pipirinė (m)	[pʲɪˈpʲɪrʲɪnʲeː]

Butterdose (f)	sviestinė (m)	['svʲiɛstʲɪnʲeː]
Kochtopf (m)	puodas (v)	['pʊɑdas]
Pfanne (f)	keptuvė (m)	[kʲɛp'tʊvʲeː]
Schöpflöffel (m)	samtis (v)	['samtʲɪs]
Durchschlag (m)	kiaurasamtis (v)	[kʲɛʊ'ra:samtʲɪs]
Tablett (n)	padėklas (v)	[pa'dʲeːklʲas]

Flasche (f)	butelis (v)	['bʊtʲɛlʲɪs]
Glas (Einmachglas)	stiklainis (v)	[stʲɪk'lʲʌʲɪnʲɪs]
Dose (f)	skardinė (m)	[skar'dʲɪnʲeː]

Flaschenöffner (m)	atidarytuvas (v)	[atʲɪdarʲi:'tʊvas]
Dosenöffner (m)	konservų atidarytuvas (v)	[kɔn'sʲɛrvʊ: atʲɪdarʲi:'tʊvas]
Korkenzieher (m)	kamščiatraukis (v)	[kamʃ'tʂʲætrɑʊkʲɪs]
Filter (n)	filtras (v)	['fʲɪlʲtras]
filtern (vt)	filtruoti	[fʲɪlʲ'trʊɑtʲɪ]

| Müll (m) | šiukšlės (m dgs) | ['ʃʊkʃlʲeːs] |
| Mülleimer, Treteimer (m) | šiukšlių kibiras (v) | ['ʃʊkʃlʲuː 'kʲɪbʲɪras] |

67. Bad

Badezimmer (n)	vonios kambarys (v)	[vo'nʲoːs kamba'rʲiːs]
Wasser (n)	vanduõ (v)	[van'dʊɑ]
Wasserhahn (m)	čiaupas (v)	['tʂʲæʊpas]
Warmwasser (n)	karštas vanduõ (v)	['karʃtas van'dʊɑ]
Kaltwasser (n)	šaltas vanduõ (v)	['ʃalʲtas van'dʊɑ]

Zahnpasta (f)	dantų pasta (m)	[dan'tu: pas'ta]
Zähne putzen	valyti dantis	[va'lʲiːtʲɪ dan'tʲɪs]
Zahnbürste (f)	dantų šepetėlis (v)	[dan'tu: ʃepe'tʲeːlʲɪs]

sich rasieren	skustis	['skʊstʲɪs]
Rasierschaum (m)	skutimosi putos (m dgs)	[skʊ'tʲɪmosʲɪ 'pʊtos]
Rasierer (m)	skutimosi peiliukas (v)	[skʊ'tʲɪmosʲɪ pʲɛɪ'lʲʊkas]

waschen (vt)	plauti	['plʲɑʊtʲɪ]
sich waschen	maudytis, praustis	['mɑʊdʲiːtʲɪs], ['prɑʊstʲɪs]
Dusche (f)	dušas (v)	['dʊʃas]
sich duschen	praustis dušė	['prɑʊstʲɪs dʊ'ʃɛ]

Badewanne (f)	vonia (m)	[vo'nʲæ]
Klosettbecken (n)	unitazas (v)	[ʊnʲɪ'taːzas]
Waschbecken (n)	kriauklė (m)	[krʲɛʊk'lʲeː]

| Seife (f) | muilas (v) | ['mʊɪlʲas] |
| Seifenschale (f) | muilinė (m) | ['mʊɪlʲɪnʲeː] |

Schwamm (m)	kempinė (m)	[kʲɛm'pʲɪnʲeː]
Shampoo (n)	šampūnas (v)	[ʃam'puːnas]
Handtuch (n)	rankšluostis (v)	['raŋkʃlʲʊɑstʲɪs]
Bademantel (m)	chalatas (v)	[xa'lʲaːtas]
Wäsche (f)	skalbimas (v)	[skalʲ'bʲɪmas]
Waschmaschine (f)	skalbimo mašina (m)	[skalʲ'bʲɪmɔ maʃɪ'na]

waschen (vt) — skalbti baltinius — ['skalʲpʲtɪ 'ba lʲtʲɪnʲʊs]
Waschpulver (n) — skalbimo milteliai (v dgs) — [skalʲ'bʲɪmɔ mʲɪlʲ'tʲælʲɛɪ]

68. Haushaltsgeräte

Deutsch	Litauisch	Aussprache
Fernseher (m)	televizorius (v)	[tʲɛlʲɛ'vʲɪzorʲʊs]
Tonbandgerät (n)	magnetofonas (v)	[magnʲɛto'fonas]
Videorekorder (m)	video magnetofonas (v)	[vʲɪdʲɛɔ magnʲɛto'fonas]
Empfänger (m)	imtuvas (v)	[ɪm'tʊvas]
Player (m)	grotuvas (v)	[gro'tʊvas]
Videoprojektor (m)	video projektorius (v)	['vʲɪdʲɛɔ proˈjæktorʲʊs]
Heimkino (n)	namų kino teatras (v)	[na'mu: 'kʲɪnɔ tʲɛ'aːtras]
DVD-Player (m)	DVD grotuvas (v)	[dʲɪvʲɪ'dʲɪ gro'tʊvas]
Verstärker (m)	stiprintuvas (v)	[stʲɪprʲɪn'tʊvas]
Spielkonsole (f)	žaidimų priedėlis (v)	[ʒʌɪ'dʲɪmuː 'prʲiɛdʲeːlʲɪs]
Videokamera (f)	videokamera (m)	[vʲɪdʲɛo'kaːmʲɛra]
Kamera (f)	fotoaparatas (v)	[fotoapa'raːtas]
Digitalkamera (f)	skaitmeninis fotoaparatas (v)	[skʌɪtmʲɛ'nʲɪnʲɪs fotoapa'raːtas]
Staubsauger (m)	dulkių siurblys (v)	['dulʲkʲu: sʲʊr'blʲiːs]
Bügeleisen (n)	lygintuvas (v)	[lʲiːgʲɪn'tʊvas]
Bügelbrett (n)	lyginimo lenta (m)	['lʲiːgʲɪnʲɪmɔ lʲɛn'ta]
Telefon (n)	telefonas (v)	[tʲɛlʲɛ'fonas]
Mobiltelefon (n)	mobilusis telefonas (v)	[mobʲɪ'lʲʊsʲɪs tʲɛlʲɛ'fonas]
Schreibmaschine (f)	rašymo mašinėlė (m)	['raːʃɪːmɔ maʃɪ'nʲeːlʲe:]
Nähmaschine (f)	siuvimo mašina (m)	[sʲʊ'vʲɪmɔ maʃɪ'na]
Mikrophon (n)	mikrofonas (v)	[mʲɪkro'fonas]
Kopfhörer (m)	ausinės (m dgs)	[ɑʊ'sʲɪnʲeːs]
Fernbedienung (f)	pultas (v)	['pulʲtas]
CD (f)	kompaktinis diskas (v)	[kɔm'paːktʲɪnʲɪs 'dʲɪskas]
Kassette (f)	kasetė (m)	[ka'sʲɛtʲe:]
Schallplatte (f)	plokštelė (m)	[plokʃ'tʲælʲe:]

AKTIVITÄTEN DES MENSCHEN

Beruf. Geschäft. Teil 1

69. Büro. Arbeiten im Büro

Büro (Firmensitz)	ofisas (v)	['ofɪsas]
Büro (~ des Direktors)	kabinètas (v)	[kabʲɪ'nʲɛtas]
Rezeption (f)	registratūrà (m)	[rʲɛgʲɪstratuː'ra]
Sekretär (m)	sekretõrius (v)	[sʲɛkrʲɛ'toːrʲʊs]
Direktor (m)	dirèktorius (v)	[dʲɪ'rʲɛktorʲʊs]
Manager (m)	vadýbininkas (v)	[va'dʲiːbʲɪnʲɪŋkas]
Buchhalter (m)	buhálteris (v)	[bʊ'xalʲtʲɛrʲɪs]
Mitarbeiter (m)	bendradárbis (v)	[bʲɛndra'darbʲɪs]
Möbel (n)	báldai (v)	['balʲdʌɪ]
Tisch (m)	stãlas (v)	['staːlʲas]
Schreibtischstuhl (m)	fòtelis (v)	['fotʲɛlʲɪs]
Rollcontainer (m)	spintèlė (m)	[spʲɪn'tʲælʲeː]
Kleiderständer (m)	kabyklà (m)	[kabʲiːk'lʲa]
Computer (m)	kompiùteris (v)	[kɔm'pʲʊtʲɛrʲɪs]
Drucker (m)	spausdintùvas (v)	[spɑʊsdʲɪn'tʊvas]
Fax (n)	fãksas (v)	['faːksas]
Kopierer (m)	kopijãvimo aparãtas (v)	[kɔpʲɪ'jaːvʲɪmɔ apa'raːtas]
Papier (n)	põpierius (v)	['poːpʲɪɛrʲʊs]
Büromaterial (n)	kanceliãriniai reĩkmenys (v dgs)	[kantsʲɛ'lʲærʲɪnʲɛɪ 'rɛɪkmʲɛnʲiːs]
Mousepad (n)	kilimèlis (v)	[kʲɪlʲɪ'mʲeːlʲɪs]
Blatt (n) Papier	lãpas (v)	['lʲaːpas]
Ordner (m)	pãpkė (m)	['paːpkʲeː]
Katalog (m)	katalògas (v)	[kata'lʲogas]
Adressbuch (n)	žinýnas (v)	[ʒʲɪ'nʲiːnas]
Dokumentation (f)	dokumentãcija (m)	[dokʊmʲɛn'taːtsʲɪjɛ]
Broschüre (f)	brošiūrà (m)	[broʃʊː'ra]
Flugblatt (n)	skrajùtė (m)	[skra'jʊtʲeː]
Muster (n)	pavyzdỹs (v)	[pavʲiːz'dʲiːs]
Training (n)	trèningas (v)	['trʲɛnʲɪngas]
Meeting (n)	pasitarìmas (v)	[pasʲɪta'rʲɪmas]
Mittagspause (f)	pietų̃ pértrauka (m)	[pʲiɛ'tu: 'pʲɛrtrɑʊka]
eine Kopie machen	darýti kòpiją	[da'rʲiːtʲɪ 'kopʲɪjaː]
vervielfältigen (vt)	daúginti	['dɑʊgʲɪntʲɪ]
ein Fax bekommen	gáuti fãksą	['gɑʊtʲɪ 'faːksaː]
ein Fax senden	siũsti fãksą	['sʲʊːstʲɪ 'faːksaː]

T&P Books. Wortschatz Deutsch-Litauisch für das Selbststudium - 5000 Wörter

anrufen (vt)	skambinti	['skambʲɪntʲɪ]
antworten (vi)	atsiliepti	[atsʲɪˈlʲɛptʲɪ]
verbinden (vt)	sujungti	[sʊˈjʊŋktʲɪ]

ausmachen (vt)	skirti	[ˈskʲɪrtʲɪ]
demonstrieren (vt)	demonstruoti	[dʲɛmonsˈtrʊatʲɪ]
fehlen (am Arbeitsplatz ~)	nebūti	[nʲɛˈbuːtʲɪ]
Abwesenheit (f)	praleidimas (v)	[pralʲɛɪˈdʲɪmas]

70. Geschäftsabläufe. Teil 1

Geschäft (n) (z.B. ~ in Wolle)	verslas (v)	[ˈvʲɛrslʲas]
Angelegenheit (f)	veikla (m)	[vʲɛɪkˈlʲa]
Firma (f)	firma (m)	[ˈfʲɪrma]
Gesellschaft (f)	kompanija (m)	[kɔmˈpaːnʲɪjɛ]
Konzern (m)	korporacija (m)	[kɔrpoˈraːtsʲɪjɛ]
Unternehmen (n)	įmonė (m)	[ˈiːmonʲeː]
Agentur (f)	agentūra (m)	[agʲɛntuːˈra]

Vereinbarung (f)	sutartis (m)	[sʊtarˈtʲɪs]
Vertrag (m)	kontraktas (v)	[kɔnˈtraːktas]
Geschäft (Transaktion)	sandėris (v)	[ˈsandʲeːrʲɪs]
Auftrag (Bestellung)	užsakymas (v)	[ʊʒˈsaːkʲiːmas]
Bedingung (f)	sąlyga (m)	[ˈsaːlʲiːga]

en gros (im Großen)	didmenomis	[dʲɪdmʲɛnoˈmʲɪs]
Großhandels-	didmeninis	[dʲɪdmʲɛˈnʲɪnʲɪs]
Großhandel (m)	didmeninė prekyba (m)	[dʲɪdmeˈnʲɪnʲeː preˈkʲiːba]
Einzelhandels-	mažmeninis	[maʒmʲɛˈnʲɪnʲɪs]
Einzelhandel (m)	mažmeninė prekyba (m)	[maʒmeˈnʲɪnʲeː preˈkʲiːba]

Konkurrent (m)	konkurentas (v)	[kɔŋkʊˈrʲɛntas]
Konkurrenz (f)	konkurencija (m)	[kɔŋkʊˈrʲɛntsʲɪjɛ]
konkurrieren (vi)	konkuruoti	[kɔŋkʊˈrʊatʲɪ]

Partner (m)	partneris (v)	[ˈpartnʲɛrʲɪs]
Partnerschaft (f)	partnerystė (m)	[partnʲɛˈrʲiːstʲeː]

Krise (f)	krizė (m)	[ˈkrʲɪzʲeː]
Bankrott (m)	bankrotas (v)	[baŋkˈrotas]
Bankrott machen	bankrutuoti	[baŋkrʊˈtʊatʲɪ]
Schwierigkeit (f)	sunkumas (v)	[sʊŋˈkumas]
Problem (n)	problema (m)	[problʲɛˈma]
Katastrophe (f)	katastrofa (m)	[katastroˈfa]

Wirtschaft (f)	ekonomika (m)	[ɛkoˈnomʲɪka]
wirtschaftlich	ekonominis	[ɛkoˈnomʲɪnʲɪs]
Rezession (f)	ekonominis nuosmukis (v)	[ɛkoˈnomʲɪnʲɪs ˈnʊasmʊkʲɪs]

Ziel (n)	tikslas (v)	[ˈtʲɪkslʲas]
Aufgabe (f)	užduotis (m)	[ʊʒdʊɑˈtʲɪs]

handeln (Handel treiben)	prekiauti	[prʲɛˈkʲæʊtʲɪ]
Netz (Verkaufs-)	tinklas (v)	[ˈtʲɪŋklʲas]

| Lager (n) | sándėlis (v) | ['sandʲe:lʲɪs] |
| Sortiment (n) | asortimeñtas (v) | [asortʲɪ'mʲɛntas] |

führende Unternehmen (n)	lýderis (v)	['lʲi:dʲerʲɪs]
groß (-e Firma)	dìdelė	['dʲɪdʲɛlʲe:]
Monopol (n)	monopòlija (m)	[mono'polʲɪjɛ]

Theorie (f)	teòrija (m)	[tʲɛ'orʲɪjɛ]
Praxis (f)	prãktika (m)	['pra:ktʲɪka]
Erfahrung (f)	patirtìs (m)	[patʲɪr'tʲɪs]
Tendenz (f)	tendeñcija (m)	[tʲɛn'dʲɛntsʲɪjɛ]
Entwicklung (f)	výstymasis (v)	['vʲi:stʲi:masʲɪs]

71. Geschäftsabläufe. Teil 2

| Vorteil (m) | naudà (m) | [nɑʊ'da] |
| vorteilhaft | naudìngas | [nɑʊ'dʲɪngas] |

Delegation (f)	delegãcija (m)	[dʲɛlʲɛ'ga:tsʲɪjɛ]
Lohn (m)	dárbo užmokestis (v)	['darbɔ 'ʊʒmokʲɛstʲɪs]
korrigieren (vt)	taisýti	[tʌɪ'sʲi:tʲɪ]
Dienstreise (f)	komandiruòtė (m)	[komandʲɪ'rʊɑtʲe:]
Kommission (f)	komìsija (m)	[ko'mʲɪsʲɪjɛ]

kontrollieren (vt)	kontroliúoti	[kontro'lʲʊɑtʲɪ]
Konferenz (f)	konfereñcija (m)	[konfʲɛ'rʲɛntsʲɪjɛ]
Lizenz (f)	liceñzija (m)	[lʲɪ'tsʲɛnzʲɪjɛ]
zuverlässig	pàtikimas	['patʲɪkʲɪmas]

Initiative (f)	pradžià (m)	[prad'ʒʲæ]
Norm (f)	nòrma (m)	['norma]
Umstand (m)	aplinkýbė (m)	[aplʲɪŋ'kʲi:bʲe:]
Pflicht (f)	pareigà (m)	[parʲɛɪ'ga]

Unternehmen (n)	organizãcija (m)	[organʲɪ'za:tsʲɪjɛ]
Organisation (Prozess)	organizãvimas (v)	[organʲɪ'za:vʲɪmas]
organisiert (Adj)	organizúotas	[organʲɪ'zʊɑtas]
Abschaffung (f)	atšaukìmas (v)	[atʃɑʊ'kʲɪmas]
abschaffen (vt)	atšaũkti	[at'ʃɑʊktʲɪ]
Bericht (m)	atãskaita (m)	[a'ta:skʌɪta]

Patent (n)	pãtentas (v)	['pa:tʲɛntas]
patentieren (vt)	patentúoti	[patʲɛn'tʊɑtʲɪ]
planen (vt)	planúoti	[plʲa'nʊɑtʲɪ]

Prämie (f)	prèmija (m)	['prʲɛmʲɪjɛ]
professionell	profesionalùs	[profʲɛsʲɪjɔna'lʲʊs]
Prozedur (f)	procedūrà (m)	[protsʲɛdu:'ra]

prüfen (Vertrag ~)	išnagrinéti	[ɪʃnagrʲɪ'nʲe:tʲɪ]
Berechnung (f)	apskaità (m)	[apskʌɪ'ta]
Ruf (m)	reputãcija (m)	[rʲɛpʊ'ta:tsʲɪjɛ]
Risiko (n)	rìzika (m)	['rʲɪzʲɪka]
leiten (vt)	vadováuti	[vado'vɑʊtʲɪ]

Informationen (pl)	duomenys (v dgs)	['dʊamʲɛnʲiːs]
Eigentum (n)	nuosavybė (m)	[nʊasa'vʲiːbʲeː]
Bund (m)	sąjunga (m)	['saːjʊnga]
Lebensversicherung (f)	gyvybės draudimas (v)	[gʲiː'vʲiːbʲeːs draʊ'dʲɪmas]
versichern (vt)	drausti	['draʊstʲɪ]
Versicherung (f)	draudimas (v)	[draʊ'dʲɪmas]
Auktion (f)	varžytinės (m dgs)	[var'ʒʲiːtʲɪnʲeːs]
benachrichtigen (vt)	pranešti	[pra'nʲɛʃtʲɪ]
Verwaltung (f)	valdymas (v)	['valʲdʲiːmas]
Dienst (m)	paslauga (m)	[pasʲlaʊ'ga]
Forum (n)	forumas (v)	['forʊmas]
funktionieren (vi)	funkcionuoti	[fʊŋktsʲɪjo'nʊatʲɪ]
Etappe (f)	etapas (v)	[ɛ'taːpas]
juristisch	juridinis	[jʊ'rʲɪdʲɪnʲɪs]
Jurist (m)	teisininkas (v)	['tʲɛɪsʲɪnʲɪŋkas]

72. Fertigung. Arbeiten

Werk (n)	gamykla (m)	[gamʲiːk'lʲa]
Fabrik (f)	fabrikas (v)	['faːbrʲɪkas]
Werkstatt (f)	cechas (v)	['tsʲɛxas]
Betrieb (m)	gamyba (m)	[ga'mʲiːba]
Industrie (f)	pramonė (m)	['praːmonʲeː]
Industrie-	pramoninis	[pramo'nʲɪnʲɪs]
Schwerindustrie (f)	sunkioji pramonė (m)	[sʊŋ'kʲoːjɪ 'praːmonʲeː]
Leichtindustrie (f)	lengvoji pramonė (m)	[lʲɛŋg'voːjɪ 'praːmonʲeː]
Produktion (f)	produkcija (m)	[pro'dʊktsʲɪjɛ]
produzieren (vt)	gaminti	[ga'mʲɪntʲɪ]
Rohstoff (m)	žaliava (m)	['ʒaːlʲæva]
Vorarbeiter (m), Meister (m)	brigadininkas (v)	[brʲɪ'gaːdʲɪnʲɪŋkas]
Arbeitsteam (n)	brigada (m)	[brʲɪga'da]
Arbeiter (m)	darbininkas (v)	[darbʲɪ'nʲɪŋkas]
Arbeitstag (m)	darbo diena (m)	['darbo dʲɪɛ'na]
Pause (f)	pertrauka (m)	['pʲɛrtraʊka]
Versammlung (f)	susirinkimas (v)	[sʊsʲɪrʲɪŋ'kʲɪmas]
besprechen (vt)	svarstyti	[svar'stʲiːtʲɪ]
Plan (m)	planas (v)	['plʲaːnas]
den Plan erfüllen	įvykdyti planą	[iː'vʲiːkdʲɪːtʲɪ 'plʲaːnaː]
Arbeitsertrag (m)	norma (m)	['norma]
Qualität (f)	kokybė (m)	[kɔ'kʲiːbʲeː]
Prüfung, Kontrolle (f)	kontrolė (m)	[kɔn'trolʲeː]
Gütekontrolle (f)	kokybės kontrolė (m)	[kɔ'kʲiːbʲeːs kɔn'trolʲeː]
Arbeitsplatzsicherheit (f)	darbo sauga (m)	['darbo saʊ'ga]
Disziplin (f)	drausmė (m)	['draʊsmʲeː]
Übertretung (f)	pažeidimas (v)	[paʒʲɛrʲdʲɪmas]

übertreten (vt)	pažeisti	[paˈʒʲɛɪstʲɪ]
Streik (m)	streikas (v)	[ˈstrʲɛɪkas]
Streikender (m)	streikininkas (v)	[ˈstrʲɛʲɪkʲɪnʲɪŋkas]
streiken (vi)	streikuoti	[strʲɛɪˈkuatʲɪ]
Gewerkschaft (f)	profsąjunga (m)	[profˈsaːjʊnga]
erfinden (vt)	išradinėti	[ɪʃradʲɪˈnʲeːtʲɪ]
Erfindung (f)	išradimas (v)	[ɪʃraˈdʲɪmas]
Erforschung (f)	tyrinėjimas (v)	[tʲiːrʲɪˈnʲɛjɪmas]
verbessern (vt)	gerinti	[ˈgʲærʲɪntʲɪ]
Technologie (f)	technologija (m)	[tʲɛxnoˈlʲogʲɪjɛ]
technische Zeichnung (f)	brėžinys (v)	[brʲeːʒʲɪˈnʲiːs]
Ladung (f)	krovinys (v)	[krovʲɪˈnʲiːs]
Ladearbeiter (m)	krovėjas (v)	[kroˈvʲeːjas]
laden (vt)	krauti	[ˈkrautʲɪ]
Beladung (f)	krovimas (v)	[kroˈvʲɪmas]
entladen (vt)	iškrauti	[ɪʃˈkrautʲɪ]
Entladung (f)	iškrovimas (v)	[ɪʃkroˈvʲɪmas]
Transport (m)	transportas (v)	[transˈportas]
Transportunternehmen (n)	transporto kompanija (m)	[transˈportɔ komˈpaːnʲɪjɛ]
transportieren (vt)	transportuoti	[transporˈtuatʲɪ]
Güterwagen (m)	vagonas (v)	[vaˈgonas]
Zisterne (f)	cisterna (m)	[tsʲɪsˈtʲɛrna]
Lastkraftwagen (m)	sunkvežimis (v)	[ˈsʊŋkvʲɛʒʲɪmʲɪs]
Werkzeugmaschine (f)	staklės (m dgs)	[ˈstaːklʲeːs]
Mechanismus (m)	mechanizmas (v)	[mʲɛxaˈnʲɪzmas]
Industrieabfälle (pl)	atliekos (m dgs)	[atˈlʲiɛkoːs]
Verpacken (n)	pakavimas (v)	[paˈkaːvʲɪmas]
verpacken (vt)	supakuoti	[sʊpaˈkuatʲɪ]

73. Vertrag. Zustimmung

Vertrag (m), Auftrag (m)	kontraktas (v)	[kɔnˈtraːktas]
Vereinbarung (f)	susitarimas (v)	[sʊsʲɪtaˈrʲɪmas]
Anhang (m)	priedas (v)	[ˈprʲɛdas]
einen Vertrag abschließen	sudaryti sutartį	[sʊdaˈrʲiːtʲɪ ˈsʊtartʲɪː]
Unterschrift (f)	parašas (v)	[ˈpaːraʃas]
unterschreiben (vt)	pasirašyti	[pasʲɪraˈʃʲɪːtʲɪ]
Stempel (m)	antspaudas (v)	[ˈantspaʊdas]
Vertragsgegenstand (m)	sutarties dalykas (v)	[sʊtarˈtʲɛs daˈlʲiːkas]
Punkt (m)	punktas (v)	[ˈpʊŋktas]
Parteien (pl)	šalys (m dgs)	[ˈʃaːlʲiːs]
rechtmäßige Anschrift (f)	juridinis adresas (v)	[jʊˈrʲɪdʲɪnʲɪs ˈaːdrʲɛsas]
Vertrag brechen	pažeisti sutartį	[paˈʒʲɛɪstʲɪ ˈsʊtartʲɪː]
Verpflichtung (f)	įsipareigojimas (v)	[iːsʲɪparʲɛɪˈgoːjɪmas]
Verantwortlichkeit (f)	atsakomybė (m)	[atsakoˈmʲiːbʲeː]

Force majeure (f)	nenugalimoji jėga (m)	[nʲɛnugalʲɪˈmoːjɪ jeːˈga]
Streit (m)	ginčas (v)	[ˈgʲɪntsas]
Strafsanktionen (pl)	baudinės sankcijos (m dgs)	[bɑuˈdʲɪnʲeːs ˈsaŋktsʲɪjɔs]

74. Import & Export

Import (m)	importas (v)	[ɪmˈpɔrtas]
Importeur (m)	importuotojas (v)	[ɪmpɔrˈtuɑtoːjɛs]
importieren (vt)	importuoti	[ɪmpɔrˈtuɑtʲɪ]
Import-	importinis	[ɪmˈpɔrtʲɪnʲɪs]

| Exporteur (m) | eksportuotojas (v) | [ɛkspɔrˈtuɑtoːjɛs] |
| exportieren (vt) | eksportuoti | [ɛkspɔrˈtuɑtʲɪ] |

| Waren (pl) | prekė (m) | [ˈprʲækʲeː] |
| Partie (f), Ladung (f) | partija (m) | [ˈpartʲɪjɛ] |

Gewicht (n)	svoris (v)	[ˈsvoːrʲɪs]
Volumen (n)	tūris (v)	[ˈtuːrʲɪs]
Kubikmeter (m)	kubinis metras (v)	[ˈkubʲɪnʲɪs ˈmʲɛtras]

Hersteller (m)	gamintojas (v)	[gaˈmʲɪntoːjɛs]
Transportunternehmen (n)	transporto kompanija (m)	[transˈpɔrtɔ kɔmˈpaːnʲɪjɛ]
Container (m)	konteineris (v)	[kɔnˈtʲɛɪnʲɛrʲɪs]

Grenze (f)	siena (m)	[ˈsʲiɛna]
Zollamt (n)	muitinė (m)	[ˈmuɪtʲɪnʲeː]
Zoll (m)	muitinės rinkliava (m)	[ˈmuɪtʲɪnʲeːs ˈrʲɪŋklʲæva]
Zollbeamter (m)	muitininkas (v)	[ˈmuɪtʲɪnʲɪŋkas]
Schmuggel (m)	kontrabanda (m)	[kɔntraˈbanda]
Schmuggelware (f)	kontrabanda (m)	[kɔntraˈbanda]

75. Finanzen

Aktie (f)	akcija (m)	[ˈaːktsʲɪjɛ]
Obligation (f)	obligacija (m)	[ɔblʲɪˈgaːtsʲɪjɛ]
Wechsel (m)	vekselis (v)	[ˈvʲɛksʲɛlʲɪs]

| Börse (f) | birža (m) | [ˈbʲɪrʒa] |
| Aktienkurs (m) | akcijų kursas (v) | [ˈaːktsʲɪjuː ˈkursas] |

| billiger werden | atpigti | [atˈpʲɪktʲɪ] |
| teuer werden | pabrangti | [paˈbraŋktʲɪ] |

Anteil (m)	akcija (m)	[ˈaːktsʲɪjɛ]
Mehrheitsbeteiligung (f)	kontrolinis paketas (v)	[kɔnˈtrolʲɪnʲɪs paˈkʲɛtas]
Investitionen (pl)	investicijos (m dgs)	[ɪnvʲɛsˈtʲɪtsʲɪjɔs]
investieren (vt)	investuoti	[ɪnvʲɛsˈtuɑtʲɪ]
Prozent (n)	procentas (v)	[ˈprɔtsʲɛntas]
Zinsen (pl)	procentai (v dgs)	[ˈprɔtsʲɛntʌɪ]
Gewinn (m)	pelnas (v)	[ˈpʲɛlʲnas]
gewinnbringend	pelningas	[pʲɛlʲˈnʲɪŋgas]

Steuer (f)	mókestis (v)	['mokʲɛstʲɪs]
Währung (f)	valiutà (m)	[valʲʊ'ta]
Landes-	nacionãlinis	[natsʲɪjo'na:lʲɪnʲɪs]
Geldumtausch (m)	keitìmas (v)	[kʲɛɪ'tʲɪmas]

| Buchhalter (m) | buhálteris (v) | [bʊ'yalʲtʲɛrʲɪs] |
| Buchhaltung (f) | buhaltèrija (m) | [bʊyalʲ'tʲɛrʲɪjɛ] |

Bankrott (m)	bankròtas (v)	[baŋk'rotas]
Zusammenbruch (m)	subankrutãvimas (v)	[sʊbaŋkrʊ'ta:vʲɪmas]
Pleite (f)	nuskurdìmas (v)	[nʊskʊr'dʲɪmas]
pleite gehen	nuskur̃sti	[nʊ'skʊrstʲɪ]
Inflation (f)	infliãcija (m)	[ɪn'flʲætsʲɪjɛ]
Abwertung (f)	devalvãcija (m)	[dʲɛvalʲ'va:tsʲɪjɛ]

Kapital (n)	kapitãlas (v)	[kapʲɪ'ta:lʲas]
Einkommen (n)	pãjamos (m dgs)	['pa:jamos]
Umsatz (m)	apývarta (m)	[a'pʲi:varta]
Mittel (Reserven)	ištekliaĩ (v dgs)	[ɪʃtʲɛ'klʲɛɪ]
Geldmittel (pl)	piniginės léšos (m dgs)	[pʲɪnʲɪ'gʲɪnʲe:s 'lʲe:ʃos]

| Gemeinkosten (pl) | pridėtìnės ìšlaidos (m dgs) | [prʲɪdʲe:'tʲɪnʲe:s 'ɪʃlʲʌɪdos] |
| reduzieren (vt) | sumãžinti | [sʊ'ma:ʒʲɪntʲɪ] |

76. Marketing

Marketing (n)	rinkódara (m)	[rʲɪŋ'kodara]
Markt (m)	rinkà (m)	[rʲɪŋ'ka]
Marktsegment (n)	riñkos segmeñtas (v)	['rʲɪŋkos sʲɛg'mʲɛntas]

| Produkt (n) | prodùktas (v) | [pro'dʊktas] |
| Waren (pl) | prẽkė (m) | ['prʲækʲe:] |

| Schutzmarke (f) | brendas (v) | [brʲɛndas] |
| Handelsmarke (f) | prẽkės žénklas (v) | [prʲækʲe:s 'ʒʲæŋklʲas] |

| Firmenzeichen (n) | fìrmos žénklas (v) | ['fʲɪrmos 'ʒʲɛŋklʲas] |
| Logo (n) | logotìpas (v) | [lʲogo'tʲɪpas] |

| Nachfrage (f) | paklausà (m) | [paklʲɑʊ'sa] |
| Angebot (n) | pasiūlà (m) | [pasʲu:'lʲa] |

| Bedürfnis (n) | póreikis (v) | ['porʲɛɪkʲɪs] |
| Verbraucher (m) | vartótojas (v) | [var'toto:jɛs] |

| Analyse (f) | anãlizė (m) | [a'na:lʲɪzʲe:] |
| analysieren (vt) | analizúoti | [analʲɪ'zʊɑtʲɪ] |

| Positionierung (f) | pozicionãvimas (v) | [pozʲɪtsʲɪjo'na:vʲɪmas] |
| positionieren (vt) | pozicionúoti | [pozʲɪtsʲɪjo'nʊɑtʲɪ] |

Preis (m)	káina (m)	['kʌɪna]
Preispolitik (f)	káinų polìtika (m)	['kʌɪnu: po'lʲɪtʲɪka]
Preisbildung (f)	káinų formãvimas (v)	['kʌɪnu: for'ma:vʲɪmas]

77. Werbung

Werbung (f)	reklamà (m)	[rʲɛklʲa'ma]
werben (vt)	reklamúoti	[rʲɛklʲa'muɑtʲɪ]
Budget (n)	biudžètas (v)	[bʲuˈdʒʲɛtas]

Werbeanzeige (f)	reklamà (m)	[rʲɛklʲa'ma]
Fernsehwerbung (f)	telereklamà (m)	[tʲɛlʲɛrʲɛkla'ma]
Radiowerbung (f)	rãdijo reklamà (m)	['ra:dʲɪjo rʲɛklʲa'ma]
Außenwerbung (f)	išorìnė reklamà (m)	[ɪʃo'rʲɪnʲe: reklʲa'ma]

Massenmedien (pl)	žiniãsklaida (m)	[ʒʲɪ'nʲæsklʲʌɪda]
Zeitschrift (f)	periòdinis leidinỹs (v)	[pʲɛrʲɪ'jodʲɪnʲɪs lʲɛɪdʲɪ'nʲi:s]
Image (n)	ĩvaizdis (v)	['i:vʌɪzdʲɪs]

| Losung (f) | šū̃kis (v) | ['ʃu:kʲɪs] |
| Motto (n) | devìzas (v) | [dʲɛ'vʲɪzas] |

Kampagne (f)	kampãnija (m)	[kam'pa:nʲɪjɛ]
Werbekampagne (f)	reklãmos kampãnija (m)	[rʲɛklʲa:mos kam'pa:nʲɪjɛ]
Zielgruppe (f)	tikslìnė auditòrija (m)	[tʲɪks'lʲɪnʲe: ɑʊdʲɪ'torʲɪjɛ]

Visitenkarte (f)	vizìtinė kortẽlė (m)	[vʲɪ'zʲɪtʲɪnʲe: kor'tʲælʲe:]
Flugblatt (n)	lapẽlis (v)	[la'pʲælʲɪs]
Broschüre (f)	brošiūrà (m)	[broʃʲu:'ra]
Faltblatt (n)	lankstinùkas (v)	[lʲaŋkstʲɪ'nʊkas]
Informationsblatt (n)	biulètėnis (v)	[bʲʊlʲɛ'tʲɛnʲɪs]

Firmenschild (n)	iškaba (m)	['ɪʃkaba]
Plakat (n)	plakãtas (v)	[plʲa'ka:tas]
Werbeschild (n)	skỹdas (v)	['skʲi:das]

78. Bankgeschäft

| Bank (f) | bánkas (v) | ['baŋkas] |
| Filiale (f) | skỹrius (v) | ['skʲi:rʲʊs] |

| Berater (m) | konsultántas (v) | [kɔnsʊlʲ'tantas] |
| Leiter (m) | valdýtojas (v) | [valʲ'dʲi:to:jɛs] |

Konto (n)	są́skaita (m)	['sa:skʌɪta]
Kontonummer (f)	są́skaitos nùmeris (v)	['sa:skʌɪtos 'nʊmʲɛrʲɪs]
Kontokorrent (n)	einamóji są́skaita (m)	[ɛɪna'mo:jɪ 'sa:skʌɪta]
Sparkonto (n)	kaupiamóji są́skaita (m)	[kɑʊpʲæ'mo:jɪ 'sa:skʌɪta]

ein Konto eröffnen	atidarýti są́skaitą	[atʲɪda'rʲi:tʲɪ 'sa:skʌɪta:]
das Konto schließen	uždarýti są́skaitą	[ʊʒda'rʲi:tʲɪ 'sa:skʌɪta:]
einzahlen (vt)	padéti į̃ są́skaitą	[pa'dʲe:tʲɪ i: 'sa:skʌɪta:]
abheben (vt)	paim̃ti iš są́skaitos	['pʌɪmtʲɪ ɪʃ 'sa:skʌɪtos]

Einzahlung (f)	indė̃lis (v)	['ɪndʲe:lʲɪs]
eine Einzahlung machen	įnèšti indė̃lį	[i:'nʲɛʃtʲɪ 'ɪndʲe:lʲɪ:]
Überweisung (f)	pavedìmas (v)	[pavʲɛ'dʲɪmas]

überweisen (vt)	atlìkti pavedìmą	[atʲˈlʲɪktʲɪ pavʲɛˈdʲɪmaː]
Summe (f)	sumà (m)	[sʊˈma]
Wieviel?	Kíek?	[ˈkʲiɛk?]
Unterschrift (f)	pãrašas (v)	[ˈpaːraʃas]
unterschreiben (vt)	pasirašýti	[pasʲɪraˈʃɪːtʲɪ]
Kreditkarte (f)	kredìtinė kortẽlė (m)	[krʲɛˈdʲɪtʲɪnʲeː korˈtʲælʲeː]
Code (m)	kòdas (v)	[ˈkodas]
Kreditkartennummer (f)	kredìtinės kortẽlės nùmeris (v)	[krʲɛˈdʲɪtʲɪnʲeːs korˈtʲælʲeːs ˈnʊmerʲɪs]
Geldautomat (m)	bankomãtas (v)	[baŋkoˈmaːtas]
Scheck (m)	kvìtas (v)	[ˈkvʲɪtas]
einen Scheck schreiben	išrašýti kvìtą	[ɪʃraˈʃɪːtʲɪ ˈkvʲɪtaː]
Scheckbuch (n)	čėkių knygẽlė (m)	[ˈtʂɛkʲuː knʲiːˈgʲælʲeː]
Darlehen (n)	kredìtas (v)	[krʲɛˈdʲɪtas]
ein Darlehen beantragen	kreĩptis dėl kredìto	[ˈkrʲɛɪptʲɪs dʲeːlʲ krʲɛˈdʲɪtɔ]
ein Darlehen aufnehmen	ìmti kredìtą	[ˈɪmtʲɪ krʲɛˈdʲɪtaː]
ein Darlehen geben	suteĩkti kredìtą	[sʊˈtʲɛɪktʲɪ krʲɛˈdʲɪtaː]
Sicherheit (f)	garántija (m)	[gaˈrantʲɪjɛ]

79. Telefon. Telefongespräche

Telefon (n)	telefònas (v)	[tʲɛlʲɛˈfonas]
Mobiltelefon (n)	mobilùsis telefònas (v)	[mobʲɪˈlʊsʲɪs tʲɛlʲɛˈfonas]
Anrufbeantworter (m)	autoatsakìklis (v)	[ɑʊtoatsaˈkʲɪklʲɪs]
anrufen (vt)	skambìnti	[ˈskambʲɪntʲɪ]
Anruf (m)	skambùtis (v)	[skamˈbʊtʲɪs]
eine Nummer wählen	suriñkti nùmerį	[sʊˈrʲɪŋktʲɪ ˈnʊmʲɛrʲɪː]
Hallo!	Alió!	[aˈlʲo!]
fragen (vt)	pakláusti	[pakˈlʲɑʊstʲɪ]
antworten (vi)	atsakýti	[atsaˈkʲiːtʲɪ]
hören (vt)	girdéti	[gʲɪrˈdʲeːtʲɪ]
gut (~ aussehen)	geraĩ	[gʲɛˈrʌɪ]
schlecht (Adv)	prastaĩ	[prasˈtʌɪ]
Störungen (pl)	trukdžiaĩ (v dgs)	[trʊkˈdʒʲɛɪ]
Hörer (m)	ragẽlis (v)	[raˈgʲælʲɪs]
den Hörer abnehmen	pakélti ragẽlį	[paˈkʲɛlʲtʲɪ raˈgʲælʲɪː]
auflegen (den Hörer ~)	padéti ragẽlį	[paˈdʲeːtʲɪ raˈgʲælʲɪː]
besetzt	ùžimtas	[ˈʊʒɪmtas]
läuten (vi)	skambéti	[skamˈbʲeːtʲɪ]
Telefonbuch (n)	telefònų knygà (m)	[tʲɛlʲɛˈfonu knʲiːˈga]
Orts-	vietinis	[ˈvʲiɛtʲɪnʲɪs]
Ortsgespräch (n)	vietinis skambùtis (v)	[ˈvʲiɛtʲɪnʲɪs skamˈbʊtʲɪs]
Auslands-	tarptautìnis	[tarptɑʊˈtʲɪnʲɪs]
Auslandsgespräch (n)	tarptautìnis skambùtis (v)	[tarptɑʊˈtʲɪnʲɪs skamˈbʊtʲɪs]

| Fern- | tarpmiestinis | [tarpmʲiɛsʲtʲɪnʲɪs] |
| Ferngespräch (n) | tarpmiestinis skambutis (v) | [tarpmʲiɛsʲtʲɪnʲɪs skam'butʲɪs] |

80. Mobiltelefon

Mobiltelefon (n)	mobilusis telefonas (v)	[mobʲɪ'lʊsʲɪs tʲɛlʲɛ'fonas]
Display (n)	ekranas (v)	[ɛk'raːnas]
Knopf (m)	mygtukas (v)	[mʲiːk'tʊkas]
SIM-Karte (f)	SIM-kortėlė (m)	[sʲɪm-korʲtʲælʲeː]

Batterie (f)	akumuliatorius (v)	[akʊmʊ'lʲlætorʲʊs]
leer sein (Batterie)	išsikrauti	[ɪʃsʲɪ'krautʲɪ]
Ladegerät (n)	įkroviklis (v)	[iːkro'vʲɪːklʲɪs]

| Menü (n) | valgiaraštis (v) | [valʲʲgʲæraʃtʲɪs] |
| Einstellungen (pl) | nustatymai (v dgs) | [nʊ'staːtʲiːmʌɪ] |

| Melodie (f) | melodija (m) | [mʲɛ'lʲodʲɪjɛ] |
| auswählen (vt) | pasirinkti | [pasʲɪ'rʲɪŋktʲɪ] |

Rechner (m)	skaičiuotuvas (v)	[skʌɪtʂʲʊo'tʊvas]
Anrufbeantworter (m)	balso paštas (v)	['balʲsɔ 'paːʃtas]
Wecker (m)	žadintuvas (v)	[ʒadʲɪn'tʊvas]
Kontakte (pl)	telefonų knyga (m)	[tʲɛlʲɛ'fonuː knʲiː'ga]

| SMS-Nachricht (f) | SMS žinutė (m) | [ɛsɛ'mɛs ʒʲɪnʊtʲeː] |
| Teilnehmer (m) | abonentas (v) | [abo'nʲɛntas] |

81. Bürobedarf

| Kugelschreiber (m) | automatinis šratinukas (v) | [aʊto'maːtʲɪnʲɪs ʃratʲɪ'nʊkas] |
| Federhalter (m) | plunksnakotis (v) | [plʲʊŋk'snaːkotʲɪs] |

Bleistift (m)	pieštukas (v)	[pʲiɛʃ'tʊkas]
Faserschreiber (m)	žymėklis (v)	[ʒʲiː'mʲækl ʲɪs]
Filzstift (m)	flomasteris (v)	[flʲo'maːstʲɛrʲɪs]

| Notizblock (m) | bloknotas (v) | [blʲok'notas] |
| Terminkalender (m) | dienoraštis (v) | [dʲiɛ'noraʃtʲɪs] |

Lineal (n)	liniuotė (m)	[lʲɪ'nʲʊoːtʲeː]
Rechner (m)	skaičiuotuvas (v)	[skʌɪtʂʲʊo'tʊvas]
Radiergummi (m)	trintukas (v)	[trʲɪn'tʊkas]

| Reißzwecke (f) | smeigtukas (v) | [smʲɛɪk'tʊkas] |
| Heftklammer (f) | sąvaržėlė (m) | [saː'varʲʒʲeːlʲeː] |

| Klebstoff (m) | klijai (v dgs) | [klʲɪ'jʌɪ] |
| Hefter (m) | segiklis (v) | [sʲɛ'gʲɪklʲɪs] |

| Locher (m) | skylamušis (v) | [skl ʲiː'lʲaːmʊʃɪs] |
| Bleistiftspitzer (m) | drožtukas (v) | [droʒ'tʊkas] |

82. Geschäftsarten

Buchführung (f)	buhaltėrinės paslaugos (m dgs)	[buɣalʲ'tʲɛrʲɪnʲeːs 'paːslɑʊgos]
Werbung (f)	reklamà (m)	[rʲɛklʲa'ma]
Werbeagentur (f)	reklãmos agentūrà (m)	[rʲɛk'lʲaːmos agʲɛntuː'ra]
Klimaanlagen (pl)	kondicionieriai (v dgs)	[kondʲɪtsʲɪjoˈnʲɛrʲɛɪ]
Fluggesellschaft (f)	aviakompãnija (m)	[avʲækom'paːnʲɪjɛ]
Spirituosen (pl)	alkohòliniai gėrimai (v dgs)	[alʲko'ɣolʲɪnʲɛɪ 'gʲeːrʲɪmʌɪ]
Antiquitäten (pl)	antikvariãtas (v)	[antʲɪkvarʲɪ'jatas]
Kunstgalerie (f)	galèrija (m)	[ga'lʲɛrʲɪjɛ]
Rechnungsprüfung (f)	auditorių paslaugos (m dgs)	[ɑʊ'dʲɪtorʲuː 'paːslʲɑʊgos]
Bankwesen (n)	bánkinis vérslas (v)	['baŋkʲɪnʲɪs 'vʲɛrslʲas]
Bar (f)	bãras (v)	['baːras]
Schönheitssalon (m)	grõžio salònas (v)	['groːʒʲɔ sa'lʲonas]
Buchhandlung (f)	knygýnas (v)	[knʲiː'gʲiːnas]
Bierbrauerei (f)	alaùs daryklà (m)	[a'lʲɑʊs darʲiːk'lʲa]
Bürogebäude (n)	verslo centras (v)	['vʲɛrslʲɔ 'tsʲɛntras]
Business-Schule (f)	verslo mokykla (m)	['vʲɛrslʲɔ mokʲiːk'lʲa]
Kasino (n)	kazino (v)	[kazʲɪ'no]
Bau (m)	statýba (m)	[sta'tʲiːba]
Beratung (f)	konsultãvimas (v)	[konsʊlʲ'taːvʲɪmas]
Stomatologie (f)	stomatològija (m)	[stomato'lʲogʲɪjɛ]
Design (n)	dizáinas (v)	[dʲɪ'zʌɪnas]
Apotheke (f)	vaistinė (m)	['vʌɪstʲɪnʲeː]
chemische Reinigung (f)	cheminė valyklà (m)	['xʲɛmʲɪnʲe valʲiːk'la]
Personalagentur (f)	darbúotojų paieškõs agentūrà (m)	[dar'bʊɑtoːjuː paʲiɛʃ'koːs agʲɛntuː'ra]
Finanzdienstleistungen (pl)	finánsinės paslaugos (m dgs)	[fʲɪ'nansʲɪnʲeːs 'paːslʲɑʊgos]
Nahrungsmittel (pl)	maisto produktai (v dgs)	['mʌɪsto pro'dʊktʌɪ]
Bestattungsinstitut (n)	laidojimo biùras (v)	['lʲʌɪdojɪmɔ 'bʲʊras]
Möbel (n)	baldai (v)	['balʲdʌɪ]
Kleidung (f)	drabùžiai (v dgs), rūbai (v dgs)	[dra'bʊʒʲɛɪ], ['ruːbʌɪ]
Hotel (n)	viešbutis (v)	['vʲɛʃbʊtʲɪs]
Eis (n)	ledaĩ (v dgs)	[lʲɛ'dʌɪ]
Industrie (f)	prãmonė (m)	['praːmonʲeː]
Versicherung (f)	draudimas (v)	[drɑʊ'dʲɪmas]
Internet (n)	internètas (v)	[ɪntʲɛr'nʲɛtas]
Investitionen (pl)	investicijos (m dgs)	[ɪnvʲɛs'tʲɪtsʲɪjɔs]
Juwelier (m)	juvelýras (v)	[jʊvʲɛ'lʲiːras]
Juwelierwaren (pl)	juvelýriniai dirbiniaĩ (v dgs)	[jʊvʲɛ'lʲiːrʲɪnʲɛɪ dʲɪrbʲɪ'nʲɛɪ]
Wäscherei (f)	skalbyklà (m)	[skalʲbʲiːk'la]
Rechtsberatung (f)	juridinės paslaugõs (m dgs)	[jʊ'rʲɪdʲɪnʲeːs paslʲɑʊ'goːs]
Leichtindustrie (f)	lengvóji prãmonė	[lʲɛŋg'voːjɪ 'praːmonʲeː]
Zeitschrift (f)	žurnãlas (v)	[ʒʊr'naːlʲas]
Versandhandel (m)	prekýba pagal katalògą (m)	[prʲɛ'kʲiːba pa'galʲ kata'lʲoga:]
Medizin (f)	medicina (m)	[mʲɛdʲɪtsʲɪ'na]

75

| Kino (Filmtheater) | kìno teãtras (v) | ['kʲɪnɔ tʲɛ'a:tras] |
| Museum (n) | muziẽjus (v) | [mʊ'zʲɛjʊs] |

Nachrichtenagentur (f)	informãcijos agentūrà (m)	[ɪnfɔr'ma:tsʲɪjɔs agʲɛntu:'ra]
Zeitung (f)	laĩkraštis (v)	['lʲʌɪkraʃtʲɪs]
Nachtklub (m)	naktìnis klùbas (v)	[nak'tʲɪnʲɪs 'klʲʊbas]

Erdöl (n)	naftà (m)	[naf'ta]
Kurierdienst (m)	kùrjerių tarnýba (m)	['kʊrjɛrʲu: tar'nʲi:ba]
Pharmaindustrie (f)	farmãcija (m)	[far'ma:tsʲɪjɛ]
Druckindustrie (f)	poligrãfija (m)	[polʲɪ'gra:fʲɪjɛ]
Verlag (m)	leidyklà (m)	[lʲɛɪdʲi:k'la]

Rundfunk (m)	rãdijas (v)	['ra:dʲɪjas]
Immobilien (pl)	nekilnójamasis tur̃tas (v)	[nʲɛkʲɪlʲʲnojamasʲɪs 'tʊrtas]
Restaurant (n)	restorãnas (v)	[rʲɛstɔ'ra:nas]

Sicherheitsagentur (f)	saugõs tarnýba (m)	[sɑʊ'gɔ:s tar'nʲi:ba]
Sport (m)	spòrtas (v)	['spɔrtas]
Börse (f)	birža (m)	['bʲɪrʒa]
Laden (m)	parduotùvė (m)	[pardʊɑ'tʊvʲe:]
Supermarkt (m)	prekýbos ceñtras (v)	[prʲɛ'kʲi:bɔs 'tsʲɛntras]
Schwimmbad (n)	baseĩnas (v)	[ba'sʲɛɪnas]

Atelier (n)	ateljẽ (m)	[ate'lʲje:]
Fernsehen (n)	televìzija (m)	[tʲɛlʲɛ'vʲɪzʲɪjɛ]
Theater (n)	teãtras (v)	[tʲɛ'a:tras]
Handel (m)	prekýba (m)	[prʲɛ'kʲi:ba]
Transporte (pl)	pérvežimai (v dgs)	['pʲɛrvʲɛʒʲɪmʌɪ]
Reisen (pl)	turìzmas (v)	[tʊ'rʲɪzmas]

Tierarzt (m)	veterinãras (v)	[vʲɛtʲɛrʲɪ'na:ras]
Warenlager (n)	sándėlis (v)	['sandʲe:lʲɪs]
Müllabfuhr (f)	šiùkšlių išvežìmas (v)	['ʃʊkʃlʲu: iʃvʲɛ'ʒʲɪmas]

Arbeit. Geschäft. Teil 2

83. Show. Ausstellung

Deutsch	Litauisch	Aussprache
Ausstellung (f)	paroda (m)	[paro'da]
Handelsausstellung (f)	prekybos paroda (m)	[prʲɛ'kʲiːbos paro'da]
Teilnahme (f)	dalyvavimas (v)	[dalʲiː'vaːvʲɪmas]
teilnehmen (vi)	dalyvauti	[dalʲiː'vɑʊtʲɪ]
Teilnehmer (m)	dalyvis (v)	[da'lʲiːvʲɪs]
Direktor (m)	direktorius (v)	[dʲɪ'rʲɛktorʲʊs]
Organisator (m)	organizatorius (v)	[organʲɪ'zaːtorʲʊs]
veranstalten (vt)	organizuoti	[organʲɪ'zʊɑtʲɪ]
Anmeldeformular (n)	paraiška dalyvavimui (m)	[parʌɪʃ'ka dalʲiː'vaːvʲɪmʊi]
ausfüllen (vt)	užpildyti	[ʊʒ'pʲɪlʲdʲiːtʲɪ]
Details (pl)	smulkmenos (m dgs)	['smʊlʲkmʲɛnos]
Information (f)	informacija (m)	[ɪnfor'maːtsʲɪjɛ]
Preis (m)	kaina (m)	['kʌɪna]
einschließlich	įskaitant	[iːs'kʌɪtant]
einschließen (vt)	įskaičiuoti	[iːskʌɪ'tʂʲʊɑtʲɪ]
zahlen (vt)	mokėti	[mo'kʲeːtʲɪ]
Anmeldegebühr (f)	registracijos mokestis (v)	[rʲɛgʲɪs'traːtsʲɪjos 'mokʲɛstʲɪs]
Eingang (m)	įėjimas (v)	[iːʲɛːˈjɪmas]
Pavillon (m)	paviljonas (v)	[pavʲɪ'lʲjɔ nas]
registrieren (vt)	registruoti	[rʲɛgʲɪs'trʊɑtʲɪ]
Namensschild (n)	kortelė (m)	[kɔr'tʲælʲeː]
Stand (m)	stendas (v)	['stʲɛndas]
reservieren (vt)	rezervuoti	[rʲɛzʲɛr'vʊɑtʲɪ]
Vitrine (f)	vitrina (m)	[vʲɪtrʲɪ'na]
Strahler (m)	šviestuvas (v)	[ʃvʲiɛ'stʊvas]
Design (n)	dizainas (v)	[dʲɪ'zʌɪnas]
stellen (vt)	apgyvendinti, išdėstyti	[apgʲiː'vʲɛndʲɪntʲɪ], [ɪʃ'dʲeːstʲiːtʲɪ]
gelegen sein	įsikurti	[iːsʲɪ'kʊrtʲɪ]
Distributor (m)	platintojas (v)	['plʲaːtʲɪntoːjɛs]
Lieferant (m)	tiekėjas (v)	[tʲiɛ'kʲeːjas]
liefern (vt)	tiekti	['tʲɛktʲɪ]
Land (n)	šalis (m)	[ʃa'lʲɪs]
ausländisch	užsienio	['ʊʒsʲiɛnʲɔ]
Produkt (n)	produktas (v)	[pro'dʊktas]
Assoziation (f)	asociacija (m)	[asotsʲɪ'jatsʲɪjɛ]
Konferenzraum (m)	konferencijų salė (m)	[kɔnfe'rentsʲɪjuː 'saːlʲeː]
Kongress (m)	kongresas (v)	[kɔn'grʲɛsas]

Wettbewerb (m) konkùrsas (v) [kɔŋ'kursas]
Besucher (m) lankýtojas (v) [lʲaŋ'kʲi:to:jɛs]
besuchen (vt) lankýti [lʲaŋ'kʲi:tʲɪ]
Auftraggeber (m) užsakóvas (v) [ʊʒsa'ko:vas]

84. Wissenschaft. Forschung. Wissenschaftler

Wissenschaft (f) mókslas (v) ['mokslʲas]
wissenschaftlich mókslinis ['mokslʲɪnʲɪs]
Wissenschaftler (m) mókslininkas (v) ['mokslʲɪnʲɪŋkas]
Theorie (f) teòrija (m) [tʲɛ'orʲɪjɛ]

Axiom (n) aksiomà (m) [aksʲɪjo'ma]
Analyse (f) anãlizė (f) [a'na:lʲɪzʲe:]
analysieren (vt) analizúoti [analʲɪ'zʊatʲɪ]
Argument (n) argumeñtas (v) [argʊ'mʲɛntas]
Substanz (f) mẽdžiaga (m) ['mʲædʒʲæga]

Hypothese (f) hipotèzė (m) [ɣʲɪpo'tʲɛzʲe:]
Dilemma (n) dilemà (m) [dʲɪlʲɛ'ma]
Dissertation (f) disertãcija (m) [dʲɪsʲɛrʲta:tsʲɪjɛ]
Dogma (n) dogmà (m) [dog'ma]

Doktrin (f) doktrinà (m) [doktrʲɪ'na]
Forschung (f) tyrinė́jimas (v) [tʲi:rʲɪ'nʲɛjɪmas]
forschen (vi) tyrinė́ti [tʲi:rʲɪ'nʲe:tʲɪ]
Kontrolle (f) kontrõlė (f) [kɔn'trolʲe:]
Labor (n) laboratòrija (m) [lʲabora'torʲɪjɛ]

Methode (f) metòdas (v) [mʲɛ'todas]
Molekül (n) molẽkulė (m) [mo'lʲɛkʊlʲe:]
Monitoring (n) monitòringas (v) [monʲɪ'torɪngas]
Entdeckung (f) atradìmas (v) [atra'dʲɪmas]

Postulat (n) postulãtas (v) [pʊstʊ'lʲa:tas]
Prinzip (n) prìncipas (v) ['prʲɪntsʲɪpas]
Prognose (f) prognòzė (m) [prog'nozʲe:]
prognostizieren (vt) prognozúoti [progno'zʊatʲɪ]

Synthese (f) siñtezė (m) ['sʲɪntezʲe:]
Tendenz (f) tendeñcija (m) [tʲɛn'dʲɛntsʲɪjɛ]
Theorem (n) teoremà (m) [tʲɛorʲɛ'ma]

Lehre (Doktrin) mókslas (v) ['mokslʲas]
Tatsache (f) fãktas (v) ['fa:ktas]
Expedition (f) ekspedìcija (m) [ɛkspʲɛ'dʲɪtsʲɪjɛ]
Experiment (n) eksperimeñtas (v) [ɛkspʲɛrʲɪ'mʲɛntas]

Akademiemitglied (n) akadèmikas (v) [aka'dʲɛmʲɪkas]
Bachelor (m) bakalãuras (v) [baka'lʲaʊras]
Doktor (m) dãktaras (v) ['da:ktaras]
Dozent (m) doceñtas (v) [do'tsʲɛntas]
Magister (m) magìstras (v) [ma'gʲɪstras]
Professor (m) profèsorius (v) [pro'fʲɛsorʲʊs]

Berufe und Tätigkeiten

85. Arbeitsuche. Kündigung

Arbeit (f), Stelle (f)	dárbas (v)	['darbas]
Belegschaft (f)	etãtai (dgs)	[ɛ'taːtʌɪ]
Personal (n)	personãlas (v)	[pʲɛrsoˈnaːlas]

Karriere (f)	karjerà (m)	[karjɛˈra]
Perspektive (f)	perspektyvà (m)	[pʲɛrspʲɛktʲiːˈva]
Können (n)	meistriškùmas (v)	[mʲɛɪstrʲɪʃˈkʊmas]

Auswahl (f)	atrankà (m)	[atraŋˈka]
Personalagentur (f)	darbúotojų paieškõs agentūrà (m)	[darˈbʊɑtoːjuː paʲiɛʃˈkoːs agʲɛntuːˈra]
Lebenslauf (m)	gyvẽnimo aprãšymas (v)	[gʲiːˈvʲænʲɪmɔ apˈraːʃɪːmas]
Vorstellungsgespräch (n)	pókalbis (v)	[ˈpokalʲbʲɪs]
Vakanz (f)	laisvà dárbo vietà (m)	[lʲʌɪsˈva ˈdarbɔ vʲiɛˈta]

Gehalt (n)	dárbo ùžmokestis (v)	[ˈdarbɔ ˈʊʒmokʲɛstʲɪs]
festes Gehalt (n)	algà (m)	[alʲˈga]
Arbeitslohn (m)	atlýginimas (v)	[atˈlʲiːgʲɪnʲɪmas]

Stellung (f)	pareigos (m dgs)	[ˈparʲɛɪgos]
Pflicht (f)	pareigà (m)	[parʲɛɪˈga]
Aufgabenspektrum (n)	sritìs (m)	[srʲɪˈtʲɪs]
beschäftigt	ùžimtas	[ˈʊʒʲɪmtas]

| kündigen (vt) | atléisti | [atˈlʲɛɪstʲɪ] |
| Kündigung (f) | atleidìmas (v) | [atlʲɛɪˈdʲɪmas] |

Arbeitslosigkeit (f)	bedarbỹstė (m)	[bʲɛdarˈbʲiːstʲeː]
Arbeitslose (m)	bedãrbis (v)	[bʲɛˈdarbʲɪs]
Rente (f), Ruhestand (m)	peñsija (m)	[ˈpʲɛnsʲɪjɛ]
in Rente gehen	išeĩti į̃ peñsiją	[ɪˈʃɛɪtʲɪ iː ˈpʲɛnsʲɪjaː]

86. Geschäftsleute

Direktor (m)	direktorius (v)	[dʲɪˈrʲɛktorʲʊs]
Leiter (m)	valdýtojas (v)	[valʲˈdʲiːtoːjɛs]
Boss (m)	vadõvas (v)	[vaˈdoːvas]

Vorgesetzte (m)	viršininkas (v)	[ˈvʲɪrʃɪnʲɪŋkas]
Vorgesetzten (pl)	vadovybė̃ (m)	[vadoˈvʲiːbʲeː]
Präsident (m)	prezideñtas (v)	[prʲɛzʲɪˈdʲɛntas]
Vorsitzende (m)	pirmìninkas (v)	[ˈpʲɪrmʲɪnʲɪŋkas]
Stellvertreter (m)	pavadúotojas (v)	[pavaˈdʊɑtoːjɛs]
Helfer (m)	padėjė́jas (v)	[padʲeːˈjeːjas]

Sekretär (m)   sekretõrius (v)   [sʲɛkrʲɛ'to:rʲʊs]
Privatsekretär (m)   asmenìnis sekretõrius (v)   [asmʲɛ'nʲɪnʲɪs sʲɛkrʲɛ'to:rʲʊs]

Geschäftsmann (m)   komersántas (v)   [kɔmʲɛr'santas]
Unternehmer (m)   vérslininkas (v)   ['vʲɛrsʲlʲɪnʲɪŋkas]
Gründer (m)   steigėjas (v)   [stʲɛɪ'gʲe:jas]
gründen (vt)   įsteĩgti   [i:'stʲɛɪktʲɪ]

Gründungsmitglied (n)   steigėjas (v)   [stʲɛɪ'gʲe:jas]
Partner (m)   pártneris (v)   ['partnʲɛrʲɪs]
Aktionär (m)   ãkcininkas (v)   ['a:ktsʲɪnʲɪŋkas]

Millionär (m)   milijoniẽrius (v)   [mʲɪlʲɪjo'nʲɛrʲʊs]
Milliardär (m)   milijardiẽrius (v)   [mʲɪlʲɪjar'dʲɛrʲʊs]
Besitzer (m)   valdýtojas (v)   [valʲ'dʲi:to:jɛs]
Landbesitzer (m)   žẽmės savinińkas (v)   ['ʒʲæmʲe:s savʲɪ'nʲɪŋkas]

Kunde (m)   klieñtas (v)   ['klʲiɛntas]
Stammkunde (m)   pastovùs kliẽntas (v)   [pasto'vʊs klʲi'ɛntas]
Käufer (m)   pirkėjas (v)   [pʲɪr'kʲe:jas]
Besucher (m)   lankýtojas (v)   [lʲaŋ'kʲi:to:jɛs]

Fachmann (m)   profesionãlas (v)   [profʲɛsʲɪjo'na:lʲas]
Experte (m)   ekspèrtas (v)   [ɛks'pʲɛrtas]
Spezialist (m)   specialìstas (v)   [spʲɛtsʲɪja'lʲɪstas]

Bankier (m)   bánkininkas (v)   ['baŋkʲɪnʲɪŋkas]
Makler (m)   brókeris (v)   ['brokʲɛrʲɪs]

Kassierer (m)   kãsininkas (v)   ['ka:sʲɪnʲɪŋkas]
Buchhalter (m)   buhálteris (v)   [bʊ'ɣalʲtʲɛrʲɪs]
Wächter (m)   apsaugininkas (v)   [apsɑʊgʲɪ'nʲɪŋkas]

Investor (m)   investúotojas (v)   [ɪnvʲɛs'tʊɑto:jɛs]
Schuldner (m)   skõlininkas (v)   ['sko:lʲɪnʲɪŋkas]
Gläubiger (m)   kredìtorius (v)   [krʲɛ'dʲɪtorʲʊs]
Kreditnehmer (m)   paskolõs gavėjas (v)   [pasko'lʲo:s ga'vʲe:jas]

Importeur (m)   importúotojas (v)   [ɪmpor'tʊɑto:jɛs]
Exporteur (m)   eksportúotojas (v)   [ɛkspor'tʊɑto:jɛs]

Hersteller (m)   gamìntojas (v)   [ga'mʲɪnto:jɛs]
Distributor (m)   platìntojas (v)   ['plʲa:tʲɪnto:jɛs]
Vermittler (m)   tárpininkas (v)   ['tarpʲɪnʲɪŋkas]

Berater (m)   konsultántas (v)   [kɔnsʊlʲ'tantas]
Vertreter (m)   atstõvas (v)   [at'sto:vas]
Agent (m)   ageñtas (v)   [a'gʲɛntas]
Versicherungsagent (m)   draudìmo ageñtas (v)   [drɑʊ'dʲɪmɔ a'gʲɛntas]

87. Dienstleistungsberufe

Koch (m)   virėjas (v)   [vʲɪ'rʲe:jas]
Chefkoch (m)   vyriáusiasis virėjas (v)   [vʲi:'rʲæʊsʲæsʲɪs vʲɪ'rʲe:jas]

Bäcker (m)	kepėjas (v)	[kʲɛ'pʲeːjas]
Barmixer (m)	barmenas (v)	['barmʲɛnas]
Kellner (m)	padavėjas (v)	[pada'vʲeːjas]
Kellnerin (f)	padavėja (m)	[pada'vʲeːja]

Rechtsanwalt (m)	advokātas (v)	[advo'kaːtas]
Jurist (m)	juristas (v)	[jʊ'rʲɪstas]
Notar (m)	notāras (v)	[no'taːras]

Elektriker (m)	monteris (v)	['montʲɛrʲɪs]
Klempner (m)	santechnikas (v)	[san'tʲɛxnʲɪkas]
Zimmermann (m)	dailidė (v)	[dʌɪ'lʲɪdʲeː]

Masseur (m)	masažistas (v)	[masa'ʒʲɪstas]
Masseurin (f)	masažistė (m)	[masa'ʒʲɪstʲeː]
Arzt (m)	gydytojas (v)	['gʲiːdʲiːtoːjɛs]

Taxifahrer (m)	taksistas (v)	[tak'sʲɪstas]
Fahrer (m)	vairuotojas (v)	[vʌɪ'rʊɑtoːjɛs]
Ausfahrer (m)	kurjeris (v)	['kʊrjɛrʲɪs]

Zimmermädchen (n)	kambarinė (m)	[kamba'rʲɪnʲeː]
Wächter (m)	apsauginiňkas (v)	[apsɑʊgʲɪ'nʲɪŋkas]
Flugbegleiterin (f)	stiuardesė (m)	[stʲʊar'dʲɛsʲeː]

Lehrer (m)	mokytojas (v)	['mokʲiːtoːjɛs]
Bibliothekar (m)	bibliotekininkas (v)	[bʲɪblʲɪjo'tʲɛkʲɪnʲɪŋkas]
Übersetzer (m)	vertėjas (v)	[vʲɛr'tʲeːjas]
Dolmetscher (m)	vertėjas (v)	[vʲɛr'tʲeːjas]
Fremdenführer (m)	gidas (v)	['gʲɪdas]

Friseur (m)	kirpėjas (v)	[kʲɪr'pʲeːjas]
Briefträger (m)	paštininkas (v)	['paːʃtʲɪnʲɪŋkas]
Verkäufer (m)	pardavėjas (v)	[parda'vʲeːjas]

Gärtner (m)	sodininkas (v)	['soːdʲɪnʲɪŋkas]
Diener (m)	tarnas (v)	['tarnas]
Magd (f)	tarnaitė (m)	[tar'nʌɪtʲeː]
Putzfrau (f)	valytoja (m)	[va'lʲiːtoːjɛ]

88. Militärdienst und Ränge

einfacher Soldat (m)	eilinis (v)	[ɛɪ'lʲɪnʲɪs]
Feldwebel (m)	seržantas (v)	[sʲɛr'ʒantas]
Leutnant (m)	leitenantas (v)	[lʲɛɪtʲɛ'nantas]
Hauptmann (m)	kapitōnas (v)	[kapʲɪ'toːnas]

Major (m)	majōras (v)	[ma'jɔːras]
Oberst (m)	pulkininkas (v)	['pʊlʲkʲɪnʲɪŋkas]
General (m)	generōlas (v)	[gʲɛnʲɛ'roːlʲas]
Marschall (m)	maršalas (v)	['marʃalʲas]
Admiral (m)	admirōlas (v)	[admʲɪ'roːlʲas]
Militärperson (f)	kariškis (v)	[ka'rʲɪʃkʲɪs]
Soldat (m)	kareivis (v)	[ka'rʲɛɪvʲɪs]

| Offizier (m) | karininkas (v) | [karʲɪˈnʲɪŋkas] |
| Kommandeur (m) | vādas (v) | [ˈvaːdas] |

Grenzsoldat (m)	pasieniẽtis (v)	[pasʲiɛˈnʲɛtʲɪs]
Funker (m)	radistas (v)	[raˈdʲɪstas]
Aufklärer (m)	žvalgas (v)	[ˈʒvalʲgas]
Pionier (m)	pioniẽrius (v)	[pʲɪjoˈnʲɛrʲʊs]
Schütze (m)	šaulỹs (v)	[ʃɑʊˈlʲiːs]
Steuermann (m)	šturmanas (v)	[ˈʃtʊrmanas]

89. Beamte. Priester

| König (m) | karālius (v) | [kaˈraːlʲʊs] |
| Königin (f) | karalíenė (m) | [karaˈlʲiɛnʲeː] |

| Prinz (m) | princas (v) | [ˈprʲɪntsas] |
| Prinzessin (f) | princẽsė (m) | [prʲɪnˈtsʲɛsʲeː] |

| Zar (m) | cāras (v) | [ˈtsaːras] |
| Zarin (f) | caríenė (m) | [tsaˈrʲiɛnʲeː] |

Präsident (m)	prezidentas (v)	[prʲɛzʲɪˈdʲɛntas]
Minister (m)	ministras (v)	[mʲɪˈnʲɪstras]
Ministerpräsident (m)	ministras pirmininkas (v)	[mʲɪˈnʲɪstras ˈpʲɪrmʲɪnʲɪŋkas]
Senator (m)	senātorius (v)	[sʲɛˈnaːtorʲʊs]

Diplomat (m)	diplomātas (v)	[dʲɪplʲoˈmaːtas]
Konsul (m)	konsulas (v)	[ˈkonsʊlʲas]
Botschafter (m)	ambasādorius (v)	[ambaˈsaːdorʲʊs]
Ratgeber (m)	pataréjas (v)	[pataˈrʲeːjas]

Beamte (m)	valdininkas (v)	[valʲdʲɪˈnʲɪŋkas]
Präfekt (m)	prefektas (v)	[prʲɛˈfʲɛktas]
Bürgermeister (m)	mẽras (v)	[ˈmʲɛras]

| Richter (m) | teiséjas (v) | [tʲɛɪˈsʲeːjas] |
| Staatsanwalt (m) | prokurõras (v) | [prokʊˈroras] |

Missionar (m)	misioniẽrius (v)	[mʲɪsʲɪjoˈnʲɛrʲʊs]
Mönch (m)	vienuõlis (v)	[vʲiɛˈnʊɑlʲɪs]
Abt (m)	abātas (v)	[aˈbaːtas]
Rabbiner (m)	rabinas (v)	[ˈraːbʲɪnas]

Wesir (m)	viziris (v)	[vʲɪˈzʲɪrʲɪs]
Schah (n)	šāchas (v)	[ˈʃaːxas]
Scheich (m)	šeichas (v)	[ˈʃɛɪxas]

90. Landwirtschaftliche Berufe

Bienenzüchter (m)	bitininkas (v)	[ˈbʲɪtʲɪnʲɪŋkas]
Hirt (m)	piemuõ (v)	[pʲiɛˈmʊɑ]
Agronom (m)	agronõmas (v)	[agroˈnomas]

| Viehzüchter (m) | gývulininkas (v) | ['gʲiːvʊlʲɪnʲɪŋkas] |
| Tierarzt (m) | veterinãras (v) | [vʲɛtʲɛrʲɪˈnaːras] |

Farmer (m)	fèrmeris (v)	[ˈfʲɛrmʲɛrʲɪs]
Winzer (m)	vyndarỹs (v)	[vʲiːndaˈrʲiːs]
Zoologe (m)	zoològas (v)	[zooˈlʲogas]
Cowboy (m)	kaubòjus (v)	[kɑʊˈbojʊs]

91. Künstler

| Schauspieler (m) | ãktorius (v) | [ˈaːktorʲʊs] |
| Schauspielerin (f) | ãktorė (m) | [ˈaːktorʲeː] |

| Sänger (m) | dainininkas (v) | [dʌɪnʲɪˈnʲɪŋkas] |
| Sängerin (f) | dainininkė (m) | [dʌɪnʲɪˈnʲɪŋkʲeː] |

| Tänzer (m) | šokėjas (v) | [ʃoˈkʲeːjas] |
| Tänzerin (f) | šokėja (m) | [ʃoˈkʲeːja] |

| Künstler (m) | artìstas (v) | [arˈtʲɪstas] |
| Künstlerin (f) | artìstė (m) | [arˈtʲɪstʲeː] |

Musiker (m)	muzikántas (v)	[mʊzʲɪˈkantas]
Pianist (m)	pianìstas (v)	[pʲɪjaˈnʲɪstas]
Gitarrist (m)	gitarìstas (v)	[gʲɪtaˈrʲɪstas]

Dirigent (m)	dirigeñtas (v)	[dʲɪrʲɪˈgʲɛntas]
Komponist (m)	kompozìtorius (v)	[kɔmpoˈzʲɪtorʲʊs]
Manager (m)	impresãrijas (v)	[ɪmprʲɛˈsaːrʲɪjas]

Regisseur (m)	režisiẽrius (v)	[rʲɛʒʲɪˈsʲɛrʲʊs]
Produzent (m)	prodiùseris (v)	[proˈdʲʊsʲɛrʲɪs]
Drehbuchautor (m)	scenarìstas (v)	[stsʲɛnaˈrʲɪstas]
Kritiker (m)	krìtikas (v)	[ˈkrʲɪtʲɪkas]

Schriftsteller (m)	rašýtojas (v)	[raˈʃɪːtoːjɛs]
Dichter (m)	poètas (v)	[poˈɛtas]
Bildhauer (m)	skùlptorius (v)	[ˈskʊlʲptorʲʊs]
Maler (m)	mẽnininkas (v)	[ˈmʲænʲɪnʲɪŋkas]

Jongleur (m)	žongliẽrius (v)	[ʒonˈgʲlʲɛrʲʊs]
Clown (m)	klòunas (v)	[ˈklʲoʊnas]
Akrobat (m)	akrobãtas (v)	[akroˈbaːtas]
Zauberkünstler (m)	fòkusininkas (v)	[ˈfokʊsʲɪnʲɪŋkas]

92. Verschiedene Berufe

Arzt (m)	gýdytojas (v)	[ˈgʲiːdʲiːtoːjɛs]
Krankenschwester (f)	medicìnos sesẽlė (m)	[mʲɛdʲɪˈtsʲɪnos seˈsʲælʲeː]
Psychiater (m)	psichiãtras (v)	[psʲɪxʲɪˈjatras]
Zahnarzt (m)	stomatològas (v)	[stomatoˈlʲogas]
Chirurg (m)	chirùrgas (v)	[xʲɪˈrʊrgas]

T&P Books. Wortschatz Deutsch-Litauisch für das Selbststudium - 5000 Wörter

Astronaut (m)	astronáutas (v)	[astro'nɑʊtas]
Astronom (m)	astronòmas (v)	[astro'nomas]
Pilot (m)	pilòtas (v)	[pʲɪ'lʲotas]

Fahrer (Taxi-)	vairúotojas (v)	[vʌɪ'rʊato:jɛs]
Lokomotivführer (m)	mašinìstas (v)	[maʃɪ'nʲɪstas]
Mechaniker (m)	mechãnikas (v)	[mʲɛ'xa:nʲɪkas]

Bergarbeiter (m)	šãchtininkas (v)	['ʃa:xtʲɪnʲɪŋkas]
Arbeiter (m)	darbinìñkas (v)	[darbʲɪ'nʲɪŋkas]
Schlosser (m)	šáltkalvis (v)	['ʃalʲtkalʲvʲɪs]
Tischler (m)	stãlius (v)	['sta:lʲʊs]
Dreher (m)	tèkintojas (v)	['tʲækʲɪnto:jɛs]
Bauarbeiter (m)	statýbininkas (v)	[sta'tʲi:bʲɪnʲɪŋkas]
Schweißer (m)	suvìrintojas (v)	[sʊ'vʲɪrʲɪnto:jɛs]

Professor (m)	profèsorius (v)	[pro'fɛsorʲʊs]
Architekt (m)	architèktas (v)	[arxʲɪ'tʲɛktas]
Historiker (m)	istòrikas (v)	[ɪs'torʲɪkas]
Wissenschaftler (m)	mòkslininkas (v)	['mokslʲɪnʲɪŋkas]
Physiker (m)	fìzikas (v)	['fʲɪzʲɪkas]
Chemiker (m)	chèmikas (v)	['xʲɛmʲɪkas]

Archäologe (m)	archeològas (v)	[arxʲɛo'lʲogas]
Geologe (m)	geològas (v)	[gʲɛo'lʲogas]
Forscher (m)	tyrinétojas (v)	[tʲi:rʲɪ'nʲe:to:jɛs]

| Kinderfrau (f) | áuklė (m) | ['ɑʊklʲe:] |
| Lehrer (m) | pedagògas (v) | [pʲɛda'gogas] |

Redakteur (m)	redãktorius (v)	[rʲɛ'da:ktorʲʊs]
Chefredakteur (m)	vyriáusiasis redãktorius (v)	[vʲi:'rʲæʊsʲæsʲɪs rʲɛ'da:ktorʲʊs]
Korrespondent (m)	korespondeñtas (v)	[korʲɛspon'dʲɛntas]
Schreibkraft (f)	mašinininkė (m)	[ma'ʃɪnʲɪnʲɪŋkʲe:]

Designer (m)	dizáineris (v)	[dʲɪ'zʌɪnʲɛrʲɪs]
Computerspezialist (m)	kompiùterių specialìstas (v)	[kɔm'pʲʊtʲɛrʲu: spʲɛtsʲɪja'lʲɪstas]
Programmierer (m)	programúotojas (v)	[progra'mʊato:jɛs]
Ingenieur (m)	inžiniẽrius (v)	[ɪnʒʲɪ'nʲɛrʲʊs]

Seemann (m)	jūrininkas (v)	['ju:rʲɪnʲɪŋkas]
Matrose (m)	jūreìvis (v)	[ju:'rʲɛɪvʲɪs]
Retter (m)	gelbėtojas (v)	['gʲælʲbʲe:to:jɛs]

Feuerwehrmann (m)	gaĩsrininkas (v)	['gʌɪsrʲɪnʲɪŋkas]
Polizist (m)	polìcininkas (v)	[po'lʲɪtsʲɪnʲɪŋkas]
Nachtwächter (m)	sárgas (v)	['sargas]
Detektiv (m)	seklỹs (v)	[sʲɛk'lʲi:s]

Zollbeamter (m)	muĩtininkas (v)	['mʊɪtʲɪnʲɪŋkas]
Leibwächter (m)	asmeñs sargýbinis (v)	[as'mʲɛns sar'gʲi:bʲɪnʲɪs]
Gefängniswärter (m)	prižiūrétojas (v)	[prʲɪʒʲu:'rʲe:to:jɛs]
Inspektor (m)	inspèktorius (v)	[ɪn'spʲɛktorʲʊs]

| Sportler (m) | spòrtininkas (v) | ['sportʲɪnʲɪŋkas] |
| Trainer (m) | trèneris (v) | ['trʲɛnʲɛrʲɪs] |

Fleischer (m)	mėsininkas (v)	['mʲeːsʲɪnʲɪŋkas]
Schuster (m)	batsiuvỹs (v)	[batsʲʊ'vʲiːs]
Geschäftsmann (m)	komersántas (v)	[kɔmʲɛr'santas]
Ladearbeiter (m)	krovėjas (v)	[kro'vʲeːjas]
Modedesigner (m)	modeliúotojas (v)	[modʲɛ'lʲʊatoːjɛs]
Modell (n)	modelis (v)	['modʲɛlʲɪs]

93. Beschäftigung. Sozialstatus

| Schüler (m) | moksleĩvis (v) | [moks'lʲɛɪvʲɪs] |
| Student (m) | studeñtas (v) | [stʊ'dʲɛntas] |

Philosoph (m)	filosòfas (v)	[fʲɪlʲo'sofas]
Ökonom (m)	ekonomìstas (v)	[ɛkono'mʲɪstas]
Erfinder (m)	išradėjas (v)	[ɪʃra'dʲeːjas]

Arbeitslose (m)	bedar̃bis (v)	[bʲɛ'darbʲɪs]
Rentner (m)	peñsininkas (v)	['pʲɛnsʲɪnʲɪŋkas]
Spion (m)	šnìpas (v)	['ʃnʲɪpas]

Gefangene (m)	kalinỹs (v)	[kalʲɪ'nʲiːs]
Streikender (m)	streikininkas (v)	['strʲɛʲɪkʲɪnʲɪŋkas]
Bürokrat (m)	biurokrãtas (v)	[bʲʊro'kraːtas]
Reisende (m)	keliáutojas (v)	[kʲɛ'lʲæʊtoːjɛs]

Homosexuelle (m)	homoseklualìstas (v)	[ɣomosʲɛklʊa'lʲɪstas]
Hacker (m)	programìšius (v)	[progra'mʲɪʃʊs]
Hippie (m)	hìpis (v)	['ɣʲɪpʲɪs]

Bandit (m)	bandìtas (v)	[ban'dʲɪtas]
Killer (m)	samdomas žudìkas (v)	['samdomas ʒʊ'dʲɪkas]
Drogenabhängiger (m)	narkomãnas (v)	[narko'maːnas]
Drogenhändler (m)	narkotikų prekeĩvis (v)	[nar'kotʲɪkuː prʲɛ'kʲɛɪvʲɪs]
Prostituierte (f)	prostitutė (m)	[prostʲɪ'tʊtʲeː]
Zuhälter (m)	suteneris (v)	[sʊ'tʲɛnʲɛrʲɪs]

Zauberer (m)	bùrtininkas (v)	['bʊrtʲɪnʲɪŋkas]
Zauberin (f)	bùrtininkė (m)	['bʊrtʲɪnʲɪŋkʲeː]
Seeräuber (m)	pirãtas (v)	[pʲɪ'raːtas]
Sklave (m)	vérgas (v)	['vʲɛrgas]
Samurai (m)	samurãjus (v)	[samʊ'raːjʊs]
Wilde (m)	laukìnis žmogùs (v)	[lʲɑʊ'kʲɪnʲɪs ʒmɔ'gʊs]

Ausbildung

94. Schule

Schule (f)	mokykla (m)	[mokʲiːkʲlʲa]
Schulleiter (m)	mokyklos direktorius (v)	[moˈkʲiːklʲos dʲɪˈrʲɛktorʲʊs]
Schüler (m)	mokinys (v)	[mokʲɪˈnʲiːs]
Schülerin (f)	mokinė (m)	[mokʲɪˈnʲeː]
Schuljunge (m)	moksleivis (v)	[moksˈlʲɛɪvʲɪs]
Schulmädchen (f)	moksleivė (m)	[moksˈlʲɛɪvʲeː]
lehren (vt)	mokyti	[ˈmokʲiːtʲɪ]
lernen (Englisch ~)	mokytis	[ˈmokʲiːtʲɪs]
auswendig lernen	mokytis atmintinai	[ˈmokʲiːtʲɪs atmʲɪntʲɪˈnʌɪ]
lernen (vi)	mokytis	[ˈmokʲiːtʲɪs]
in der Schule sein	mokytis	[ˈmokʲiːtʲɪs]
die Schule besuchen	eiti į̃ mokyklą	[ˈɛɪtʲɪ iː moˈkʲɪːkʲlʲaː]
Alphabet (n)	abėcėlė (m)	[abʲeːˈtsʲeːlʲeː]
Fach (n)	dalykas (v)	[daˈlʲiːkas]
Klassenraum (m)	klasė (m)	[ˈklʲaːsʲeː]
Stunde (f)	pamoka (m)	[pamoˈka]
Pause (f)	pertrauka (m)	[ˈpʲɛrtrɑʊka]
Schulglocke (f)	skambutis (v)	[skamˈbʊtʲɪs]
Schulbank (f)	suolas (v)	[ˈsʊalʲas]
Tafel (f)	lenta (m)	[lʲɛnˈta]
Note (f)	pažymys (v)	[paʒʲiːˈmʲiːs]
gute Note (f)	geras pažymys (v)	[ˈgʲæras paʒʲiːˈmʲiːs]
schlechte Note (f)	prastas pažymys (v)	[ˈpraːstas paʒʲiːˈmʲiːs]
eine Note geben	rašyti pažymį	[raˈʃɪːtʲɪ ˈpaːʒɪːmʲɪː]
Fehler (m)	klaida (m)	[klʲʌɪˈda]
Fehler machen	daryti klaidas	[daˈrʲiːtʲɪ klʲʌɪˈdas]
korrigieren (vt)	taisyti	[tʌɪˈsʲiːtʲɪ]
Spickzettel (m)	paruoštukas (v)	[parʊɑˈʃtʊkas]
Hausaufgabe (f)	namų darbas (v)	[naˈmuː ˈdarbas]
Übung (f)	pratimas (v)	[praˈtʲɪmas]
anwesend sein	būti	[ˈbuːtʲɪ]
fehlen (in der Schule ~)	nebūti	[nʲɛˈbuːtʲɪ]
versäumen (Schule ~)	praleisti pamokas	[praˈlʲɛɪstʲɪ ˈpaːmokas]
bestrafen (vt)	bausti	[ˈbɑʊstʲɪ]
Strafe (f)	bausmė (m)	[bɑʊsˈmʲeː]
Benehmen (n)	elgesys (v)	[ɛlʲgʲɛˈsʲiːs]

Zeugnis (n)	dienýnas (v)	[dʲiɛˈnʲiːnas]
Bleistift (m)	pieštùkas (v)	[pʲiɛʃˈtʊkas]
Radiergummi (m)	trintùkas (v)	[trʲɪnˈtʊkas]
Kreide (f)	kreidà (m)	[krʲɛɪda]
Federkasten (m)	penãlas (v)	[pʲɛˈnalʲas]

Schulranzen (m)	pòrtfelis (v)	[ˈportfʲɛlʲɪs]
Kugelschreiber, Stift (m)	tušinùkas (v)	[tʊʃɪˈnʊkas]
Heft (n)	sąsiùvinis (v)	[ˈsaːsʲʊvʲɪnʲɪs]
Lehrbuch (n)	vadovėlis (v)	[vadoˈvʲeːlʲɪs]
Zirkel (m)	skriestùvas (v)	[skrʲiɛˈstʊvas]

| zeichnen (vt) | braižýti | [brʌɪˈʒʲiːtʲɪ] |
| Zeichnung (f) | brėžinỹs (v) | [brʲeːʒɪˈnʲiːs] |

Gedicht (n)	eilė́raštis (v)	[ɛɪˈlʲeːraʃtʲɪs]
auswendig (Adv)	atmintinaĩ	[atmʲɪntʲɪˈnʌɪ]
auswendig lernen	mókytis atmintinaĩ	[ˈmokʲiːtʲɪs atmʲɪntʲɪˈnʌɪ]

Ferien (pl)	atóstogos (m dgs)	[aˈtostogos]
in den Ferien sein	atostogáuti	[atostoˈgaʊtʲɪ]
Ferien verbringen	praléisti atóstogas	[praˈlʲɛɪstʲɪ aˈtostogas]

Test (m), Prüfung (f)	kontrolìnis dárbas (v)	[kɔnˈtrolʲɪnʲɪs ˈdarbas]
Aufsatz (m)	rašinỹs (v)	[raʃɪˈnʲiːs]
Diktat (n)	diktántas (v)	[dʲɪkˈtantas]
Prüfung (f)	egzãminas (v)	[ɛgˈzaːmʲɪnas]
Prüfungen ablegen	laikýti egzãminus	[lʲʌɪˈkʲiːtʲɪ ɛgˈzaːmʲɪnʊs]
Experiment (n)	bandymas (v)	[ˈbandʲiːmas]

95. Hochschule. Universität

Akademie (f)	akademìja (m)	[akaˈdʲɛmʲɪjɛ]
Universität (f)	universitètas (v)	[ʊnʲɪvʲɛrsʲɪˈtʲɛtas]
Fakultät (f)	fakultètas (v)	[fakʊlʲˈtʲɛtas]

Student (m)	studeñtas (v)	[stʊˈdʲɛntas]
Studentin (f)	studeñtė (m)	[stʊˈdɛntʲeː]
Lehrer (m)	dėstytojas (v)	[ˈdʲeːstʲiːtoːjɛs]

| Hörsaal (m) | auditòrija (m) | [aʊdʲɪˈtorʲɪjɛ] |
| Hochschulabsolvent (m) | absolveñtas (v) | [absolʲˈvʲɛntas] |

| Diplom (n) | diplòmas (v) | [dʲɪpˈlʲomas] |
| Dissertation (f) | disertãcija (m) | [dʲɪsʲɛrˈtaːtsʲɪjɛ] |

| Forschung (f) | tyrinė́jimas (v) | [tʲiːrʲɪˈnʲɛjɪmas] |
| Labor (n) | laboratòrija (m) | [lʲaboraˈtorʲɪjɛ] |

| Vorlesung (f) | paskaità (m) | [paskʌɪˈta] |
| Kommilitone (m) | bendrakùrsis (v) | [bʲɛndraˈkʊrsʲɪs] |

| Stipendium (n) | stipeñdija (m) | [stʲɪˈpʲɛndʲɪjɛ] |
| akademischer Grad (m) | mókslinis láipsnis (v) | [ˈmokslʲɪnʲɪs ˈlʌɪpsnʲɪs] |

96. Naturwissenschaften. Fächer

Mathematik (f)	matemãtika (m)	[matʲɛˈmaːtʲɪka]
Algebra (f)	ãlgebra (m)	[ˈalʲgʲɛbra]
Geometrie (f)	geometrija (m)	[gʲɛoˈmʲɛtrʲɪjɛ]
Astronomie (f)	astronòmija (m)	[astroˈnomʲɪjɛ]
Biologie (f)	biològija (m)	[bʲɪjɔˈlʲogʲɪjɛ]
Erdkunde (f)	geogrãfija (m)	[gʲɛoˈgraːfʲɪjɛ]
Geologie (f)	geològija (m)	[gʲɛoˈlʲogʲɪjɛ]
Geschichte (f)	istòrija (m)	[ɪsˈtorʲɪjɛ]
Medizin (f)	medicinà (m)	[mʲɛdʲɪtsʲɪˈna]
Pädagogik (f)	pedagògika (m)	[pʲɛdaˈgogʲɪka]
Recht (n)	teisė̀ (m)	[ˈtʲɛisʲeː]
Physik (f)	fìzika (m)	[ˈfʲɪzʲɪka]
Chemie (f)	chèmija (m)	[ˈxʲɛmʲɪjɛ]
Philosophie (f)	filosòfija (m)	[fʲɪlʲoˈsofʲɪjɛ]
Psychologie (f)	psichològija (m)	[psʲɪxoˈlʲogʲɪjɛ]

97. Schrift Rechtschreibung

Grammatik (f)	gramãtika (m)	[graˈmaːtʲɪka]
Lexik (f)	lèksika (m)	[ˈlʲɛksʲɪka]
Phonetik (f)	fonètika (m)	[foˈnʲɛtʲɪka]
Substantiv (n)	daiktãvardis (v)	[dʌɪkˈtaːvardʲɪs]
Adjektiv (n)	bū̃dvardis (v)	[ˈbuːdvardʲɪs]
Verb (n)	veiksmã̃žodis (v)	[vʲɛɪksˈmaːʒodʲɪs]
Adverb (n)	prìeveiksmis (v)	[ˈprʲiɛvʲɛɪksmʲɪs]
Pronomen (n)	į̃vardis (v)	[ˈiːvardʲɪs]
Interjektion (f)	jaustùkas (v)	[jɛʊsˈtʊkas]
Präposition (f)	prìelinksnis (v)	[ˈprʲiɛlʲɪŋksnʲɪs]
Wurzel (f)	žõdžio šaknìs (m)	[ˈʒoːdʒʲɔ ʃakˈnʲɪs]
Endung (f)	galū̃nė̃ (m)	[gaˈlʲuːnʲeː]
Vorsilbe (f)	prìešdėlis (v)	[ˈprʲiɛʃdʲeːlʲɪs]
Silbe (f)	skiemuõ (v)	[skʲiɛˈmʊɑ]
Suffix (n), Nachsilbe (f)	prìesaga (m)	[ˈprʲiɛsaga]
Betonung (f)	kìrtis (m)	[ˈkʲɪrtʲɪs]
Apostroph (m)	apostròfas (v)	[aposˈtrofas]
Punkt (m)	tã̃škas (v)	[ˈtaːʃkas]
Komma (n)	kablèlis (v)	[kabˈlʲælʲɪs]
Semikolon (n)	kabliãtaškis (v)	[kabˈlʲætaʃkʲɪs]
Doppelpunkt (m)	dvìtaškis (v)	[ˈdvʲɪtaʃkʲɪs]
Auslassungspunkte (pl)	daũgtaškis (v)	[ˈdɑʊktaʃkʲɪs]
Fragezeichen (n)	klaustùkas (v)	[klʲɑʊˈstʊkas]
Ausrufezeichen (n)	šauktùkas (v)	[ʃɑʊkˈtʊkas]

Anführungszeichen (pl)	kabutės (m dgs)	[ka'bʊtʲeːs]
in Anführungszeichen	kabutėse	[ka'bʊtʲeːse]
runde Klammern (pl)	skliausteliai (v dgs)	[sklʲɛʊ'stʲælʲɛɪ]
in Klammern	skliausteliuose	[sklʲɛʊ'stʲælʲʊosʲɛ]
Bindestrich (m)	defisas (v)	[dɛ'fɪsas]
Gedankenstrich (m)	brūkšnys (v)	[bruːkʃnʲiːs]
Leerzeichen (n)	tárpas (v)	['tarpas]
Buchstabe (m)	raidė (m)	['rʌɪdʲeː]
Großbuchstabe (m)	didžioji raidė (m)	[dʲɪ'dʒʲoːjɪ 'rʌɪdʲeː]
Vokal (m)	balsis (v)	['balʲsʲɪs]
Konsonant (m)	priebalsis (v)	['prʲɛbalʲsʲɪs]
Satz (m)	sakinys (v)	[sakʲɪ'nʲiːs]
Subjekt (n)	veiksnys (v)	[vʲɛɪks'nʲiːs]
Prädikat (n)	tarinys (v)	[tarʲɪ'nʲiːs]
Zeile (f)	eilutė (m)	[ɛɪ'lʲʊtʲeː]
in einer neuen Zeile	iš naujos eilutės	[ɪʃ 'nɑʊjoːs ɛɪ'lʲʊtʲeːs]
Absatz (m)	pastraipa (m)	[past'rʌɪpa]
Wort (n)	žodis (v)	['ʒoːdʲɪs]
Wortverbindung (f)	žodžių junginys (v)	['ʒoːdʒʲuː jʊŋgʲɪ'nʲiːs]
Redensart (f)	išsireiškimas (v)	[ɪʃsʲɪrʲɛɪʃkʲɪmas]
Synonym (n)	sinonimas (v)	[sʲɪno'nʲɪmas]
Antonym (n)	antonimas (v)	[anto'nʲɪmas]
Regel (f)	taisyklė (m)	[tʌɪ'sʲiːklʲeː]
Ausnahme (f)	išimtis (m)	[ɪʃɪm'tʲɪs]
richtig (Adj)	teisingas	[tʲɛɪ'sʲɪngas]
Konjugation (f)	asmenuotė (m)	[asme'nʊatʲeː]
Deklination (f)	linksniuotė (m)	[lʲɪŋks'nʲʊoːtʲeː]
Kasus (m)	linksnis (v)	['lʲɪŋksnʲɪs]
Frage (f)	kláusimas (v)	['klʲɑʊsʲɪmas]
unterstreichen (vt)	pabraukti	[pa'brɑʊktʲɪ]
punktierte Linie (f)	punktyras (v)	[pʊŋk'tʲiːras]

98. Fremdsprachen

Sprache (f)	kalba (m)	[kalʲˈba]
Fremd-	užsienio	[ˈʊʒsʲiɛnʲɔ]
Fremdsprache (f)	užsienio kalba (m)	[ˈʊʒsʲiɛnʲɔ kalʲba]
studieren (z.B. Jura ~)	studijuoti	[stʊdʲɪˈjʊatʲɪ]
lernen (Englisch ~)	mokytis	[ˈmokʲiːtʲɪs]
lesen (vi, vt)	skaityti	[skʌɪˈtʲiːtʲɪ]
sprechen (vi, vt)	kalbėti	[kalʲˈbʲeːtʲɪ]
verstehen (vt)	suprasti	[sʊpˈrastʲɪ]
schreiben (vi, vt)	rašyti	[raˈʃiːtʲɪ]
schnell (Adv)	greitai	[ˈgrʲɛɪtʌɪ]
langsam (Adv)	lėtai	[lʲeːˈtʌɪ]

T&P Books. Wortschatz Deutsch-Litauisch für das Selbststudium - 5000 Wörter

fließend (Adv)	laisvaĩ	[lʲʌɪsˈvʌɪ]
Regeln (pl)	taisỹklės (m dgs)	[tʌɪˈsʲiːklʲeːs]
Grammatik (f)	gramãtika (m)	[graˈmaːtʲɪka]
Vokabular (n)	lèksika (m)	[ˈlʲɛksʲɪka]
Phonetik (f)	fonètika (m)	[foˈnʲɛtʲɪka]

Lehrbuch (n)	vadovėlis (v)	[vadoˈvʲeːlʲɪs]
Wörterbuch (n)	žodýnas (v)	[ʒoˈdʲiːnas]
Selbstlernbuch (n)	savìmokos vadovėlis (v)	[saˈvʲɪmokos vadoˈvʲeːlʲɪs]
Sprachführer (m)	pasikalbėjimų knygėlė (m)	[pasʲɪkalʲˈbʲɛjɪmuː knʲiːˈgʲæ lʲeː]

Kassette (f)	kasètė (m)	[kaˈsʲɛtʲeː]
Videokassette (f)	vaizdãjuostė (m)	[vʌɪzˈdaːjuɑstʲeː]
CD (f)	kompãktinis dìskas (v)	[kɔmˈpaːktʲɪnʲɪs ˈdʲɪskas]
DVD (f)	DVD dìskas (v)	[dʲɪvʲɪˈdʲɪ dʲɪsˈkas]

Alphabet (n)	abėcėlė (m)	[abʲeːˈtsʲeːlʲeː]
buchstabieren (vt)	sakýti paraidžiuĩ	[saˈkʲiːtʲɪ parʌɪˈdʒʲʊɪ]
Aussprache (f)	tarìmas (v)	[taˈrʲɪmas]

Akzent (m)	akceñtas (v)	[akˈtsʲɛntas]
mit Akzent	sù akcentù	[ˈsʊ aktsʲɛnˈtʊ]
ohne Akzent	bè akceñto	[ˈbʲɛ akˈtsʲɛntɔ]

| Wort (n) | žõdis (v) | [ˈʒɔːdʲɪs] |
| Bedeutung (f) | prasmė̃ (m) | [prasˈmʲeː] |

Kurse (pl)	kùrsai (v dgs)	[ˈkʊrsʌɪ]
sich einschreiben	užsirašýti	[ʊʒsʲɪraˈʃɪːtʲɪ]
Lehrer (m)	dėstytojas (v)	[ˈdʲeːstʲiːtoːjɛs]

Übertragung (f)	vertìmas (v)	[vʲɛrˈtʲɪmas]
Übersetzung (f)	vertìmas (v)	[vʲɛrˈtʲɪmas]
Übersetzer (m)	vertėjas (v)	[vʲɛrˈtʲeːjas]
Dolmetscher (m)	vertėjas (v)	[vʲɛrˈtʲeːjas]

| Polyglott (m, f) | poliglòtas (v) | [polʲɪˈglotas] |
| Gedächtnis (n) | atmintìs (m) | [atmʲɪnˈtʲɪs] |

Erholung. Unterhaltung. Reisen

99. Ausflug. Reisen

Tourismus (m)	turizmas (v)	[tʊˈrʲɪzmas]
Tourist (m)	turistas (v)	[tʊˈrʲɪstas]
Reise (f)	kelionė (m)	[kʲɛˈlʲoːnʲeː]
Abenteuer (n)	nuotykis (v)	[ˈnʊatʲiːkʲɪs]
Fahrt (f)	išvyka (m)	[ˈɪʃvʲiːka]
Urlaub (m)	atostogos (m dgs)	[aˈtostogos]
auf Urlaub sein	atostogáuti	[atostoˈɡɑʊtʲɪ]
Erholung (f)	poilsis (v)	[ˈpoɪlʲsʲɪs]
Zug (m)	traukinỹs (v)	[traʊkʲɪˈnʲiːs]
mit dem Zug	tráukiniu	[ˈtraʊkʲɪnʲʊ]
Flugzeug (n)	lėktùvas (v)	[lʲeːkˈtʊvas]
mit dem Flugzeug	lėktuvù	[lʲeːktʊˈvʊ]
mit dem Auto	automobiliù	[aʊtomobʲɪˈlʲʊ]
mit dem Schiff	laivù	[lʲʌɪˈvʊ]
Gepäck (n)	bagãžas (v)	[baˈɡaːʒas]
Koffer (m)	lagaminas (v)	[lʲagaˈmʲɪnas]
Gepäckwagen (m)	bagãžo vežimėlis (v)	[baˈɡaːʒɔ veʒʲɪˈmʲeːlʲɪs]
Pass (m)	pãsas (v)	[ˈpaːsas]
Visum (n)	vizà (m)	[vʲɪˈza]
Fahrkarte (f)	bilietas (v)	[ˈbʲɪlʲiɛtas]
Flugticket (n)	lėktùvo bilietas (v)	[lʲeːkˈtʊvɔ ˈbʲɪlʲiɛtas]
Reiseführer (m)	vadõvas (v)	[vaˈdoːvas]
Landkarte (f)	žemélapis (v)	[ʒeˈmʲeːlʲapʲɪs]
Gegend (f)	vietóvė (m)	[vʲiɛˈtovʲeː]
Ort (wunderbarer ~)	vietà (m)	[vʲiɛˈta]
Exotika (pl)	egzòtika (m)	[ɛɡˈzotʲɪka]
exotisch	egzòtinis	[ɛɡˈzotʲɪnʲɪs]
erstaunlich (Adj)	nuostabùs	[nʊastaˈbʊs]
Gruppe (f)	grùpė (m)	[ˈɡrʊpʲeː]
Ausflug (m)	ekskùrsija (m)	[ɛksˈkʊrsʲɪjɛ]
Reiseleiter (m)	ekskùrsijos vadõvas (v)	[ɛksˈkʊrsʲɪjɔs vaˈdoːvas]

100. Hotel

Hotel (n), Gasthaus (n)	viẽšbutis (v)	[ˈvʲɛʃbʊtʲɪs]
Motel (n)	motèlis (v)	[moˈtʲɛlʲɪs]
drei Sterne	3 žvaigždùtės	[ˈtrʲɪs ʒvʌɪɡʒˈdʊtʲeːs]

T&P Books. Wortschatz Deutsch-Litauisch für das Selbststudium - 5000 Wörter

fünf Sterne	5 žvaigždutės	['penʲkʲos ʒvʌɪgʒ'dutʲeːs]
absteigen (vi)	apsistoti	[apsʲɪs'totʲɪ]

Hotelzimmer (n)	kambarỹs (v)	[kamba'rʲiːs]
Einzelzimmer (n)	vienvietis kambarỹs (v)	['vʲiɛn'vʲɛtʲɪs kamba'rʲiːs]
Zweibettzimmer (n)	dvivietis kambarỹs (v)	[dvʲɪ'vʲɛtʲɪs kamba'rʲiːs]
reservieren (vt)	rezervúoti kam̃barį	[rʲɛzʲɛr'vuatʲɪ 'kambarʲɪː]

Halbpension (f)	pusiáu pensiõnas (v)	[pusʲæʊ pʲɛnsʲɪ'jɔnas]
Vollpension (f)	pensiõnas (v)	[pʲɛnsʲɪ'jɔnas]

mit Bad	sù vonià	['sʊ vo'nʲæ]
mit Dusche	sù dušù	['sʊ dʊ'ʃʊ]
Satellitenfernsehen (n)	palydóvinė televìzija (m)	[palʲiː'doːvʲɪnʲeː tʲɛlʲɛ'vʲɪzʲɪjɛ]
Klimaanlage (f)	kondicioniẽrius (v)	[kɔndʲɪtsʲɪjɔ'nʲɛrʲʊs]
Handtuch (n)	rañkšluostis (v)	['raŋkʃlʲʊɔstʲɪs]
Schlüssel (m)	rãktas (v)	['raːktas]

Verwalter (m)	administrãtorius (v)	[admʲɪnʲɪs'traːtorʲʊs]
Zimmermädchen (n)	kambarìnė (m)	[kamba'rʲɪnʲeː]
Träger (m)	nešìkas (v)	[nʲɛ'ʃɪkas]
Portier (m)	registrãtorius (v)	[rʲɛgʲɪs'traːtorʲʊs]

Restaurant (n)	restorãnas (v)	[rʲɛsto'raːnas]
Bar (f)	bãras (v)	['baːras]
Frühstück (n)	pusryčiai (v dgs)	['pʊsrʲiːtʂʲɛɪ]
Abendessen (n)	vakariẽnė (m)	[vaka'rʲɛnʲeː]
Buffet (n)	švèdiškas stãlas (v)	['ʃvʲɛdʲɪʃkas 'staːlʲas]

Foyer (n)	vestibiùlis (v)	[vʲɛstʲɪ'bʲʊlʲɪs]
Aufzug (m), Fahrstuhl (m)	lìftas (v)	['lʲɪftas]

BITTE NICHT STÖREN!	NETRUKDÝTI	[nʲɛtrʊk'dʲiːtʲɪ]
RAUCHEN VERBOTEN!	NERŪKÝTI!	[nʲɛruː'kʲiːtʲɪ]

TECHNISCHES ZUBEHÖR. TRANSPORT

Technisches Zubehör

101. Computer

Computer (m)	kompiùteris (v)	[kɔm'pʲutʲɛrʲɪs]
Laptop (m), Notebook (n)	nešiojamasis kompiùteris (v)	[nʲɛ'ʃʲojamasʲɪs kom'pʲutʲɛrʲɪs]
einschalten (vt)	įjùngti	[i:'juŋktʲɪ]
abstellen (vt)	išjùngti	[ɪ'ʃjuŋktʲɪ]
Tastatur (f)	klaviatūrà (m)	[kʲlʲavʲætu:'ra]
Taste (f)	klavìšas (v)	[kʲlʲa'vʲɪʃas]
Maus (f)	pelė̃ (m)	[pʲɛ'lʲe:]
Mousepad (n)	kilimė̃lis (v)	[kʲɪlʲɪ'mʲe:lʲɪs]
Knopf (m)	mygtùkas (v)	[mʲi:k'tukas]
Cursor (m)	žymė̃klis (v)	[ʒʲi:'mʲækʲlʲɪs]
Monitor (m)	monìtorius (v)	[mo'nʲɪtorʲus]
Schirm (m)	ekrãnas (v)	[ɛk'ra:nas]
Festplatte (f)	kietàsis dìskas (v)	[kʲɛ'tasʲɪs 'dʲɪskas]
Festplattengröße (f)	kíetojo dìsko talpà (m)	['kʲɛtojo 'dʲɪskɔ talʲ'pa]
Speicher (m)	atmintìs (m)	[atmʲɪn'tʲɪs]
Arbeitsspeicher (m)	operatyvioji atmintìs (m)	[opʲɛratʲi:'vʲo:jɪ atmʲɪn'tʲɪs]
Datei (f)	fáilas (v)	['fʌɪlʲas]
Ordner (m)	ãplankas (v)	['a:plʲaŋkas]
öffnen (vt)	atidarýti	[atʲɪda'rʲi:tʲɪ]
schließen (vt)	uždarýti	[uʒda'rʲi:tʲɪ]
speichern (vt)	išsáugoti	[ɪʃ'sɑugotʲɪ]
löschen (vt)	ištrìnti	[ɪʃ'trʲɪntʲɪ]
kopieren (vt)	nukopijúoti	[nukopʲɪ'juatʲɪ]
sortieren (vt)	rūšiúoti	[ru:'ʃʲuatʲɪ]
transferieren (vt)	pérrašyti	['pʲɛrraʃɪ:tʲɪ]
Programm (n)	programà (m)	[progra'ma]
Software (f)	prográminė įranga (m)	[pro'gra:mʲɪnʲe: 'i:ranga]
Programmierer (m)	programúotojas (v)	[progra'muato:jɛs]
programmieren (vt)	programúoti	[progra'muatʲɪ]
Hacker (m)	programìšius (v)	[progra'mʲɪʃus]
Kennwort (n)	slaptãžodis (v)	[slʲap'ta:ʒodʲɪs]
Virus (m, n)	vìrusas (v)	['vʲɪrusas]
entdecken (vt)	aptìkti	[ap'tʲɪktʲɪ]

Byte (n)	báitas (v)	['bʌɪtas]
Megabyte (n)	megabáitas (v)	[mʲɛga'bʌɪtas]
Daten (pl)	duomenys (v dgs)	['dʊamʲɛnʲi:s]
Datenbank (f)	duomenų bāzė (m)	[dʊame'nu: 'ba:zʲe:]
Kabel (n)	laĩdas (v)	['lʲʌɪdas]
trennen (vt)	prijùngti	[prʲɪ'jʊŋktʲɪ]
anschließen (vt)	atjùngti	[a'tjʊŋktʲɪ]

102. Internet. E-Mail

Internet (n)	internètas (v)	[ɪntʲɛr'nʲɛtas]
Browser (m)	naršýklė (m)	[nar'ʃɪ:klʲe:]
Suchmaschine (f)	paieškõs sistemà (m)	[paʲiɛʃ'ko:s sʲɪstʲɛ'ma]
Provider (m)	tiekėjas (v)	[tʲiɛ'kʲe:jas]
Webmaster (m)	svetaĩnių kūrėjas (v)	[sve'tʌɪnʲu: ku:'rʲe:jas]
Website (f)	svetaĩnė (m)	[sve'tʌɪnʲe:]
Webseite (f)	tinklãlapis (v)	[tʲɪŋk'lʲa:lʲapʲɪs]
Adresse (f)	ãdresas (v)	['a:drʲɛsas]
Adressbuch (n)	adresų knygà (m)	[adrʲɛ'su: knʲi:'ga]
Mailbox (f)	pãšto dėžùtė (m)	['pa:ʃto dʲe:'ʒʊtʲe:]
Post (f)	korespondeñcija (m)	[kɔrʲɛspon'dʲɛntsʲɪjɛ]
überfüllt (-er Briefkasten)	pérpildytas	['pʲɛrpʲɪlʲdʲi:tas]
Mitteilung (f)	pranešìmas (v)	[pranʲɛ'ʃɪmas]
eingehenden Nachrichten	įeĩnantys pranešìmai (v dgs)	[i:'ɛɪnantʲɪ:s pranʲɛ'ʃɪ:mʌɪ]
ausgehenden Nachrichten	išeĩnantys pranešìmai (v dgs)	[ɪ'ʃɛɪnantʲi:s pranʲɛ'ʃɪmʌɪ]
Absender (m)	siuntėjas (v)	[sʲʊn'tʲe:jas]
senden (vt)	išsiųsti	[ɪʃ'sʲu:stʲɪ]
Absendung (f)	išsiuntìmas (v)	[ɪʃsʲʊn'tʲɪmas]
Empfänger (m)	gavėjas (v)	[ga'vʲe:jas]
empfangen (vt)	gáuti	['gaʊtʲɪ]
Briefwechsel (m)	susirašinėjimas (v)	[sʊsʲɪraʃɪ'nʲɛjɪmas]
im Briefwechsel stehen	susirašinėti	[sʊsʲɪraʃɪ'nʲe:tʲɪ]
Datei (f)	fáilas (v)	['fʌɪlʲas]
herunterladen (vt)	parsisiųsti	[parsʲɪ'sʲu:stʲɪ]
schaffen (vt)	sukùrti	[sʊ'kʊrtʲɪ]
löschen (vt)	ištrìnti	[ɪʃ'trʲɪntʲɪ]
gelöscht (Datei)	ištrìntas	[ɪʃ'trʲɪntas]
Verbindung (f)	ryšỹs (v)	[rʲi:'ʃɪ:s]
Geschwindigkeit (f)	greĩtis (v)	['grʲɛɪtʲɪs]
Modem (n)	modèmas (v)	[mo'dʲɛmas]
Zugang (m)	prieiga (m)	['prʲiʲɛɪga]
Port (m)	príevadas (v)	['prʲievadas]
Anschluss (m)	pajungìmas (v)	[pajʊn'gʲɪmas]

sich anschließen	prisijungti	[prʲɪsʲɪ'jʊŋktʲɪ]
auswählen (vt)	pasirinkti	[pasʲɪ'rʲɪŋktʲɪ]
suchen (vt)	ieškoti	[ɪɛʃ'kotʲɪ]

103. Elektrizität

Elektrizität (f)	elektra (m)	[ɛlʲɛkt'ra]
elektrisch	elektrinis	[ɛlʲɛk'trʲɪnʲɪs]
Elektrizitätswerk (n)	elektros stotis (m)	[ɛ'lʲɛktros sto'tʲɪs]
Energie (f)	energija (m)	[ɛ'nʲɛrgʲɪjɛ]
Strom (m)	elektros energija (m)	[ɛ'lʲɛktros ɛ'nʲɛrgʲɪjɛ]

Glühbirne (f)	lemputė (f)	[lʲɛm'pʊtʲe:]
Taschenlampe (f)	žibintuvas (v)	[ʒʲɪbʲɪn'tʊvas]
Straßenlaterne (f)	žibintas (v)	[ʒʲɪ'bʲɪntas]

Licht (n)	šviesa (m)	[ʃvʲɪɛ'sa]
einschalten (vt)	įjungti	[i:'jʊŋktʲɪ]
ausschalten (vt)	išjungti	[ɪ'ʃjʊŋktʲɪ]
das Licht ausschalten	užgesinti šviesą	[ʊʒgʲɛ'sʲɪntʲɪ 'ʃvʲɛsa:]

durchbrennen (vi)	perdegti	['pʲɛrdʲɛktʲɪ]
Kurzschluss (m)	trumpasis jungimas (v)	[trʊm'pasʲɪs jʊn'gʲɪmas]
Riß (m)	trūkimas (v)	[trʊ:'kʲɪmas]
Kontakt (m)	kontaktas (v)	[kɔn'ta:ktas]

Schalter (m)	jungiklis (v)	[jʊn'gʲɪklʲɪs]
Steckdose (f)	šakutės lizdas (v)	[ʃa'kʊtʲe:s 'lʲɪzdas]
Stecker (m)	šakutė (m)	[ʃa'kʊtʲe:]
Verlängerung (f)	ilgintuvas (v)	[ɪlʲgʲɪn'tʊvas]

Sicherung (f)	saugiklis (v)	[saʊ'gʲɪklʲɪs]
Leitungsdraht (m)	laidas (v)	['lʲʌɪdas]
Verdrahtung (f)	instaliacija (v)	[ɪnsta'lʲætsʲɪjɛ]

Ampere (n)	amperas (v)	[am'pʲɛras]
Stromstärke (f)	srovės stipris (v)	[sro'vʲe:s 'stʲɪprʲɪs]
Volt (n)	voltas (v)	['volʲtas]
Voltspannung (f)	įtampa (m)	['i:tampa]

| Elektrogerät (n) | elektros prietaisas (v) | [ɛ'lʲɛktros 'prʲɪɛtʌɪsas] |
| Indikator (m) | indikatorius (v) | [ɪndʲɪ'ka:torʲʊs] |

Elektriker (m)	elektrikas (v)	[ɛ'lʲɛktrʲɪkas]
löten (vt)	lituoti	[lʲɪ'tʊɑtʲɪ]
Lötkolben (f)	lituoklis (v)	[lʲɪ'tʊɑklʲɪs]
Strom (m)	srovė (m)	[sro'vʲe:]

104. Werkzeug

| Werkzeug (n) | įrankis (v) | ['i:raŋkʲɪs] |
| Werkzeuge (pl) | įrankiai (v dgs) | ['i:raŋkʲɛɪ] |

Ausrüstung (f)	įranga (m)	['i:raŋɡa]
Hammer (m)	plaktùkas (v)	[plʲakˈtʊkas]
Schraubenzieher (m)	atsuktùvas (v)	[atsʊkˈtʊvas]
Axt (f)	kir̃vis (v)	[ˈkʲɪrvʲɪs]

Säge (f)	pjū́klas (v)	[ˈpjuːklʲas]
sägen (vt)	pjáuti	[ˈpjaʊtʲɪ]
Hobel (m)	óblius (v)	[ˈoːblʲʊs]
hobeln (vt)	obliúoti	[obˈlʲʊatʲɪ]
Lötkolben (m)	lituõklis (v)	[lʲɪˈtʊaklʲɪs]
löten (vt)	lituõti	[lʲɪˈtʊatʲɪ]

Feile (f)	dìldė (m)	[ˈdʲɪlʲdʲeː]
Kneifzange (f)	rḗplės (m dgs)	[ˈrʲæplʲeːs]
Flachzange (f)	plókščiosios rḗplės (m dgs)	[ˈplokʃtʃʲosʲos ˈrʲæplʲeːs]
Stemmeisen (n)	káltas (v)	[ˈkalʲtas]

Bohrer (m)	grą̃žtas (v)	[ˈɡraːʒtas]
Bohrmaschine (f)	gręžtùvas (v)	[ɡrʲɛˈʒtʊvas]
bohren (vt)	gręžti	[ˈɡrʲɛːʒtʲɪ]

| Messer (n) | peĩlis (v) | [ˈpʲɛɪlʲɪs] |
| Klinge (f) | ãšmenys (v dgs) | [ˈaːʃmʲɛnʲiːs] |

scharf (-e Messer usw.)	aštrùs	[aʃtˈrʊs]
stumpf	bùkas	[ˈbʊkas]
stumpf werden (vi)	atbùkti	[atˈbʊktʲɪ]
schärfen (vt)	galą́sti	[ɡaˈlʲaːstʲɪ]

Bolzen (m)	var̃žtas (v)	[ˈvarʒtas]
Mutter (f)	veržlė̃ (m)	[vʲɛrʒˈlʲeː]
Gewinde (n)	sriẽgis (v)	[ˈsrʲɛɡʲɪs]
Holzschraube (f)	sráigtas (v)	[ˈsrʌɪktas]

| Nagel (m) | vinìs (m) | [vʲɪˈnʲɪs] |
| Nagelkopf (m) | galvùtė (m) | [ɡalʲˈvʊtʲeː] |

Lineal (n)	liniuõtė (m)	[lʲɪˈnʲʊoːtʲeː]
Metermaß (n)	rulẽtė (m)	[rʊˈlʲɛtʲeː]
Wasserwaage (f)	gulsčiùkas (v)	[ɡʊlʲsˈtʃʲʊkas]
Lupe (f)	lùpa (m)	[ˈlʲʊpa]

Messinstrument (n)	matãvimo príetaisas (v)	[maˈtaːvʲɪmɔ ˈprʲiɛtʌɪsas]
messen (vt)	matúoti	[maˈtʊatʲɪ]
Skala (f)	skãlė (m)	[ˈskaːlʲeː]
Ablesung (f)	rodmuõ (v)	[rodˈmʊa]

| Kompressor (m) | kompresõrius (v) | [kɔmˈprʲɛsorʲʊs] |
| Mikroskop (n) | mikroskõpas (v) | [mʲɪkroˈskopas] |

Pumpe (f)	siurblỹs (v)	[sʲʊrˈblʲiːs]
Roboter (m)	rõbotas (v)	[ˈrobotas]
Laser (m)	lãzeris (v)	[ˈlʲaːzʲɛrʲɪs]

| Schraubenschlüssel (m) | veržlių̃ rãktas (v) | [vʲɛrʒˈlʲuː ˈraːktas] |
| Klebeband (n) | lipnì juósta (m) | [lʲɪpˈnʲɪ ˈjʊasta] |

Klebstoff (m)	klijaĩ (v dgs)	[klʲɪˈjʌɪ]
Sandpapier (n)	švitrinis põpierius (v)	[ˈʃvʲɪtrʲɪnʲɪs ˈpoːpʲɪɛrʲʊs]
Sprungfeder (f)	spyruõklė (m)	[spʲiːˈrʊaklʲeː]
Magnet (m)	magnètas (v)	[magˈnʲɛtas]
Handschuhe (pl)	pirštinės (m dgs)	[ˈpʲɪrʃtʲɪnʲeːs]

Leine (f)	virvė (m)	[ˈvʲɪrvʲeː]
Schnur (f)	virvẽlė (m)	[vʲɪrˈvʲælʲeː]
Draht (m)	laĩdas (v)	[ˈlʲʌɪdas]
Kabel (n)	kãbelis (v)	[ˈkabʲɛlʲɪs]

schwerer Hammer (m)	kū́jis (v)	[ˈkuːjis]
Brecheisen (n)	laužtùvas (v)	[lʲaʊʒˈtʊvas]
Leiter (f)	kópėčios (m dgs)	[ˈkopʲeːtʂʲos]
Trittleiter (f)	kilnójamosios kopėčios (m dgs)	[kʲɪlʲˈnojamosʲos ˈkopʲeːtʂʲos]

zudrehen (vt)	užsùkti	[ʊʒˈsʊktʲɪ]
abdrehen (vt)	atsùkti	[atˈsʊktʲɪ]
zusammendrücken (vt)	užspáusti	[ʊʒsˈpaʊstʲɪ]
ankleben (vt)	priklijúoti	[prʲɪklʲɪˈjʊatʲɪ]
schneiden (vt)	pjáuti	[ˈpjaʊtʲɪ]

Störung (f)	gedìmas (v)	[gʲɛˈdʲɪmas]
Reparatur (f)	taĩsymas (v)	[ˈtʌɪsʲiːmas]
reparieren (vt)	taisýti	[tʌrˈsʲiːtʲɪ]
einstellen (vt)	reguliúoti	[rʲɛgʊˈlʲʊatʲɪ]

prüfen (vt)	tìkrinti	[ˈtʲɪkrʲɪntʲɪ]
Prüfung (f)	patikrìnimas (v)	[paˈtʲɪkrʲɪnʲɪmas]
Ablesung (f)	rodmuõ (v)	[rodˈmʊa]

| sicher (zuverlässigen) | patìkimas | [ˈpatʲɪkʲɪmas] |
| kompliziert (Adj) | sudėtìngas | [sʊdʲeːˈtʲɪngas] |

verrosten (vi)	rūdýti	[ruːˈdʲiːtʲɪ]
rostig	surūdìjęs	[sʊrʊːˈdʲɪjɛːs]
Rost (m)	rū́dys (m dgs)	[ˈruːdʲiːs]

Transport

105. Flugzeug

Deutsch	Litauisch	Aussprache
Flugzeug (n)	lėktùvas (v)	[lʲeːkˈtʊvas]
Flugticket (n)	lėktùvo bìlietas (v)	[lʲeːkˈtʊvɔ ˈbʲɪlʲiɛtas]
Fluggesellschaft (f)	aviakompãnija (m)	[avʲækomˈpaːnʲɪjɛ]
Flughafen (m)	óro úostas (v)	[ˈorɔ ˈʊostas]
Überschall-	viršgarsìnis	[vʲɪrʃgarˈsʲɪnʲɪs]

Flugkapitän (m)	órlaivio kapitõnas (v)	[ˈorlʲʌɪvʲɔ kapʲɪˈtoːnas]
Besatzung (f)	ekipãžas (v)	[ɛkʲɪˈpaːʒas]
Pilot (m)	pilòtas (v)	[pʲɪˈlʲotas]
Flugbegleiterin (f)	stiuardėsė (m)	[stʲʊarˈdʲɛsʲeː]
Steuermann (m)	štùrmanas (v)	[ˈʃtʊrmanas]

Flügel (pl)	sparnaĩ (v dgs)	[sparˈnʌɪ]
Schwanz (m)	gãlas (v)	[ˈgaːlʲas]
Kabine (f)	kabinà (m)	[kabʲɪˈna]
Motor (m)	varìklis (v)	[vaˈrʲɪklʲɪs]
Fahrgestell (n)	važiuõklė (m)	[vaʒʲʊˈoːklʲeː]
Turbine (f)	turbinà (m)	[tʊrbʲɪˈna]

Propeller (m)	propèleris (v)	[proˈpʲɛlʲɛrʲɪs]
Flugschreiber (m)	juodà dėžė̃ (m)	[jʊɑˈda dʲeːˈʒʲeː]
Steuerrad (n)	vairãratis (v)	[vʌɪˈraːratʲɪs]
Treibstoff (m)	degalaĩ (v dgs)	[dʲɛgaˈlʲʌɪ]

Sicherheitskarte (f)	instrùkcija (m)	[ɪnsˈtrʊktsʲɪjɛ]
Sauerstoffmaske (f)	deguõnies káukė (m)	[dʲɛgʊɑˈnʲiɛs ˈkaʊkʲeː]
Uniform (f)	unifòrma (m)	[ʊnʲɪˈforma]

Rettungsweste (f)	gélbėjimosi liemenė̃ (m)	[ˈgʲælʲbʲeːjimosʲɪ lʲiɛˈmʲænʲeː]
Fallschirm (m)	parašiùtas (v)	[paraˈʃʊtas]

Abflug, Start (m)	kilìmas (v)	[kʲɪˈlʲɪmas]
starten (vi)	kìlti	[ˈkʲɪlʲtʲɪ]
Startbahn (f)	kilìmo tãkas (v)	[kʲɪˈlʲɪmɔ ˈtaːkas]

Sicht (f)	matomùmas (v)	[matoˈmʊmas]
Flug (m)	skrỹdis (v)	[ˈskrʲiːdʲɪs]

Höhe (f)	aũkštis (v)	[ˈaʊkʃtʲɪs]
Luftloch (n)	óro duobė̃ (m)	[ˈorɔ dʊɑˈbʲeː]

Platz (m)	vietà (m)	[vʲiɛˈta]
Kopfhörer (m)	ausìnės (m dgs)	[aʊˈsʲɪnʲeːs]
Klapptisch (m)	atverčiamàsis staliùkas (v)	[atvʲɛrtʂʲæˈmasʲɪs staˈlʲʊkas]
Bullauge (n)	iliuminãtorius (v)	[ɪlʲʊmʲɪˈnaːtorʲʊs]
Durchgang (m)	praėjìmas (v)	[praeːˈjɪmas]

106. Zug

Zug (m)	traukinỹs (v)	[traʊkʲɪˈnʲiːs]
elektrischer Zug (m)	elektrìnis traukinỹs (v)	[ɛlʲɛkˈtrʲɪnʲɪs traʊkʲɪˈnʲiːs]
Schnellzug (m)	greitàsis traukinỹs (v)	[grʲɛɪˈtasʲɪs traʊkʲɪˈnʲiːs]
Diesellok (f)	motòrvežis (v)	[moˈtorvʲɛʒʲɪs]
Dampflok (f)	garvežỹs (v)	[garvʲɛˈʒʲiːs]
Personenwagen (m)	vagònas (v)	[vaˈgonas]
Speisewagen (m)	vagònas restorãnas (v)	[vaˈgonas rʲɛstoˈraːnas]
Schienen (pl)	bė́giai (v dgs)	[ˈbʲeːgʲɛɪ]
Eisenbahn (f)	geležìnkelis (v)	[gʲɛlʲɛˈʒʲɪŋkʲɛlʲɪs]
Bahnschwelle (f)	pābėgis (v)	[ˈpaːbʲeːgʲɪs]
Bahnsteig (m)	platfòrma (m)	[plʲatˈforma]
Gleis (n)	kẽlias (v)	[ˈkʲælʲæs]
Eisenbahnsignal (n)	semafòras (v)	[sʲɛmaˈforas]
Station (f)	stotìs (m)	[stoˈtʲɪs]
Lokomotivführer (m)	mašinìstas (v)	[maʃɪˈnʲɪstas]
Träger (m)	nešìkas (v)	[nʲɛˈʃʲɪkas]
Schaffner (m)	kondùktorius (v)	[kɔnˈdʊktorʲʊs]
Fahrgast (m)	keleìvis (v)	[kʲɛˈlʲɛɪvʲɪs]
Fahrkartenkontrolleur (m)	kontroliẽrius (v)	[kɔntroˈlʲɛrʲʊs]
Flur (m)	korìdorius (v)	[kɔˈrʲɪdorʲʊs]
Notbremse (f)	stãbdymo krãnas (v)	[ˈstaːbdʲiːmɔ ˈkraːnas]
Abteil (n)	kupė̃ (m)	[kʊˈpʲeː]
Liegeplatz (m), Schlafkoje (f)	lentýna (m)	[lʲɛnˈtʲiːna]
oberer Liegeplatz (m)	viršutìnė lentýna (m)	[vʲɪrʃʊˈtʲɪnʲeː lʲɛnˈtʲiːna]
unterer Liegeplatz (m)	apatìnė lentýna (m)	[apaˈtʲɪnʲeː lʲɛnˈtʲiːna]
Bettwäsche (f)	pãtalynė (m)	[ˈpaːtalʲiːnʲeː]
Fahrkarte (f)	bìlietas (v)	[ˈbʲɪlʲiɛtas]
Fahrplan (m)	tvarkãraštis (v)	[tvarˈkaːraʃtʲɪs]
Anzeigetafel (f)	šviẽslentė (m)	[ˈʃvʲɛslʲɛntʲeː]
abfahren (der Zug)	išvỹkti	[ɪʃˈvʲiːktʲɪ]
Abfahrt (f)	išvykìmas (v)	[ɪʃvʲiːˈkʲɪmas]
ankommen (der Zug)	atvỹkti	[atˈvʲiːktʲɪ]
Ankunft (f)	atvykìmas (v)	[atvʲiːˈkʲɪmas]
mit dem Zug kommen	atvažiúoti tráukiniu	[atvaˈʒʲʊɐtʲɪ ˈtraʊkʲɪnʲʊ]
in den Zug einsteigen	įlìpti į́ tráukinį	[iːˈlʲɪːptʲɪ iː ˈtraʊkʲɪnʲiː]
aus dem Zug aussteigen	išlìpti iš tráukinio	[ɪʃˈlʲɪptʲɪ ɪʃ ˈtraʊkʲɪnʲɔ]
Zugunglück (n)	katastrofà (m)	[katastroˈfa]
entgleisen (vi)	nulė́kti nuõ bė́gių	[nʊˈlʲeːktʲɪ ˈnʊɑ ˈbʲeːgʲuː]
Dampflok (f)	garvežỹs (v)	[garvʲɛˈʒʲiːs]
Heizer (m)	kurìkas (v)	[kuːˈrʲɪkas]
Feuerbüchse (f)	kurỹklà (m)	[kuːrʲiːˈkʲlʲa]
Kohle (f)	anglìs (m)	[angˈlʲɪs]

107. Schiff

Deutsch	Litauisch	Aussprache
Schiff (n)	laĩvas (v)	[ˈlʲʌɪvas]
Fahrzeug (n)	laĩvas (v)	[ˈlʲʌɪvas]
Dampfer (m)	gárlaivis (v)	[ˈgarlʲʌɪvʲɪs]
Motorschiff (n)	motórlaivis (v)	[moˈtorlʲʌɪvʲɪs]
Kreuzfahrtschiff (n)	laĩneris (v)	[ˈlʲʌɪnʲɛrʲɪs]
Kreuzer (m)	kreĩseris (v)	[ˈkrʲɛɪsʲɛrʲɪs]
Jacht (f)	jachtà (m)	[jaxˈta]
Schlepper (m)	vilkìkas (v)	[vʲɪlʲˈkʲɪkas]
Lastkahn (m)	bárža (m)	[ˈbarʒa]
Fähre (f)	kéltas (v)	[ˈkʲɛlʲtas]
Segelschiff (n)	burìnis laĩvas (v)	[ˈburʲɪnʲɪs ˈlʲʌɪvas]
Brigantine (f)	brigantinà (m)	[brʲɪgantʲɪˈna]
Eisbrecher (m)	lẽdlaužis (v)	[ˈlʲædlɑʊʒʲɪs]
U-Boot (n)	povandenìnis laĩvas (v)	[povandʲɛˈnʲɪnʲɪs ˈlʲʌɪvas]
Boot (n)	váltis (m)	[ˈvalʲtʲɪs]
Dingi (n), Beiboot (n)	váltis (m)	[ˈvalʲtʲɪs]
Rettungsboot (n)	gélbėjimo váltis (m)	[ˈgʲælʲbʲeːjɪmɔ ˈvalʲtʲɪs]
Motorboot (n)	káteris (v)	[ˈkaːtʲɛrʲɪs]
Kapitän (m)	kapitõnas (v)	[kapʲɪˈtoːnas]
Matrose (m)	jūreĩvis (v)	[juːˈrʲɛɪvʲɪs]
Seemann (m)	jū́rininkas (v)	[ˈjuːrʲɪnʲɪŋkas]
Besatzung (f)	ekipãžas (v)	[ɛkʲɪˈpaːʒas]
Bootsmann (m)	bòcmanas (v)	[ˈbotsmanas]
Schiffsjunge (m)	jùnga (m)	[ˈjʊnga]
Schiffskoch (m)	viréjas (v)	[vʲɪˈrʲeːjas]
Schiffsarzt (m)	laĩvo gýdytojas (v)	[ˈlʲʌɪvɔ ˈgʲiːdʲiːtoːjɛs]
Deck (n)	dẽnis (v)	[ˈdʲænʲɪs]
Mast (m)	stíebas (v)	[ˈstʲiɛbas]
Segel (n)	bùrė (m)	[ˈbʊrʲeː]
Schiffsraum (m)	triùmas (v)	[ˈtrʲʊmas]
Bug (m)	laĩvo príekis (v)	[ˈlʲʌɪvɔ ˈprʲiɛkʲɪs]
Heck (n)	laivãgalis (v)	[lʌɪˈvaːgalʲɪs]
Ruder (n)	ìrklas (v)	[ˈɪrklʲas]
Schraube (f)	sráigtas (v)	[ˈsrʌɪktas]
Kajüte (f)	kajùtė (m)	[kaˈjʊtʲeː]
Messe (f)	kajutkompãnija (m)	[kajutkomˈpaːnʲɪjɛ]
Maschinenraum (m)	mašìnų skỹrius (v)	[maˈʃɪnuː ˈskʲiːrʲʊs]
Kommandobrücke (f)	kapitõno tiltẽlis (v)	[kapʲɪˈtoːnɔ tʲɪlʲˈtʲælʲɪs]
Funkraum (m)	rãdijo kabinà (m)	[ˈraːdʲɪjo kabʲɪˈna]
Radiowelle (f)	bangà (m)	[banˈga]
Schiffstagebuch (n)	laĩvo žurnãlas (v)	[ˈlʲʌɪvɔ ʒʊrˈnaːlʲas]
Fernrohr (n)	žiūrõnas (v)	[ʒʲuːˈroːnas]
Glocke (f)	laĩvo skambalas (v)	[ˈlʲʌɪvɔ ˈskambalʲas]

Fahne (f)	vėliava (m)	['vʲeːlʲæva]
Seil (n)	lynas (v)	['lʲiːnas]
Knoten (m)	mãzgas (v)	['maːzgas]

| Geländer (n) | turėklai (v dgs) | [tʊ'rʲeːklʲʌɪ] |
| Treppe (f) | trãpas (v) | ['traːpas] |

Anker (m)	iñkaras (v)	['ɪŋkaras]
den Anker lichten	pakélti iñkarą	[pa'kʲɛlʲtʲɪ 'ɪŋkaraː]
Anker werfen	nulèisti iñkarą	[nʊ'lʲɛɪstʲɪ 'ɪŋkaraː]
Ankerkette (f)	iñkaro grandinė (m)	['ɪŋkarɔ gran'dʲɪnʲeː]

Hafen (m)	úostas (v)	['ʊastas]
Anlegestelle (f)	príeplauka (m)	['prʲiɛplʲaʊka]
anlegen (vi)	prisišvartúoti	[prʲɪsʲɪʃvar'tʊatʲɪ]
abstoßen (vt)	išplaũkti	[ɪʃ'plʲaʊktʲɪ]

Reise (f)	kelionė (m)	[kʲɛ'lʲoːnʲeː]
Kreuzfahrt (f)	kruĩzas (v)	[krʊ'ɪzas]
Kurs (m), Richtung (f)	kùrsas (v)	['kʊrsas]
Reiseroute (f)	maršrùtas (v)	[marʃ'rʊtas]

Fahrwasser (n)	farvãteris (v)	[far'vaːtʲɛrʲɪs]
Untiefe (f)	sekluma̧ (m)	[sʲɛklʲʊ'ma]
stranden (vi)	užplaũkti ant seklumõs	[ʊʒ'plʲaʊktʲɪ ant sʲɛklʲʊ'moːs]

Sturm (m)	audrà (m)	[aʊd'ra]
Signal (n)	signãlas (v)	[sʲɪg'naːlʲas]
untergehen (vi)	skẽsti	['skʲɛːstʲɪ]
Mann über Bord!	Žmogùs vandenyjè!	[ʒmo'gʊs vandʲɛnʲiː'jæ!]
SOS	SOS	[ɛs ɔ ɛs]
Rettungsring (m)	gélbėjimosi rãtas (v)	[gʲɛlʲbʲeːjimosʲɪ 'raːtas]

108. Flughafen

Flughafen (m)	óro úostas (v)	['orɔ 'ʊastas]
Flugzeug (n)	lėktùvas (v)	[lʲeːk'tʊvas]
Fluggesellschaft (f)	aviakompãnija (m)	[avʲækom'paːnʲɪjɛ]
Fluglotse (m)	dispèčeris (v)	[dʲɪs'pʲɛtsʲɛrʲɪs]

Abflug (m)	išskridìmas (v)	[ɪʃskrʲɪ'dʲɪmas]
Ankunft (f)	atskridìmas (v)	[atskrʲɪ'dʲɪmas]
anfliegen (vi)	atskrìsti	[ats'krʲɪstʲɪ]

| Abflugzeit (f) | išvykìmo laĩkas (v) | [ɪʃvʲiː'kʲɪmɔ 'lʲʌɪkas] |
| Ankunftszeit (f) | atvykìmo laĩkas (v) | [atvʲiː'kʲɪmɔ 'lʲʌɪkas] |

| sich verspäten | vėlúoti | [vʲeː'lʲʊatʲɪ] |
| Abflugverspätung (f) | skrỹdžio atidėjìmas (v) | ['skrʲiːdʒʲɔ atʲɪdʲeː'jɪmas] |

Anzeigetafel (f)	informãcinė šviesl̃entė (m)	[ɪnfor'maːtsʲɪnʲeː 'ʃvʲɛslʲɛntʲeː]
Information (f)	informãcija (m)	[ɪnfor'maːtsʲɪjɛ]
ankündigen (vt)	paskélbti	[pas'kʲɛlʲptʲɪ]
Flug (m)	reĩsas (v)	['rʲɛɪsas]

Deutsch	Litauisch	Lautschrift
Zollamt (n)	muìtinė (m)	['mʊɪtʲɪnʲeː]
Zollbeamter (m)	muìtininkas (v)	['mʊɪtʲɪnʲɪŋkas]
Zolldeklaration (f)	deklarãcija (m)	[dʲɛklʲaˈraːtsʲɪjɛ]
ausfüllen (vt)	užpìldyti	[ʊʒˈpʲɪlʲdʲiːtʲɪ]
die Zollerklärung ausfüllen	užpìldyti deklarãciją	[ʊʒˈpʲɪlʲdʲiːtʲɪ dʲɛklaˈraːtsɪjaː]
Passkontrolle (f)	pasų̃ kontrolė (m)	[paˈsuː konˈtrolʲeː]
Gepäck (n)	bagãžas (v)	[baˈgaːʒas]
Handgepäck (n)	rañkinis bagãžas (v)	[ˈraŋkʲɪnʲɪs baˈgaːʒas]
Kofferkuli (m)	vežimėlis (v)	[vʲɛʒʲɪˈmʲeːlʲɪs]
Landung (f)	įlaipìnimas (v)	[iːlʲʌɪˈpʲɪːnʲɪmas]
Landebahn (f)	nusileidìmo tãkas (v)	[nʊsʲɪlʲɛɪˈdʲɪmɔ taːkas]
landen (vi)	léistis	[ˈlʲɛɪstʲɪs]
Fluggasttreppe (f)	laiptẽliai (v dgs)	[lʌɪpˈtʲælʲɛɪ]
Check-in (n)	registrãcija (m)	[rʲɛgʲɪsˈtraːtsʲɪjɛ]
Check-in-Schalter (m)	registrãcijos stãlas (v)	[rʲɛgʲɪsˈtraːtsʲɪjɔs ˈstaːlʲas]
sich registrieren lassen	užsiregistrúoti	[ʊʒsʲɪrʲɛgʲɪsˈtrʊɑtʲɪ]
Bordkarte (f)	įlipìmo talõnas (v)	[iːlʲɪˈpʲɪːmɔ taˈlonas]
Abfluggate (n)	išėjìmas (v)	[ɪʃeːˈjɪmas]
Transit (m)	tranzìtas (v)	[tranˈzʲɪtas]
warten (vi)	láukti	[ˈlʲɑʊktʲɪ]
Wartesaal (m)	laukiamãsis (v)	[lʲɑʊkʲæˈmasʲɪs]
begleiten (vt)	lydėti	[lʲiːˈdʲeːtʲɪ]
sich verabschieden	atsisvéikinti	[atsʲɪˈsvʲɛɪkʲɪntʲɪ]

Lebensereignisse

109. Feiertage. Ereignis

Fest (n)	šventė (m)	['ʃventʲe:]
Nationalfeiertag (m)	nacionalinė šventė (m)	[natsʲɪjɔ'naːlʲɪnʲeː 'ʃventʲe:]
Feiertag (m)	šventės diena (m)	['ʃventʲe:s dʲiɛ'na]
feiern (vt)	švęsti	['ʃvʲɛːstʲɪ]

Ereignis (n)	įvykis (v)	['iːvʲɪːkʲɪs]
Veranstaltung (f)	renginys (v)	[rʲengʲɪ'nʲiːs]
Bankett (n)	banketas (v)	[baŋ'kʲɛtas]
Empfang (m)	priėmimas (v)	[prʲɪʲeː'mʲɪmas]
Festmahl (n)	puota (m)	[puɑ'ta]

Jahrestag (m)	metinės (m dgs)	['mʲætʲɪnʲeːs]
Jubiläumsfeier (f)	jubiliėjus (v)	[jubʲɪ'lʲɪɛjus]
begehen (vt)	atšvęsti	[at'ʃvʲɛːstʲɪ]

| Neujahr (n) | Naujieji metai (v dgs) | [nɑʊ'jiɛjɪ 'mʲætʌɪ] |
| Frohes Neues Jahr! | Su Naujaisiais! | ['sʊ nɑʊ'jʌɪsʲɛɪs!] |

Weihnachten (n)	Kalėdos (m dgs)	[ka'lʲeːdos]
Frohe Weihnachten!	Linksmų Kalėdų!	[lʲɪŋks'muː ka'lʲeːduː!]
Tannenbaum (m)	Kalėdinė eglutė (m)	[ka'lʲeːdʲɪnʲeː eg'lʊtʲe:]
Feuerwerk (n)	saliutas (v)	[sa'lʲʊtas]

Hochzeit (f)	vestuvės (m dgs)	[vʲɛs'tʊvʲeːs]
Bräutigam (m)	jaunikis (v)	[jɛʊ'nʲɪkʲɪs]
Braut (f)	jaunoji (m)	[jɛʊ'noːjɪ]

| einladen (vt) | kviesti | ['kvʲɛstʲɪ] |
| Einladung (f) | kvietimas (v) | [kvʲiɛ'tʲɪmas] |

Gast (m)	svečias (v)	['svʲætʂʲæs]
besuchen (vt)	eiti į svečius	['ɛɪtʲɪ iː svʲɛ'tʂʲʊs]
Gäste empfangen	sutikti svečius	[sʊ'tʲɪktʲɪ svʲɛ'tʂʲʊs]

Geschenk (n)	dovana (m)	[dova'na]
schenken (vt)	dovanoti	[dova'notʲɪ]
Geschenke bekommen	gauti dovanas	['gɑʊtʲɪ 'dovanas]
Blumenstrauß (m)	puokštė (m)	['pʊɑkʃtʲe:]

| Glückwunsch (m) | sveikinimas (v) | ['svʲɛɪkʲɪnʲɪmas] |
| gratulieren (vi) | sveikinti | ['svʲɛɪkʲɪntʲɪ] |

Glückwunschkarte (f)	sveikinimo atvirukas (v)	['svʲɛɪkʲɪnʲɪmɔ atvʲɪ'rukas]
eine Karte abschicken	išsiųsti atviruką	[ɪʃ'sʲuːstʲɪ atvʲɪ'rukaː]
eine Karte erhalten	gauti atviruką	['gɑʊtʲɪ atvʲɪ'rukaː]
Trinkspruch (m)	tostas (v)	['tostas]

| anbieten (vt) | vaišinti | [vʌɪˈʃɪntʲɪ] |
| Champagner (m) | šampānas (v) | [ʃamˈpaːnas] |

sich amüsieren	linksmintis	[ˈlʲɪŋksmʲɪntʲɪs]
Fröhlichkeit (f)	linksmybė (m)	[lʲɪŋksˈmʲiːbʲeː]
Freude (f)	džiaūgsmas (v)	[ˈdʒʲɛʊgsmas]

| Tanz (m) | šōkis (v) | [ˈʃoːkʲɪs] |
| tanzen (vi, vt) | šókti | [ˈʃoktʲɪ] |

| Walzer (m) | válsas (v) | [ˈvalʲsas] |
| Tango (m) | tángo (v) | [ˈtangɔ] |

110. Bestattungen. Begräbnis

Friedhof (m)	kāpinės (m dgs)	[ˈkaːpʲɪnʲeːs]
Grab (n)	kāpas (v)	[ˈkaːpas]
Kreuz (n)	kryžius (v)	[ˈkrʲiːʒʲʊs]
Grabstein (m)	antkapis (v)	[ˈantkapʲɪs]
Zaun (m)	āptvaras (v)	[ˈaːptvaras]
Kapelle (f)	koplyčia (m)	[kɔplʲiːˈtsʲæ]

Tod (m)	mirtìs (m)	[mʲɪrˈtʲɪs]
sterben (vi)	mirti	[ˈmʲɪrtʲɪ]
Verstorbene (m)	veliónis (v)	[vʲɛˈlʲonʲɪs]
Trauer (f)	gēdulas (v)	[ˈgʲædʊlʲas]

begraben (vt)	laidoti	[ˈlʲʌɪdotʲɪ]
Bestattungsinstitut (n)	laidojimo biùras (v)	[ˈlʲʌɪdojɪmɔ ˈbʲʊras]
Begräbnis (n)	laidotuvės (m dgs)	[ˈlʲʌɪdotʊvʲeːs]

Kranz (m)	vainìkas (v)	[vʌɪˈnʲɪkas]
Sarg (m)	karstas (v)	[ˈkarstas]
Katafalk (m)	katafálkas (v)	[kataˈfalʲkas]
Totenhemd (n)	lavóndengtė (m)	[lʲaˈvoːndeŋktʲeː]

Trauerzug (m)	gēdulo procèsija (m)	[ˈgʲædʊlʲɔ proˈtsʲɛsʲɪjɛ]
Urne (f)	urna (m)	[ˈʊrna]
Krematorium (n)	krematóriumas (v)	[krʲɛmaˈtorʲʊmas]

Nachruf (m)	nekrològas (v)	[nʲɛkroˈlʲogas]
weinen (vi)	verkti	[ˈvʲɛrktʲɪ]
schluchzen (vi)	raudóti	[rɑʊˈdotʲɪ]

111. Krieg. Soldaten

Zug (m)	būrys (v)	[buːˈrʲiːs]
Kompanie (f)	kuopa (m)	[ˈkʊɑpa]
Regiment (n)	pulkas (v)	[ˈpʊlʲkas]
Armee (f)	ármija (m)	[ˈarmʲɪjɛ]
Division (f)	divìzija (m)	[dʲɪˈvʲɪzʲɪjɛ]
Abteilung (f)	būrys (v)	[buːˈrʲiːs]

Heer (n)	kariúomenė (m)	[ka'rʲʊamenʲeː]
Soldat (m)	kareĩvis (v)	[ka'rʲɛɪvʲɪs]
Offizier (m)	karininkas (v)	[karʲɪ'nʲɪŋkas]

Soldat (m)	eilìnis (v)	[ɛɪ'lʲɪnʲɪs]
Feldwebel (m)	seržántas (v)	[sʲɛr'ʒantas]
Leutnant (m)	leitenántas (v)	[lʲɛɪtʲɛ'nantas]
Hauptmann (m)	kapitõnas (v)	[kapʲɪ'toːnas]
Major (m)	majõras (v)	[ma'jɔːras]
Oberst (m)	pùlkininkas (v)	['pʊlʲkʲɪnʲɪŋkas]
General (m)	generõlas (v)	[gʲɛnʲɛ'roːlʲas]

Matrose (m)	jū́rininkas (v)	['juːrʲɪnʲɪŋkas]
Kapitän (m)	kapitõnas (v)	[kapʲɪ'toːnas]
Bootsmann (m)	bòcmanas (v)	['botsmanas]

Artillerist (m)	artilerìstas (v)	[artʲɪlʲɛ'rʲɪstas]
Fallschirmjäger (m)	desántininkas (v)	[dʲɛ'santʲɪnʲɪŋkas]
Pilot (m)	lakū́nas (v)	[lʲa'kuːnas]
Steuermann (m)	štùrmanas (v)	['ʃtʊrmanas]
Mechaniker (m)	mechãnikas (v)	[mʲɛ'xaːnʲɪkas]

Pionier (m)	pioniẽrius (v)	[pʲɪjɔ'nʲɛrʲʊs]
Fallschirmspringer (m)	parašiùtininkas (v)	[para'ʃʊtʲɪnʲɪŋkas]
Aufklärer (m)	žvalgas (v)	['ʒvalʲgas]
Scharfschütze (m)	snáiperis (v)	['snʌɪpʲɛrʲɪs]

Patrouille (f)	patrùlis (v)	[pat'rʊlʲɪs]
patrouillieren (vi)	patruliúoti	[patrʊ'lʲʊatʲɪ]
Wache (f)	sargybinis (v)	[sar'gʲiːbʲɪnʲɪs]

Krieger (m)	karỹs (v)	[ka'rʲiːs]
Patriot (m)	patriòtas (v)	[patrʲɪ'jotas]
Held (m)	dìdvyris (v)	['dʲɪdvʲiːrʲɪs]
Heldin (f)	dìdvyrė (m)	['dʲɪdvʲiːrʲeː]

Verräter (m)	išdavìkas (v)	[ɪʃda'vʲɪkas]
verraten (vt)	išdúoti	[ɪʃ'dʊatʲɪ]
Deserteur (m)	dezertỹras (v)	[dʲɛzʲɛrʲtʲiːras]
desertieren (vi)	dezertyrúoti	[dʲɛzʲɛrtʲiː'rʊatʲɪ]

Söldner (m)	samdinỹs (v)	[samdʲɪ'nʲiːs]
Rekrut (m)	naujõkas (v)	[nɑʊ'joːkas]
Freiwillige (m)	savanõris (v)	[sava'noːrʲɪs]

Getoetete (m)	nužudýtasis (v)	[nʊʒʊ'dʲiːtasʲɪs]
Verwundete (m)	sužeistãsis (v)	[sʊʒʲɛɪ'stasʲɪs]
Kriegsgefangene (m)	belaĩsvis (v)	[bʲɛ'lʲʌɪsvʲɪs]

112. Krieg. Militärische Aktionen. Teil 1

Krieg (m)	kãras (v)	['kaːras]
Krieg führen	kariáuti	[ka'rʲæʊtʲɪ]
Bürgerkrieg (m)	piliẽtinis kãras (v)	[pʲɪ'lʲɛtʲɪnʲɪs 'kaːras]

Deutsch	Litauisch	Aussprache
heimtückisch (Adv)	klastingai	[klʲas'tʲɪŋɐɪ]
Kriegserklärung (f)	paskelbimas (v)	[paskʲɛlʲ'bʲɪmas]
erklären (den Krieg ~)	paskelbti	[pas'kʲɛlʲptʲɪ]
Aggression (f)	agresija (m)	[ag'rʲɛsʲɪjɛ]
einfallen (Staat usw.)	pulti	['pʊlʲtʲɪ]
einfallen (in ein Land ~)	užgrobti	[ʊʒ'groptʲɪ]
Invasoren (pl)	užgrobikas (v)	[ʊʒgro'bʲɪkas]
Eroberer (m), Sieger (m)	užkariautojas (v)	[ʊʒka'rʲæʊto:jɛs]
Verteidigung (f)	gynyba (m)	[gʲi:'nʲi:ba]
verteidigen (vt)	ginti	['gʲɪntʲɪ]
sich verteidigen	gintis	['gʲɪntʲɪs]
Feind (m)	priešas (v)	['prʲiɛʃas]
Gegner (m)	priešininkas (v)	['prʲiɛʃɪnʲɪŋkas]
Feind-	priešo	['prʲiɛʃo]
Strategie (f)	strategija (m)	[stra'tʲɛgʲɪjɛ]
Taktik (f)	taktika (m)	['ta:ktʲɪka]
Befehl (m)	įsakymas (v)	[i:'sa:kʲɪ:mas]
Anordnung (f)	komanda (m)	[kɔ'manda]
befehlen (vt)	įsakyti	[i:sa'kʲi:tʲɪ]
Auftrag (m)	užduotis (m)	[ʊʒdʊɑ'tʲɪs]
geheim (Adj)	slaptas	['slʲa:ptas]
Schlacht (f), Kampf (m)	mūšis (v)	['mu:ʃɪs]
Kampf (m)	kautynės (m dgs)	[kɑʊ'tʲi:nʲe:s]
Angriff (m)	ataka (m)	[ata'ka]
Sturm (m)	šturmas (v)	['ʃtʊrmas]
stürmen (vt)	šturmuoti	[ʃtʊr'mʊɑtʲɪ]
Belagerung (f)	apgula (m)	[apgʊ'lʲa]
Angriff (m)	puolimas (v)	[pʊɑ'lʲɪmas]
angreifen (vt)	pulti	['pʊlʲtʲɪ]
Rückzug (m)	atsitraukimas (v)	[atsʲɪtrɑʊ'kʲɪmas]
sich zurückziehen	atsitraukti	[atsʲɪ'trɑʊktʲɪ]
Einkesselung (f)	apsupimas (v)	[apsʊ'pʲɪmas]
einkesseln (vt)	apsupti	[ap'sʊptʲɪ]
Bombenangriff (m)	bombardavimas (v)	[bombar'da:vʲɪmas]
eine Bombe abwerfen	numesti bombą	[nʊ'mʲɛstʲɪ 'bomba:]
bombardieren (vt)	bombarduoti	[bombar'dʊɑtʲɪ]
Explosion (f)	sprogimas (v)	[spro'gʲɪmas]
Schuss (m)	šūvis (v)	['ʃu:vʲɪs]
schießen (vt)	iššauti	[ɪʃ'ʃɑʊtʲɪ]
Schießerei (f)	šaudymas (v)	['ʃɑʊdʲi:mas]
zielen auf ...	taikytis į ...	['tʌɪkʲi:tʲɪs i: ..]
richten (die Waffe)	nutaikyti	[nʊ'tʌɪkʲi:tʲɪ]
treffen (ins Schwarze ~)	pataikyti	[pa'tʌɪkʲi:tʲɪ]

versenken (vt)	paskandìnti	[paskan'dʲɪntʲɪ]
Loch (im Schiffsrumpf)	pradaužà (m)	[pradɑʊ'ʒa]
versinken (Schiff)	grim̃zti į dùgną	['grʲɪmztʲɪ i: 'dʊgna:]
Front (f)	fròntas (v)	['frontas]
Evakuierung (f)	evakuãcija (m)	[ɛvakʊ'a:tsʲɪjɛ]
evakuieren (vt)	evakúoti	[ɛva'kʊɑtʲɪ]
Stacheldraht (m)	spygliúotoji vielà (m)	[spʲi:g'lʲʊɑtojɪ vʲiɛ'la]
Sperre (z.B. Panzersperre)	ùžtvara (m)	['ʊʒtvara]
Wachtturm (m)	bókštas (v)	['bokʃtas]
Lazarett (n)	kãro ligóninė (m)	['ka:rɔ lʲɪ'gonʲɪnʲe:]
verwunden (vt)	sužeìsti	[sʊ'ʒʲɛɪstʲɪ]
Wunde (f)	žaizdà (m)	[ʒʌɪz'da]
Verwundete (m)	sužeistàsis (v)	[sʊʒʲɛɪ'stasʲɪs]
verletzt sein	bū́ti sužeistám	['bu:tʲɪ sʊʒʲɛɪs'tam]
schwer (-e Verletzung)	sunkùs	[sʊŋ'kʊs]

113. Krieg. Militärische Aktionen. Teil 2

Gefangenschaft (f)	nelaisvė̃ (m)	[nʲɛ'lʲʌɪsvʲe:]
gefangen nehmen (vt)	paim̃ti į nelaisvę̃	['pʌɪmtʲɪ i: nʲɛ'lʲʌɪsvʲɛ:]
in Gefangenschaft sein	bū́ti nelaisvėje	['bu:tʲɪ ne'lʲʌɪsvʲe:je]
in Gefangenschaft geraten	patèkti į nelaisvę̃	[pa'tʲɛktʲɪ i: nʲɛ'lʲʌɪsvʲɛ:]
Konzentrationslager (n)	koncentrãcijos stovyklà (m)	[kɔntsʲɛn'tra:tsɪjɔs stovʲi:k'lʲa]
Kriegsgefangene (m)	belaìsvis (v)	[bʲɛ'lʲʌɪsvʲɪs]
fliehen (vi)	bė́gti ìš nelaisvė̃s	['bʲe:ktʲɪ ɪʃ ne'lʲʌɪsvʲe:s]
verraten (vt)	išdúoti	[ɪʃ'dʊɑtʲɪ]
Verräter (m)	išdavìkas (v)	[ɪʃda'vʲɪkas]
Verrat (m)	išdavỹstė (m)	[ɪʃda'vʲi:stʲe:]
erschießen (vt)	sušáudyti	[sʊ'ʃɑʊdʲi:tʲɪ]
Erschießung (f)	sušáudymas (v)	[sʊ'ʃɑʊdʲi:mas]
Ausrüstung (persönliche ~)	aprangà (m)	[apran'ga]
Schulterstück (n)	añtpetis (v)	['antpʲɛtʲɪs]
Gasmaske (f)	dujókaukė (m)	[dʊ'jɔkɑʊkʲe:]
Funkgerät (n)	rãdijo stotẽlė (m)	['ra:dʲɪjɔ sto'tʲæːlʲe:]
Chiffre (f)	šìfras (f)	['ʃɪfras]
Geheimhaltung (f)	konspirãcija (m)	[kɔnspʲɪ'ra:tsʲɪjɛ]
Kennwort (n)	slaptãžodis (v)	[slʲap'ta:ʒodʲɪs]
Mine (f)	minà (m)	[mʲɪ'na]
Minen legen	užminúoti	[ʊʒmʲɪ'nʊɑtʲɪ]
Minenfeld (n)	mìnų laũkas (v)	['mʲɪnu: 'lʲɑʊkas]
Luftalarm (m)	óro pavõjus (v)	['orɔ pa'vo:jʊs]
Alarm (m)	aliármas (v)	[a'lʲæːrmas]
Signal (n)	signãlas (v)	[sʲɪg'na:lʲas]
Signalrakete (f)	signãlinė raketà (m)	[sʲɪg'na:lʲɪnʲe: rake'ta]

Hauptquartier (n)	štabas (v)	['ʃtaːbas]
Aufklärung (f)	žvalgyba (m)	[ʒvalʲ'gʲiːba]
Lage (f)	padėtis (m)	[padʲeː'tʲɪs]
Bericht (m)	raportas (v)	['raːportas]
Hinterhalt (m)	pasala (m)	[pasa'lʲa]
Verstärkung (f)	pastiprinimas (v)	[pas'tʲɪprʲɪnʲɪmas]
Zielscheibe (f)	taikinys (v)	[tʌɪkʲɪ'nʲiːs]
Schießplatz (m)	poligonas (v)	[polʲɪ'gonas]
Manöver (n)	kariniai mokymai (v dgs)	[ka'rʲɪnʲɛɪ 'mokʲiːmʌɪ]
Panik (f)	panika (m)	['paːnʲɪka]
Verwüstung (f)	suirutė (m)	[sui'rutʲeː]
Trümmer (pl)	griovimai (m)	[grʲo'vʲɪmas]
zerstören (vt)	griauti	['grʲæutʲɪ]
überleben (vi)	išgyventi	[ɪʃgʲiː'vʲɛntʲɪ]
entwaffnen (vt)	nuginkluoti	[nugʲɪŋ'klʲuatʲɪ]
handhaben (vt)	naudotis	[nau'dotʲɪs]
Stillgestanden!	Ramiai!	[ra'mʲɛɪ!]
Rühren!	Laisvai!	[lʲʌɪs'vʌɪ!]
Heldentat (f)	žygdarbis (v)	['ʒʲiːgdarbʲɪs]
Eid (m), Schwur (m)	priesaika (m)	['prʲiɛsʌɪka]
schwören (vi, vt)	prisiekti	[prʲɪ'sʲiɛktʲɪ]
Lohn (Orden, Medaille)	apdovanojimas (v)	[apdova'noːjɪmas]
auszeichnen (mit Orden)	apdovanoti	[apdova'notʲɪ]
Medaille (f)	medalis (v)	[mʲɛ'daːlʲɪs]
Orden (m)	ordinas (v)	['ordʲɪnas]
Sieg (m)	pergalė (m)	['pʲɛrgalʲeː]
Niederlage (f)	pralaimėjimas (v)	[pralʲʌɪ'mʲɛjɪmas]
Waffenstillstand (m)	paliaubos (m dgs)	[pa'lʲæubos]
Fahne (f)	vėliava (m)	['vʲeːlʲæva]
Ruhm (m)	šlovė (m)	[ʃlʲo'vʲeː]
Parade (f)	paradas (v)	[pa'raːdas]
marschieren (vi)	žygiuoti	[ʒʲiː'gʲuatʲɪ]

114. Waffen

Waffe (f)	ginklas (v)	['gʲɪŋklʲas]
Schusswaffe (f)	šaunamasis ginklas (v)	[ʃauna'masʲɪs 'gʲɪŋklʲas]
blanke Waffe (f)	šaltasis ginklas (v)	[ʃalʲ'tasʲɪs 'gʲɪŋklʲas]
chemischen Waffen (pl)	cheminis ginklas (v)	['xʲɛmʲɪnʲɪs 'gʲɪŋklʲas]
Kern-, Atom-	branduolinis	[branduɑ'lʲɪnʲɪs]
Kernwaffe (f)	branduolinis ginklas (v)	[branduɑ'lʲɪnʲɪs 'gʲɪŋklas]
Bombe (f)	bomba (m)	['bomba]
Atombombe (f)	atominė bomba (m)	[a'tomʲɪnʲeː 'bomba]
Pistole (f)	pistoletas (v)	[pʲɪsto'lʲɛtas]

Gewehr (n)	šautuvas (v)	[ˈʃɑutuvas]
Maschinenpistole (f)	automātas (v)	[ɑutoˈmaːtas]
Maschinengewehr (n)	kulkosvaidis (v)	[kulʲˈkosvʌɪdʲɪs]

Mündung (f)	žiotys (m dgs)	[ˈʒʲotʲiːs]
Lauf (Gewehr-)	vamzdis (v)	[ˈvamzdʲɪs]
Kaliber (n)	kalibras (v)	[kaˈlʲɪbras]

Abzug (m)	gaidukas (v)	[gʌɪˈdukas]
Visier (n)	taikiklis (v)	[tʌɪˈkʲɪklʲɪs]
Magazin (n)	dėtuvė (m)	[dʲeːtuˈvʲeː]
Kolben (m)	buožė (m)	[ˈbuɑʒʲeː]

| Handgranate (f) | granata (m) | [granaˈta] |
| Sprengstoff (m) | sprogmuo (v) | [ˈsprogmuɑ] |

| Kugel (f) | kulka (m) | [kulʲˈka] |
| Patrone (f) | patronas (v) | [patˈronas] |

| Ladung (f) | šovinys (v) | [ʃovʲɪˈnʲiːs] |
| Munition (f) | šaudmenys (v dgs) | [ˈʃɑudmʲɛnʲiːs] |

Bomber (m)	bombonešis (v)	[bomˈbonʲɛʃɪs]
Kampfflugzeug (n)	naikintuvas (v)	[nʌɪkʲɪnˈtuvas]
Hubschrauber (m)	sraigtasparnis (v)	[srʌɪkˈtaːsparnʲɪs]

Flugabwehrkanone (f)	zenitinis pabūklas (v)	[zʲɛˈnʲɪːtʲɪnʲɪs iːrʲɛngʲɪˈnʲɪːs]
Panzer (m)	tankas (v)	[ˈtaŋkas]
Panzerkanone (f)	patranka (m)	[patˈraŋka]

| Artillerie (f) | artilerija (m) | [artʲɪˈlʲɛrʲɪjɛ] |
| richten (die Waffe) | nutaikyti | [nuˈtʌɪkʲiːtʲɪ] |

| Geschoß (n) | sviedinys (v) | [svʲiɛdʲɪˈnʲiːs] |
| Wurfgranate (f) | mina (m) | [mʲɪˈna] |

| Granatwerfer (m) | minosvaidis (v) | [mʲɪˈnosvʌɪdʲɪs] |
| Splitter (m) | skeveldra (m) | [skʲɛˈvʲɛlʲdra] |

U-Boot (n)	povandeninis laivas (v)	[povandʲɛˈnʲɪnʲɪs ˈlʲʌɪvas]
Torpedo (m)	torpeda (m)	[torpʲɛˈda]
Rakete (f)	raketa (m)	[rakʲɛˈta]

| laden (Gewehr) | užtaisyti | [uʒtʌɪˈsʲiːtʲɪ] |
| schießen (vi) | šauti | [ˈʃɑutʲɪ] |

| zielen auf ... | taikytis į ... | [ˈtʌɪkʲiːtʲɪs iː ..] |
| Bajonett (n) | durtuvas (v) | [ˈdurtuvas] |

Degen (m)	špaga (m)	[ʃpaˈga]
Säbel (m)	kardas (v)	[ˈkardas]
Speer (m)	ietis (m)	[ˈɪɛtʲɪs]
Bogen (m)	lankas (v)	[ˈlʲaŋkas]
Pfeil (m)	strėlė (m)	[strʲeːˈlʲeː]
Muskete (f)	muškieta (m)	[muʃkʲiɛˈta]
Armbrust (f)	arbaletas (v)	[arbaˈlʲɛtas]

115. Menschen der Antike

vorzeitlich	pirmýkštis	[pʲɪrˈmʲiːkʃtʲɪs]
prähistorisch	priešistórinis	[prʲiɛʃɪˈstorʲɪnʲɪs]
alt (antik)	senóvinis	[sʲɛˈnovʲɪnʲɪs]
Steinzeit (f)	Akmeñs ámžius (v)	[akˈmʲɛns ˈamʒʲʊs]
Bronzezeit (f)	Žálvario ámžius (v)	[ˈʒalʲvarʲɔ ˈamʒʲʊs]
Eiszeit (f)	ledýnmetis (v)	[lʲɛˈdʲiːnmʲɛtʲɪs]
Stamm (m)	gentìs (m)	[gʲɛnˈtʲɪs]
Kannibale (m)	žmogédra (m)	[ʒmoˈgʲeːdra]
Jäger (m)	medžiótojas (v)	[mʲɛˈdʒʲotoːjɛs]
jagen (vi)	medžióti	[mʲɛˈdʒʲotʲɪ]
Mammut (n)	mamùtas (v)	[maˈmʊtas]
Höhle (f)	urvas (v)	[ˈʊrvas]
Feuer (n)	ugnìs (v)	[ʊgˈnʲɪs]
Lagerfeuer (n)	laužas (v)	[ˈlʲɑʊʒas]
Höhlenmalerei (f)	piešinỹs ant olõs síenos (v)	[pʲiɛʃɪˈnʲiːs ant oˈlʲoːs ˈsʲiɛnos]
Werkzeug (n)	dárbo įrankis (v)	[ˈdarbɔ ˈiːraŋkʲɪs]
Speer (m)	íetis (m)	[ˈrʲɛtʲɪs]
Steinbeil (n), Steinaxt (f)	akmenìnis kĩrvis (v)	[akmʲɛˈnʲɪnʲɪs ˈkʲɪrvʲɪs]
Krieg führen	kariáuti	[kaˈrʲæʊtʲɪ]
domestizieren (vt)	prijaukìnti	[prʲɪjɛʊˈkʲɪntʲɪ]
Idol (n)	stãbas (v)	[ˈstaːbas]
anbeten (vt)	gárbinti	[ˈgarbʲɪntʲɪ]
Aberglaube (m)	príetaras (v)	[ˈprʲiɛtaras]
Evolution (f)	evoliùcija (m)	[ɛvoˈlʲʊtsʲɪjɛ]
Entwicklung (f)	výstymasis (v)	[ˈvʲiːstʲiːmasʲɪs]
Verschwinden (n)	išnykìmas (v)	[ɪʃnʲiːˈkʲɪmas]
sich anpassen	prisitáikyti	[prʲɪsɪˈtʌɪkʲiːtʲɪ]
Archäologie (f)	archeológija (m)	[arxʲɛoˈlʲogʲɪjɛ]
Archäologe (m)	archeológas (v)	[arxʲɛoˈlʲogas]
archäologisch	archeológinis	[arxʲɛoˈlʲogʲɪnʲɪs]
Ausgrabungsstätte (f)	kasinéjimai (m dgs)	[kasʲɪˈnʲɛjɪmʌɪ]
Ausgrabungen (pl)	kasinéjimai (m dgs)	[kasʲɪˈnʲɛjɪmʌɪ]
Fund (m)	radinỹs (v)	[radʲɪˈnʲiːs]
Fragment (n)	fragmeñtas (v)	[fragˈmʲɛntas]

116. Mittelalter

Volk (n)	tautà (m)	[tɑʊˈta]
Völker (pl)	tautõs (m dgs)	[tɑʊˈtoːs]
Stamm (m)	gentìs (m)	[gʲɛnˈtʲɪs]
Stämme (pl)	geñtys (m dgs)	[ˈgʲɛntʲiːs]
Barbaren (pl)	bárbarai (v dgs)	[ˈbarbarʌɪ]
Gallier (pl)	gãlai (v dgs)	[ˈgaːlʲʌɪ]

Goten (pl)	gòtai (v dgs)	['gotʌɪ]
Slawen (pl)	slãvai (m dgs)	['slʲaːvʌɪ]
Wikinger (pl)	vìkingai (v)	['vʲɪkʲɪŋgʌɪ]

| Römer (pl) | roménas (v) | [roˈmʲeːnas] |
| römisch | roméniškas | [roˈmʲeːnʲɪʃkas] |

Byzantiner (pl)	bizantiẽčiai (v dgs)	[bʲɪzanˈtʲɛtʂʲɛɪ]
Byzanz (n)	Bizántija (m)	[bʲɪˈzantʲɪjɛ]
byzantinisch	bizántiškas	[bʲɪˈzantʲɪʃkas]

Kaiser (m)	imperãtorius (v)	[ɪmpʲɛˈraːtorʲʊs]
Häuptling (m)	vãdas (v)	['vaːdas]
mächtig (Kaiser usw.)	galìngas	[gaˈlʲɪngas]
König (m)	karãlius (v)	[kaˈraːlʲʊs]
Herrscher (Monarch)	valdõvas (v)	[valʲˈdoːvas]

Ritter (m)	rìteris (v)	['rʲɪtʲɛrʲɪs]
Feudalherr (m)	feodãlas (v)	[fʲɛoˈdaːlʲas]
feudal, Feudal-	feodãlinis	[fʲɛoˈdaːlʲɪnʲɪs]
Vasall (m)	vasãlas (v)	[vaˈsaːlʲas]

Herzog (m)	hèrcogas (v)	['ɣʲɛrtsogas]
Graf (m)	grãfas (v)	['graːfas]
Baron (m)	barõnas (v)	[baˈroːnas]
Bischof (m)	výskupas (v)	['vʲiːskʊpas]

Rüstung (f)	šarvuõtė (m)	[ʃarˈvʊɑtʲeː]
Schild (m)	skýdas (v)	['skʲiːdas]
Schwert (n)	kárdas (v)	['kardas]
Visier (n)	añtveidis (v)	['antvʲɛɪdʲɪs]
Panzerhemd (n)	šarvìniai marškiniaĩ (v dgs)	[ʃarˈvʲɪnʲɛɪ marʃkʲɪˈnʲɛɪ]

| Kreuzzug (m) | kry̌žiaus žỹgis (v) | ['krʲiːʒʲɛʊs 'ʒʲiːgʲɪs] |
| Kreuzritter (m) | kryžiuõtis (v) | [krʲiːʒʲʊˈoːtʲɪs] |

Territorium (n)	teritòrija (m)	[tʲɛrʲɪˈtorʲɪjɛ]
einfallen (vt)	pùlti	['pʊlʲtʲɪ]
erobern (vt)	užkariáuti	[ʊʒkaˈrʲæʊtʲɪ]
besetzen (Land usw.)	užgróbti	[ʊʒˈgroptʲɪ]

Belagerung (f)	apgulà (m)	[apgʊˈlʲa]
belagert	ãpgultas	['apgʊlʲtas]
belagern (vt)	apgùlti	[apˈgʊlʲtʲɪ]

Inquisition (f)	inkvizìcija (m)	[ɪŋkvʲɪˈzʲɪtsʲɪjɛ]
Inquisitor (m)	inkvizìtorius (v)	[ɪŋkvʲɪˈzʲɪtorʲʊs]
Folter (f)	kankìnimas (v)	[kaŋˈkʲɪnʲɪmas]
grausam (-e Folter)	žiaurùs	[ʒʲɛʊˈrʊs]
Häretiker (m)	erètikas (v)	[ɛˈrʲɛtʲɪkas]
Häresie (f)	erèzija (m)	[ɛˈrʲɛzʲɪjɛ]

Seefahrt (f)	navigãcija (m)	[navʲɪˈgaːtsʲɪjɛ]
Seeräuber (m)	pirãtas (v)	[pʲɪˈraːtas]
Seeräuberei (f)	piratãvimas (v)	[pʲɪraˈtaːvʲɪmas]
Enterung (f)	abordažas (v)	[aborˈdaʒas]

| Beute (f) | grõbis (v) | ['gro:bʲɪs] |
| Schätze (pl) | lõbis (v) | ['lʲo:bʲɪs] |

Entdeckung (f)	atradìmas (v)	[atra'dʲɪmas]
entdecken (vt)	atràsti	[at'rastʲɪ]
Expedition (f)	ekspedìcija (m)	[ɛkspʲɛ'dʲɪtsʲɪjɛ]

Musketier (m)	muškiẽtininkas (v)	[muʃ'kʲɛtʲɪnʲɪŋkas]
Kardinal (m)	kardinõlas (v)	[kardʲɪ'no:lʲas]
Heraldik (f)	herãldika (m)	[ɣʲɛ'ralʲdʲɪka]
heraldisch	herãldikos	[ɣʲɛ'ralʲdʲɪkos]

117. Führungspersonen. Chef. Behörden

König (m)	karãlius (v)	[ka'ra:lʲʊs]
Königin (f)	karalíenė (m)	[kara'lʲiɛnʲe:]
königlich	karãliškas	[ka'ra:lʲɪʃkas]
Königreich (n)	karalỹstė (m)	[kara'lʲi:stʲe:]

| Prinz (m) | prìncas (v) | ['prʲɪntsas] |
| Prinzessin (f) | princesė (m) | [prʲɪn'tsʲɛsʲe:] |

Präsident (m)	prezideñtas (v)	[prʲɛzʲɪ'dʲɛntas]
Vizepräsident (m)	vicepreziden̄tas (v)	[vʲɪtsʲɛprʲɛzʲɪ'dʲɛntas]
Senator (m)	senãtorius (v)	[sʲɛ'na:torʲʊs]

Monarch (m)	monárchas (v)	[mo'narxas]
Herrscher (m)	valdõvas (v)	[valʲ'do:vas]
Diktator (m)	diktãtorius (v)	[dʲɪk'ta:torʲʊs]
Tyrann (m)	tirõnas (v)	[tʲɪ'ro:nas]
Magnat (m)	magnãtas (v)	[mag'na:tas]

Direktor (m)	dirèktorius (v)	[dʲɪ'rʲɛktorʲʊs]
Chef (m)	šèfas (v)	['ʃɛfas]
Leiter (einer Abteilung)	valdýtojas (v)	[valʲ'dʲi:to:jɛs]
Boss (m)	bòsas (v)	['bo:sas]
Eigentümer (m)	savinin̄kas (v)	[savʲɪ'nʲɪŋkas]

Führer (m)	vãdas (v)	['va:das]
Leiter (Delegations-)	vadõvas (v)	[va'do:vas]
Behörden (pl)	valdžiõs òrganai (v dgs)	[valʲ'dʒʲo:s 'organʌɪ]
Vorgesetzten (pl)	vadovỹbė (m)	[vado'vʲi:bʲe:]

Gouverneur (m)	gubernãtorius (v)	[gʊbʲɛr'na:torʲʊs]
Konsul (m)	kònsulas (v)	['konsʊlʲas]
Diplomat (m)	diplomãtas (v)	[dʲɪplʲo'ma:tas]

| Bürgermeister (m) | mèras (v) | ['mʲɛras] |
| Sheriff (m) | šerìfas (v) | [ʃɛrʲɪfas] |

Kaiser (m)	imperãtorius (v)	[ɪmpʲɛ'ra:torʲʊs]
Zar (m)	cãras (v)	['tsa:ras]
Pharao (m)	faraònas (v)	[fara'onas]
Khan (m)	chãnas (v)	['xa:nas]

118. Gesetzesverstoß Verbrecher. Teil 1

Bandit (m)	banditas (v)	[ban'dʲɪtas]
Verbrechen (n)	nusikaltìmas (v)	[nʊsʲɪkalʲ'tʲɪmas]
Verbrecher (m)	nusikaltėlis (v)	[nʊsʲɪ'kaltʲeːlʲɪs]
Dieb (m)	vagìs (v)	[va'gʲɪs]
stehlen (vt)	võgti	['voːktʲɪ]
Diebstahl (m), Stehlen (n)	vagỹstė (m)	[va'gʲiːstʲeː]
kidnappen (vt)	pagróbti	[pag'roptʲɪ]
Kidnapping (n)	pagrobėjas (v)	[pagro'bʲeːjas]
Kidnapper (m)	pagrobìmas (v)	[pagro'bʲɪmas]
Lösegeld (n)	išpirka (m)	['ɪʃpʲɪrka]
Lösegeld verlangen	reikaláuti išpirkos	[rʲɛɪka'lʲaʊtʲɪ 'ɪʃpʲɪrkos]
rauben (vt)	plėšikáuti	[plʲeːʃʲɪ'kaʊtʲɪ]
Raub (m)	apiplėšimas (v)	[apʲɪ'plʲeːʃɪmas]
Räuber (m)	plėšìkas (v)	[plʲeː'ʃɪkas]
erpressen (vt)	prievartáuti	[prʲɛvar'taʊtʲɪ]
Erpresser (m)	prievartáutojas (v)	[prʲɛvar'taʊtoːjɛs]
Erpressung (f)	prievartãvimas (v)	[prʲɛvar'taːvʲɪmas]
morden (vt)	nužudýti	[nʊʒʊ'dʲiːtʲɪ]
Mord (m)	nužùdymas (v)	[nʊ'ʒʊdʲiːmas]
Mörder (m)	žudìkas (v)	[ʒʊ'dʲɪkas]
Schuss (m)	šū́vis (v)	['ʃuːvʲɪs]
schießen (vt)	iššáuti	[ɪʃ'ʃaʊtʲɪ]
erschießen (vt)	nušáuti	[nʊ'ʃaʊtʲɪ]
feuern (vi)	šáudyti	['ʃaʊdʲiːtʲɪ]
Schießerei (f)	šáudymas (v)	['ʃaʊdʲiːmas]
Vorfall (m)	įvykis (v)	['iːvʲɪːkʲɪs]
Schlägerei (f)	muštỹnės (m dgs)	[mʊʃ'tʲiːnʲeːs]
Hilfe!	Gélbėkit!	['gʲɛlʲbʲeːkʲɪt!]
Opfer (n)	auka (m)	[aʊ'ka]
beschädigen (vt)	sugadìnti	[sʊga'dʲɪntʲɪ]
Schaden (m)	núostolis (v)	['nʊastolʲɪs]
Leiche (f)	lavónas (v)	[lʲa'vonas]
schwer (-es Verbrechen)	sunkùs	[sʊŋ'kʊs]
angreifen (vt)	užpùlti	[ʊʒ'pʊlʲtʲɪ]
schlagen (vt)	mùšti	['mʊʃtʲɪ]
verprügeln (vt)	sumùšti	[sʊ'mʊʃtʲɪ]
wegnehmen (vt)	atim̃ti	[a'tʲɪmtʲɪ]
erstechen (vt)	papjáuti	[pa'pjaʊtʲɪ]
verstümmeln (vt)	sužalóti	[sʊʒa'lʲotʲɪ]
verwunden (vt)	sužalóti	[sʊʒa'lʲotʲɪ]
Erpressung (f)	šantãžas (v)	[ʃan'taːʒas]
erpressen (vt)	šantažúoti	[ʃanta'ʒʊatʲɪ]

T&P Books. Wortschatz Deutsch-Litauisch für das Selbststudium - 5000 Wörter

Erpresser (m)	šantažúotojas (v)	[ʃanta'ʒuato:jɛs]
Schutzgelderpressung (f)	rėketas (v)	['rʲɛkʲɛtas]
Erpresser (Racketeer)	reketúotojas (v)	[rʲɛkʲɛ'tuato:jɛs]
Gangster (m)	gángsteris (v)	['gangstʲɛrʲɪs]
Mafia (f)	mãfija (m)	['ma:fʲɪjɛ]

Taschendieb (m)	kišénvagis (v)	[kʲɪ'ʃʲɛnvagʲɪs]
Einbrecher (m)	įsilaužėlis (v)	[i:sʲɪlau'ʒʲe:lʲɪs]
Schmuggel (m)	kontrabánda (m)	[kɔntra'banda]
Schmuggler (m)	kontrabándininkas (v)	[kɔntra'bandʲɪnʲɪŋkas]

Fälschung (f)	klastõtė (m)	[klʲas'to:tʲe:]
fälschen (vt)	klastóti	[klʲas'totʲɪ]
gefälscht	klastõtė	[klʲas'to:tʲe:]

119. Gesetzesbruch. Verbrecher. Teil 2

Vergewaltigung (f)	išprievartãvimas (v)	[ɪʃprʲiɛvar'ta:vʲɪmas]
vergewaltigen (vt)	išprievartáuti	[ɪʃprʲiɛvar'tautʲɪ]
Gewalttäter (m)	prievartáutojas (v)	[prʲiɛvar'tauto:jɛs]
Besessene (m)	maniãkas (v)	[manʲɪ'jakas]

Prostituierte (f)	prostitutė (m)	[prostʲɪ'tutʲe:]
Prostitution (f)	prostitùcija (m)	[prostʲɪ'tutsʲɪjɛ]
Zuhälter (m)	sutėneris (v)	[sʊ'tʲɛnʲɛrʲɪs]

Drogenabhängiger (m)	narkománas (v)	[narko'ma:nas]
Drogenhändler (m)	prekiáutojas narkòtikais (v)	[prʲɛ'kʲæuto:jɛs nar'kotʲɪkʌɪs]

sprengen (vt)	susprogdìnti	[sʊsprog'dʲɪntʲɪ]
Explosion (f)	sprogìmas (v)	[spro'gʲɪmas]
in Brand stecken	padègti	[pa'dʲɛktʲɪ]
Brandstifter (m)	padegėjas (v)	[padʲɛ'gʲe:jas]

Terrorismus (m)	terorìzmas (v)	[tʲɛro'rʲɪzmas]
Terrorist (m)	teroristas (v)	[tʲɛro'rʲɪstas]
Geisel (m, f)	įkaitas (v)	['i:kʌɪtas]

betrügen (vt)	apgáuti	[ap'gautʲɪ]
Betrug (m)	apgavỹstė (m)	[apga'vʲi:stʲe:]
Betrüger (m)	sùkčius (v)	['sʊktʂʲʊs]

bestechen (vt)	papìrkti	[pa'pʲɪrktʲɪ]
Bestechlichkeit (f)	papirkìmas (v)	[papʲɪr'kʲɪmas]
Bestechungsgeld (n)	kỹšis (v)	['kʲi:ʃɪs]

Gift (n)	nuõdas (v)	['nuadas]
vergiften (vt)	nunuõdyti	[nʊ'nuadʲi:tʲɪ]
sich vergiften	nusinuõdyti	[nʊsʲɪnuadʲi:tʲɪ]

Selbstmord (m)	savižudýbė (m)	[savʲɪʒʊ'dʲi:bʲe:]
Selbstmörder (m)	savìžudis (v)	[sa'vʲɪʒʊdʲɪs]
drohen (vi)	grasìnti	[gra'sʲɪntʲɪ]
Drohung (f)	grasìnimas (v)	[gra'sʲɪnʲɪmas]

versuchen (vt)	kėsìntis	[kʲeː'sʲɪntʲɪs]
Attentat (n)	pasikėsìnimas (v)	[pasʲɪkʲeː'sʲɪnʲɪmas]

stehlen (Auto ~)	nuvarýti	[nʊva'rʲiːtʲɪ]
entführen (Flugzeug ~)	nuvarýti	[nʊva'rʲiːtʲɪ]

Rache (f)	ker̃štas (v)	['kʲɛrʃtas]
sich rächen	ker̃šyti	['kʲɛrʃɪːtʲɪ]

foltern (vt)	kankìnti	[kaŋ'kʲɪntʲɪ]
Folter (f)	kankìnimas (v)	[kaŋ'kʲɪnʲɪmas]
quälen (vt)	kankìnti	[kaŋ'kʲɪntʲɪ]

Seeräuber (m)	pirãtas (v)	[pʲɪ'raːtas]
Rowdy (m)	chuligãnas (v)	[xʊlʲɪ'gaːnas]
bewaffnet	ginkluotas	[gʲɪŋk'lʲʊɑtas]
Gewalt (f)	príevarta (m)	['prʲiɛvarta]

Spionage (f)	špionãžas (v)	[ʃpʲo'naːʒas]
spionieren (vi)	šnipinėti	[ʃnʲɪpʲɪ'nʲeːtʲɪ]

120. Polizei Recht. Teil 1

Justiz (f)	teĩsmas (v)	['tʲɛɪsmas]
Gericht (n)	teĩsmas (v)	['tʲɛɪsmas]

Richter (m)	teisėjas (v)	[tʲɛr'sʲeːjas]
Geschworenen (pl)	prisíekusieji (v)	[prʲɪ'sʲiɛkʊsʲiɛji]
Geschworenengericht (n)	prisíekusiųjų teĩsmas (v)	[prʲɪ'sʲiɛkʊsʲuːjuː 'tʲɛɪsmas]
richten (vt)	teĩsti	['tʲɛɪstʲɪ]

Rechtsanwalt (m)	advokãtas (v)	[advo'kaːtas]
Angeklagte (m)	teisiamàsis (v)	[tʲɛɪsʲæ'masʲɪs]
Anklagebank (f)	teisiamųjų súolas (v)	[tʲɛɪsʲæ'muːjuː 'sʊɑlʲas]

Anklage (f)	káltinimai (v)	['kalʲtʲɪnʲɪmʌɪ]
Beschuldigte (m)	káltinamasis (v)	['kalʲtʲɪnamasʲɪs]

Urteil (n)	núosprendis (v)	['nʊɑsprʲɛndʲɪs]
verurteilen (vt)	nuteĩsti	[nʊ'tʲɛɪstʲɪ]

Schuldige (m)	kaltinin̄kas (v)	[kalʲtʲɪ'nʲɪŋkas]
bestrafen (vt)	nubaũsti	[nʊ'baʊstʲɪ]
Strafe (f)	bausmė̃ (m)	[baʊs'mʲeː]

Geldstrafe (f)	baudà (m)	[baʊ'da]
lebenslange Haft (f)	kalėjimas ikì gyvõs galvõs (v)	[ka'lʲɛjɪmas ikʲɪ gʲiː'voːs galʲ'voːs]

Todesstrafe (f)	mirtiẽs bausmė̃ (m)	[mʲɪr'tʲɛs baʊs'mʲeː]
elektrischer Stuhl (m)	elèktros kėdė̃ (m)	[e'lʲɛktros kʲeː'dʲeː]
Galgen (m)	kártuvės (m dgs)	['kartʊvʲeːs]

hinrichten (vt)	baũsti mirtimì	['baʊstʲɪ mʲɪrtʲɪ'mʲɪ]
Hinrichtung (f)	baudìmas mirtimì (v)	[baʊ'dʲɪmas mʲɪrtʲɪ'mʲɪ]

| Gefängnis (n) | kalėjimas (v) | [ka'lʲɛjɪmas] |
| Zelle (f) | kamera (m) | ['ka:mʲɛra] |

Eskorte (f)	konvojus (v)	[kɔn'vojʊs]
Gefängniswärter (m)	prižiūrėtojas (v)	[prʲɪʒʲuː'rʲeːtoːjɛs]
Gefangene (m)	kalinys (v)	[kalʲɪ'nʲiːs]

| Handschellen (pl) | antrankiai (v dgs) | ['antrakʲɛɪ] |
| Handschellen anlegen | uždėti antrankius | [ʊʒ'dʲeːtʲɪ 'antraŋkʲʊs] |

Ausbruch (Flucht)	pabėgimas (v)	[pabʲeː'gʲɪmas]
ausbrechen (vi)	pabėgti	[pa'bʲeːktʲɪ]
verschwinden (vi)	dingti	['dʲɪŋktʲɪ]
aus ... entlassen	paleisti	[pa'lʲɛɪstʲɪ]
Amnestie (f)	amnestija (m)	[am'nʲɛstʲɪjɛ]

Polizei (f)	policija (m)	[po'lʲɪtsʲɪjɛ]
Polizist (m)	policininkas (v)	[po'lʲɪtsʲɪnʲɪŋkas]
Polizeiwache (f)	policijos nuovada (m)	[po'lʲɪtsʲɪjɔs 'nʊavada]
Gummiknüppel (m)	guminis pagalys (v)	[gʊ'mʲɪnʲɪs paga'lʲiːs]
Sprachrohr (n)	garsiakalbis (v)	[garˈsʲækalʲbʲɪs]

Streifenwagen (m)	patrulio mašina (m)	[pat'rʊlʲo maʃɪ'na]
Sirene (f)	sirena (m)	[sʲɪrʲɛ'na]
die Sirene einschalten	įjungti sireną	[iː'jʊŋktʲɪ sʲɪ'rʲɛna:]
Sirenengeheul (n)	sirėnos kaukimas (v)	[sʲɪ'rʲɛnos kaʊ'kʲɪmas]

Tatort (m)	įvykio vieta (m)	['iːvʲɪːkʲɔ vʲiɛ'ta]
Zeuge (m)	liudininkas (v)	['lʲʊdʲɪnʲɪŋkas]
Freiheit (f)	laisvė (m)	['lʲʌɪsvʲeː]
Komplize (m)	bendrininkas (v)	['bʲɛndrʲɪnʲɪŋkas]
verschwinden (vi)	pasislėpti	[pasʲɪ'slʲeːptʲɪ]
Spur (f)	pėdsakas (v)	['pʲeːdsakas]

121. Polizei. Recht. Teil 2

Fahndung (f)	paieška (m)	[paʲiɛʃ'ka]
suchen (vt)	ieškoti	[ɪɛʃ'kotʲɪ]
Verdacht (m)	įtarimas (v)	[iːta'rʲiːmas]
verdächtig (Adj)	įtartinas	[iː'tartʲɪnas]
anhalten (Polizei)	sustabdyti	[sʊstab'dʲiːtʲɪ]
verhaften (vt)	sulaikyti	[sʊlʲʌɪ'kʲiːtʲɪ]

Fall (m), Klage (f)	byla (m)	[bʲiː'lʲa]
Untersuchung (f)	tyrimas (v)	[tʲiː'rʲɪmas]
Detektiv (m)	detektyvas (v)	[dʲɛtʲɛk'tʲiːvas]
Ermittlungsrichter (m)	tyrėjas (v)	[tʲiː'rʲeːjas]
Version (f)	versija (m)	['vʲɛrsʲɪjɛ]

Motiv (n)	motyvas (v)	[mo'tʲiːvas]
Verhör (n)	apklausa (m)	[apklʲaʊ'sa]
verhören (vt)	apklausti	[ap'klʲaʊstʲɪ]
vernehmen (vt)	apklausti	[ap'klʲaʊstʲɪ]
Kontrolle (Personen-)	patikrinimas (v)	[pa'tʲɪkrʲɪnʲɪmas]

Razzia (f)	gaudỹnės (m dgs)	[gaʊ'dʲiːnʲeːs]
Durchsuchung (f)	kratà (m)	[kra'ta]
Verfolgung (f)	vijìmasis (v)	[vʲɪ'jɪmasʲɪs]
nachjagen (vi)	sèkti	['sʲɛktʲɪ]
verfolgen (vt)	sèkti	['sʲɛktʲɪ]

Verhaftung (f)	āreštas (v)	['aːrʲɛʃtas]
verhaften (vt)	areštúoti	[arʲɛʃ'tʊatʲɪ]
fangen (vt)	pagáuti	[pa'gaʊtʲɪ]
Festnahme (f)	pagavìmas (v)	[paga'vʲɪmas]

Dokument (n)	dokumeñtas (v)	[dokʊ'mʲɛntas]
Beweis (m)	įródymas (v)	[iː'rodʲɪːmas]
beweisen (vt)	įródyti	[iː'rodʲɪːtʲɪ]
Fußspur (f)	pėdsakas (v)	['pʲeːdsakas]
Fingerabdrücke (pl)	pir̃štų añtspaudai (v dgs)	['pʲɪrʃtuː 'antspaʊdʌɪ]
Beweisstück (n)	įkaltis (v)	['iːkalʲtʲɪs]

Alibi (n)	ālibi (v)	['aːlʲɪbʲɪ]
unschuldig	nekáltas	[nʲɛ'kalʲtas]
Ungerechtigkeit (f)	neteisingùmas (v)	[nʲɛtʲɛɪsʲɪn'gʊmas]
ungerecht	neteisìngas	[nʲɛtʲɛɪ'sʲɪngas]

Kriminal-	kriminãlinis	[krʲɪmʲɪ'naːlʲɪnʲɪs]
beschlagnahmen (vt)	konfiskúoti	[konfʲɪs'kʊatʲɪ]
Droge (f)	narkòtikas (v)	[narʲ'kotʲɪkas]
Waffe (f)	giñklas (v)	['gʲɪŋklʲas]
entwaffnen (vt)	nuginklúoti	[nʊgʲɪŋ'klʲʊatʲɪ]
befehlen (vt)	įsakinéti	[iːsakʲɪ'nʲeːtʲɪ]
verschwinden (vi)	diñgti	['dʲɪŋktʲɪ]

Gesetz (n)	įstãtymas (v)	[iː'staːtiːmas]
gesetzlich	teisétas	[tʲɛɪ'sʲeːtas]
ungesetzlich	neteisétas	[nʲɛtʲɛɪ'sʲeːtas]

| Verantwortlichkeit (f) | atsakomýbė (m) | [atsako'mʲiːbʲeː] |
| verantwortlich | atsakìngas | [atsa'kʲɪngas] |

NATUR

Die Erde. Teil 1

122. Weltall

Kosmos (m)	kòsmosas (v)	['kosmosas]
kosmisch, Raum-	kòsminis	['kosmʲɪnʲɪs]
Weltraum (m)	kòsminė erdvě (m)	['kosmʲɪnʲe: ɛrd'vʲe:]
All (n)	visatà (m)	[vʲɪsa'ta]
Universum (n)	pasáulis (v)	[pa'sɑʊlʲɪs]
Galaxie (f)	galãktika (m)	[ga'lʲa:ktʲɪka]
Stern (m)	žvaigždě (m)	[ʒvʌɪg'ʒdʲe:]
Gestirn (n)	žvaigždýnas (v)	[ʒvʌɪgʒ'dʲi:nas]
Planet (m)	planetà (m)	[plʲanʲɛ'ta]
Satellit (m)	palydõvas (v)	[palʲi:'do:vas]
Meteorit (m)	meteorìtas (v)	[mʲɛtʲɛo'rʲɪtas]
Komet (m)	kometà (m)	[komʲɛ'ta]
Asteroid (m)	asteroìdas (v)	[astʲɛ'roɪdas]
Umlaufbahn (f)	orbità (m)	[orbʲɪ'ta]
sich drehen	sùktis	['sʊktʲɪs]
Atmosphäre (f)	atmosferà (m)	[atmosfʲɛ'ra]
Sonne (f)	Sáulė (f)	['sɑʊlʲe:]
Sonnensystem (n)	Sáulės sistemà (m)	['sɑʊlʲe:s sʲɪste'ma]
Sonnenfinsternis (f)	Sáulės užtemìmas (v)	['sɑʊlʲe:s ʊʒtʲɛ'mʲɪmas]
Erde (f)	Žẽmė (m)	['ʒʲæmʲe:]
Mond (m)	Měnùlis (v)	[mʲe:'nʊlʲɪs]
Mars (m)	Márasas (v)	['marsas]
Venus (f)	Venerà (m)	[vʲɛnʲɛ'ra]
Jupiter (m)	Jupìteris (v)	[jʊ'pʲɪtʲɛrʲɪs]
Saturn (m)	Satùrnas (v)	[sa'tʊrnas]
Merkur (m)	Merkùrijus (v)	[mʲɛr'kʊrʲɪjʊs]
Uran (m)	Urãnas (v)	[ʊ'ra:nas]
Neptun (m)	Neptūnas (v)	[nʲɛp'tu:nas]
Pluto (m)	Plutònas (v)	[plʲʊ'tonas]
Milchstraße (f)	Paũkščių Tãkas (v)	['pɑʊkʃtʂʲu: 'ta:kas]
Der Große Bär	Didíeji Grįžulo Rãtai (v dgs)	[dʲɪ'dʲiɛjɪ 'grʲɪ:ʒʊlʲo 'ra:tʌɪ]
Polarstern (m)	Šiaurìnė žvaigždě (m)	[ʃʲɛʊ'rʲɪnʲe: ʒvʌɪg'ʒdʲe:]
Marsbewohner (m)	marsiẽtis (v)	[mar'sʲɛtʲɪs]
Außerirdischer (m)	ateìvis (v)	[a'tʲɛɪvʲɪs]

außerirdisches Wesen (n)	ateĩvis (v)	[aˈtʲɛɪvʲɪs]
fliegende Untertasse (f)	skraĩdanti lėkštė̃ (m)	[ˈskrʌɪdantʲɪ lʲeːkʃˈtʲeː]
Raumschiff (n)	kòsminis laĩvas (v)	[ˈkosmʲɪnʲɪs ˈlʲʌɪvas]
Raumstation (f)	orbìtos stotìs (m)	[orˈbʲɪtos stoˈtʲɪs]
Raketenstart (m)	stártas (v)	[ˈstartas]
Triebwerk (n)	varìklis (v)	[vaˈrʲɪklʲɪs]
Düse (f)	tūtà (m)	[tuːˈta]
Treibstoff (m)	kùras (v)	[ˈkʊras]
Kabine (f)	kabinà (m)	[kabʲɪˈna]
Antenne (f)	antenà (m)	[antʲɛˈna]
Bullauge (n)	iliuminãtorius (v)	[ɪlʲʊmʲɪˈnaːtorʲʊs]
Sonnenbatterie (f)	sáulės batèrija (m)	[ˈsaʊlʲeːs baˈtʲɛrʲɪjɛ]
Raumanzug (m)	skafándras (v)	[skaˈfandras]
Schwerelosigkeit (f)	nesvarùmas (v)	[nʲɛsvaˈrumas]
Sauerstoff (m)	deguõnis (v)	[dʲɛˈgʊanʲɪs]
Ankopplung (f)	susijungìmas (v)	[sʊsʲɪjʊnˈgʲɪmas]
koppeln (vi)	susijùngti	[sʊsʲɪˈjʊŋktʲɪ]
Observatorium (n)	observatòrija (m)	[obsʲɛrvaˈtorʲɪjɛ]
Teleskop (n)	teleskòpas (v)	[tʲɛlʲɛˈskopas]
beobachten (vt)	stebė́ti	[steˈbʲeːtʲɪ]
erforschen (vt)	tyrinė́ti	[tʲɪːrʲɪˈnʲeːtʲɪ]

123. Die Erde

Erde (f)	Žẽmė (m)	[ˈʒʲæmʲeː]
Erdkugel (f)	žẽmės rutulỹs (v)	[ˈʒʲæmʲeːs rʊtʊˈlʲiːs]
Planet (m)	planetà (m)	[plʲanʲɛˈta]
Atmosphäre (f)	atmosferà (m)	[atmosfʲɛˈra]
Geographie (f)	geogrãfija (m)	[gʲɛoˈgraːfʲɪjɛ]
Natur (f)	gamtà (m)	[gamˈta]
Globus (m)	gaublỹs (v)	[gaʊbˈlʲiːs]
Landkarte (f)	žemė́lapis (v)	[ʒeˈmʲeːlʲapʲɪs]
Atlas (m)	ãtlasas (v)	[ˈatlʲasas]
Europa (n)	Europà (m)	[ɛʊroˈpa]
Asien (n)	ãzija (m)	[ˈaːzʲɪjɛ]
Afrika (n)	ãfrika (m)	[ˈaːfrʲɪka]
Australien (n)	Austrãlija (m)	[aʊsˈtraːlʲɪjɛ]
Amerika (n)	Amèrika (m)	[aˈmʲɛrʲɪka]
Nordamerika (n)	Šiáurės Amèrika (m)	[ˈʃæʊrʲeːs aˈmʲɛrʲɪka]
Südamerika (n)	Pietų̃ Amèrika (m)	[pʲɛˈtuː aˈmʲɛrʲɪka]
Antarktis (f)	Antarktidà (m)	[antarktʲɪˈda]
Arktis (f)	Árktika (m)	[ˈarktʲɪka]

124. Himmelsrichtungen

Norden (m)	šiaurė (m)	[ˈʃæʊrʲeː]
nach Norden	į šiaurę	[iː ˈʃæʊrʲɛː]
im Norden	šiaurėje	[ˈʃæʊrʲeːje]
nördlich	šiaurinis	[ʃɛʊˈrʲɪnʲɪs]
Süden (m)	pietus (v)	[pʲiɛˈtʊs]
nach Süden	į pietus	[iː pʲiɛˈtʊs]
im Süden	pietuose	[pʲiɛtʊɑˈsʲɛ]
südlich	pietinis	[pʲiɛˈtʲɪnʲɪs]
Westen (m)	vakarai (v dgs)	[vakaˈrʌɪ]
nach Westen	į vakarus	[iː ˈvaːkarʊs]
im Westen	vakaruose	[vakarʊɑˈsʲɛ]
westlich, West-	vakariẽtiškas	[vakaˈrʲɛtʲɪʃkas]
Osten (m)	rytai (v dgs)	[rʲiːˈtʌɪ]
nach Osten	į rytus	[iː ˈrʲɪːtʊs]
im Osten	rytuose	[rʲiːtʊɑˈsʲɛ]
östlich	rytietiškas	[rʲiːˈtʲɛtʲɪʃkas]

125. Meer. Ozean

Meer (n), See (f)	jūra (m)	[ˈjuːra]
Ozean (m)	vandenynas (v)	[vandʲɛˈnʲiːnas]
Golf (m)	įlanka (m)	[ˈiːlʲaŋka]
Meerenge (f)	sąsiauris (v)	[ˈsaːsʲɛʊrʲɪs]
Kontinent (m)	žemynas (v)	[ʒʲɛˈmʲiːnas]
Insel (f)	sala (m)	[saˈlʲa]
Halbinsel (f)	pusiasalis (v)	[pʊˈsʲæsalʲɪs]
Archipel (m)	archipelagas (v)	[arxʲɪpʲɛˈlʲaːgas]
Bucht (f)	užutekis (v)	[ʊʒʊtʲɛkʲɪs]
Hafen (m)	uostas (v)	[ˈʊɑstas]
Lagune (f)	lagūna (m)	[lʲaguːˈna]
Kap (n)	iškyšulys (v)	[ɪʃkʲiːʃʊˈlʲiːs]
Atoll (n)	atolas (v)	[aˈtolʲas]
Riff (n)	rifas (v)	[ˈrʲɪfas]
Koralle (f)	koralas (v)	[kɔˈraːlʲas]
Korallenriff (n)	koralų rifas (v)	[kɔˈraːlʲuː ˈrʲɪfas]
tief (Adj)	gilus	[gʲɪˈlʲʊs]
Tiefe (f)	gylis (v)	[ˈgʲiːlʲɪs]
Abgrund (m)	bedugnė (m)	[bʲɛˈdʊgnʲeː]
Graben (m)	įduba (m)	[ˈiːdʊba]
Strom (m)	srovė (m)	[sroˈvʲeː]
umspülen (vt)	skalauti	[skaˈlʲɑʊtʲɪ]
Ufer (n)	pajūris (v)	[ˈpajuːris]
Küste (f)	pakrantė (m)	[pakˈrantʲeː]

Flut (f)	antplūdis (v)	['antplʲuːdʲɪs]
Ebbe (f)	atoslūgis (v)	[a'toslʲuːgʲɪs]
Sandbank (f)	atabradas (v)	[a'taːbradas]
Boden (m)	dugnas (v)	['dʊgnas]
Welle (f)	banga (m)	[ban'ga]
Wellenkamm (m)	bangos ketera (m)	[ban'goːs kʲɛtʲɛ'ra]
Schaum (m)	putos (m dgs)	['pʊtos]
Sturm (m)	audra (m)	[ɑʊd'ra]
Orkan (m)	uraganas (v)	[ʊra'gaːnas]
Tsunami (m)	cunamis (v)	[tsʊ'naːmʲɪs]
Windstille (f)	štilius (v)	[ʃtʲɪ'lʲʊs]
ruhig	ramus	[ra'mʊs]
Pol (m)	ašigalis (v)	[a'ʃʲɪgalʲɪs]
Polar-	poliarinis	[po'lʲærʲɪnʲɪs]
Breite (f)	platuma (m)	[plʲatʊ'ma]
Länge (f)	ilguma (m)	[ɪlʲgʊ'ma]
Breitenkreis (m)	paralelė (m)	[para'lʲɛlʲeː]
Äquator (m)	ekvatorius (v)	[ɛk'vaːtorʲʊs]
Himmel (m)	dangus (v)	[dan'gʊs]
Horizont (m)	horizontas (v)	[ɣorʲɪ'zontas]
Luft (f)	oras (v)	['oras]
Leuchtturm (m)	švyturys (v)	[ʃvʲiːtʊ'rʲiːs]
tauchen (vi)	nardyti	['nardʲiːtʲɪ]
versinken (vi)	nuskęsti	[nʊ'skʲɛːstʲɪ]
Schätze (pl)	lobis (v)	['lʲoːbʲɪs]

126. Namen der Meere und Ozeane

Atlantischer Ozean (m)	Atlanto vandenynas (v)	[at'lʲanto vandʲɛ'nʲiːnas]
Indischer Ozean (m)	Indijos vandenynas (v)	['ɪndʲɪjos vandʲɛ'nʲiːnas]
Pazifischer Ozean (m)	Ramusis vandenynas (v)	[ra'mʊsʲɪs vandʲɛ'nʲiːnas]
Arktischer Ozean (m)	Arkties vandenynas (v)	['arktʲɪɛs vandʲɛ'nʲiːnas]
Schwarzes Meer (n)	Juodoji jūra (m)	[jʊɑ'doːjɪ 'juːra]
Rotes Meer (n)	Raudonoji jūra (m)	[rɑʊdo'noːjɪ 'juːra]
Gelbes Meer (n)	Geltonoji jūra (m)	[gʲɛlʲto'noːjɪ 'juːra]
Weißes Meer (n)	Baltoji jūra (m)	[balʲ'toːjɪ 'juːra]
Kaspisches Meer (n)	Kaspijos jūra (m)	['kaːspʲɪjos 'juːra]
Totes Meer (n)	Negyvoji jūra (m)	[nʲɛgʲɪ'voːjɪ 'juːra]
Mittelmeer (n)	Viduržemio jūra (m)	[vʲɪ'dʊrʒʲɛmʲɔ 'juːra]
Ägäisches Meer (n)	Egėjo jūra (m)	[ɛ'gʲæjo 'juːra]
Adriatisches Meer (n)	adrijos jūra (m)	['aːdrʲɪjos 'juːra]
Arabisches Meer (n)	Arabijos jūra (m)	[a'rabʲɪjos 'juːra]
Japanisches Meer (n)	Japonijos jūra (m)	[ja'ponʲɪjos juːra]
Beringmeer (n)	Beringo jūra (m)	['bʲɛrʲɪngo 'juːra]

Südchinesisches Meer (n)	Pietų Kinijos jūra (m)	[pʲiɛ'tu: 'kʲɪnʲɪjɔs 'ju:ra]
Korallenmeer (n)	Koralų jūra (m)	[kɔ'ra:lʲu: 'ju:ra]
Tasmansee (f)	Tasmanų jūra (m)	[tas'manu: 'ju:ra]
Karibisches Meer (n)	Karibų jūra (m)	[ka'rʲɪbu: 'ju:ra]

| Barentssee (f) | Barenco jūra (m) | [barʲɛntsɔ 'ju:ra] |
| Karasee (f) | Karsko jūra (m) | ['karskɔ 'ju:ra] |

Nordsee (f)	Šiaurės jūra (m)	['ʃæʊrʲe:s 'ju:ra]
Ostsee (f)	Baltijos jūra (m)	['balʲtʲɪjɔs 'ju:ra]
Nordmeer (n)	Norvegijos jūra (m)	[norʲvʲɛgʲɪjɔs 'ju:ra]

127. Berge

Berg (m)	kalnas (v)	['kalʲnas]
Gebirgskette (f)	kalnų virtinė (m)	[kalʲ'nu: vʲɪrtʲɪnʲe:]
Bergrücken (m)	kalnagūbris (v)	[kalʲ'na:gu:brʲɪs]

Gipfel (m)	viršūnė (m)	[vʲɪrʲʃu:nʲe:]
Spitze (f)	pikas (v)	['pʲɪkas]
Bergfuß (m)	papėdė (m)	[pa'pʲe:dʲe:]
Abhang (m)	nuokalnė (m)	['nʊakalʲnʲe:]

Vulkan (m)	ugnikalnis (v)	[ʊg'nʲɪkalʲnʲɪs]
tätiger Vulkan (m)	veikiantis ugnikalnis (v)	['vʲɛɪkʲæntʲɪs ʊg'nʲɪkalʲnʲɪs]
schlafender Vulkan (m)	užgęsęs ugnikalnis (v)	[ʊʒ'gʲæsʲɛ:s ʊg'nʲɪkalʲnʲɪs]

Ausbruch (m)	išsiveržimas (v)	[ɪʃʲɪvʲɛrʲʒʲɪmas]
Krater (m)	krateris (v)	['kra:tʲɛrʲɪs]
Magma (n)	magma (m)	[mag'ma]
Lava (f)	lava (m)	[lʲa'va]
glühend heiß (-e Lava)	įkaitęs	[i:'kʌɪtʲɛ:s]
Cañon (m)	kanjonas (v)	[ka'njɔ nas]
Schlucht (f)	tarpukalnė (m)	[tar'pʊkalʲnʲe:]
Spalte (f)	tarpeklis (m)	[tar'pʲæklʲɪs]

Gebirgspass (m)	kalnakelis (m)	[kalʲ'nakʲɛlʲɪs]
Plateau (n)	gulstė (m)	[gʊlʲ'stʲe:]
Fels (m)	uola (m)	[ʊɑ'lʲa]
Hügel (m)	kalva (m)	[kalʲ'va]

Gletscher (m)	ledynas (v)	[lʲɛ'dʲi:nas]
Wasserfall (m)	krioklys (v)	[krʲok'lʲi:s]
Geiser (m)	geizeris (v)	['gʲɛɪzʲɛrʲɪs]
See (m)	ežeras (v)	['ɛʒʲɛras]

Ebene (f)	lyguma (m)	[lʲi:gʊ'ma]
Landschaft (f)	peizažas (v)	[pʲɛɪ'za:ʒas]
Echo (n)	aidas (v)	['ʌɪdas]

Bergsteiger (m)	alpinistas (v)	[alʲpʲɪ'nʲɪstas]
Kletterer (m)	uolakopys (v)	[ʊalʲako'pys]
bezwingen (vt)	pavergti	[pa'vʲɛrktʲɪ]
Aufstieg (m)	kopimas (v)	[kɔ'pʲɪmas]

128. Namen der Berge

Alpen (pl)	Álpės (m dgs)	[ˈalʲpʲeːs]
Montblanc (m)	Monblãnas (v)	[monˈblʲaːnas]
Pyrenäen (pl)	Pirėnai (v)	[pʲɪˈrʲeːnʌɪ]

Karpaten (pl)	Karpãtai (v dgs)	[karˈpaːtʌɪ]
Uralgebirge (n)	Urãlo kalnaĩ (v dgs)	[ʊˈraːlɔ kalʲˈnʌɪ]
Kaukasus (m)	Kaukãzas (v)	[kɑʊˈkaːzas]
Elbrus (m)	Elbrùsas (v)	[ɛlʲˈbrʊsas]

Altai (m)	Altãjus (v)	[alʲˈtaːjʊs]
Tian Shan (m)	Tian Šãnis (v)	[tʲæn ˈʃaːnʲɪs]
Pamir (m)	Pamỹras (v)	[paˈmʲiːras]
Himalaja (m)	Himalãjai (v dgs)	[xʲɪmaˈlʲaːjʌɪ]
Everest (m)	Everèstas (v)	[ɛvʲɛˈrʲɛstas]

| Anden (pl) | Añdai (v) | [ˈandʌɪ] |
| Kilimandscharo (m) | Kilimandžãras (v) | [kʲɪlʲɪmanˈdʒaːras] |

129. Flüsse

Fluss (m)	ùpė (m)	[ˈʊpʲeː]
Quelle (f)	šaltìnis (v)	[ʃalʲˈtʲɪnʲɪs]
Flussbett (n)	vagà (m)	[vaˈga]
Stromgebiet (n)	baseĩnas (v)	[baˈsʲɛɪnas]
einmünden in ...	įtekė́ti į̃ ...	[iːtʲɛˈkʲeːtʲɪ iː ..]

| Nebenfluss (m) | añtplūdis (v) | [ˈantplʲuːdʲɪs] |
| Ufer (n) | krañtas (v) | [ˈkrantas] |

Strom (m)	srovė̃ (m)	[sroˈvʲeː]
stromabwärts	pasroviuì	[pasroˈvʲʊɪ]
stromaufwärts	priẽš srõvę	[ˈprʲɛʃ ˈsroːvʲɛː]

Überschwemmung (f)	pótvynis (v)	[ˈpotvʲiːnʲɪs]
Hochwasser (n)	póplūdis (v)	[ˈpoplʲuːdʲɪs]
aus den Ufern treten	išsilíeti	[ɪʃsʲɪˈlʲiɛtʲɪ]
überfluten (vt)	tvìndyti	[tvʲɪndʲiːtʲɪ]

| Sandbank (f) | seklumà (m) | [sʲɛklʲʊˈma] |
| Stromschnelle (f) | sleñkstis (v) | [ˈslʲɛŋkstʲɪs] |

Damm (m)	ùžtvanka (m)	[ˈʊʒtvaŋka]
Kanal (m)	kanãlas (v)	[kaˈnaːlʲas]
Stausee (m)	vandeñs saugyklà (m)	[vanˈdʲɛns sɑʊgʲiːkˈlʲa]
Schleuse (f)	šliùzas (v)	[ˈʃlʲʊzas]

Gewässer (n)	vandeñs telkinỹs (v)	[vanˈdʲɛns tʲɛlʲkʲɪˈnʲiːs]
Sumpf (m), Moor (n)	pelkė̃ (m)	[ˈpʲɛlʲkʲeː]
Marsch (f)	liū́nas (v)	[ˈlʲuːnas]
Strudel (m)	verpėtas (v)	[vʲɛrˈpʲætas]
Bach (m)	upẽlis (v)	[ʊˈpʲælʲɪs]

Trink- (z.B. Trinkwasser)	gėriamas	[ˈgʲærʲæmas]
Süß- (Wasser)	gėlas	[ˈgʲeːlʲas]
Eis (n)	lẽdas (v)	[ˈlʲædas]
zufrieren (vi)	užšálti	[ʊʒˈʃalʲtʲɪ]

130. Namen der Flüsse

Seine (f)	Senà (m)	[sʲɛˈna]
Loire (f)	Luarà (m)	[lʲʊaˈra]
Themse (f)	Temžė̃ (m)	[ˈtʲɛmzʲeː]
Rhein (m)	Reĩnas (v)	[ˈrʲɛɪnas]
Donau (f)	Dunõjus (v)	[dʊˈnoːjʊs]
Wolga (f)	Vólga (m)	[ˈvolʲga]
Don (m)	Dónas (v)	[ˈdonas]
Lena (f)	Lenà (m)	[lʲɛˈna]
Gelber Fluss (m)	Geltonóji ùpė (m)	[gʲɛlʲtoˈnoːjɪ ˈʊpʲeː]
Jangtse (m)	Jangdzė̃ (m)	[jangˈdzʲeː]
Mekong (m)	Mekòngas (v)	[mʲɛˈkongas]
Ganges (m)	Gángas (v)	[ˈgangas]
Nil (m)	Nìlas (v)	[ˈnʲɪlʲas]
Kongo (m)	Kòngas (v)	[ˈkongas]
Okavango (m)	Okavángas (v)	[okaˈva ngas]
Sambesi (m)	Zambèzė (m)	[zamˈbʲɛzʲeː]
Limpopo (m)	Limpopò (v)	[lʲɪmpoˈpo]
Mississippi (m)	Misisìpė (m)	[mʲɪsʲɪˈsʲɪpʲeː]

131. Wald

Wald (m)	mìškas (v)	[ˈmʲɪʃkas]
Wald-	miškìnis	[mʲɪʃˈkʲɪnʲɪs]
Dickicht (n)	tankumýnas (v)	[taŋkʊˈmʲiːnas]
Gehölz (n)	giráitė (m)	[gʲɪˈrʌɪtʲeː]
Lichtung (f)	laũkas (v)	[ˈlʲɑʊkas]
Dickicht (n)	žolýnas, beržýnas (v)	[ʒoˈlʲiːnas], [bʲɛrˈʒʲiːnas]
Gebüsch (n)	krūmýnas (v)	[kruːˈmʲiːnas]
Fußweg (m)	takẽlis (v)	[taˈkʲælʲɪs]
Erosionsrinne (f)	griovỹs (v)	[gʲrʲoˈvʲiːs]
Baum (m)	mẽdis (v)	[ˈmʲædʲɪs]
Blatt (n)	lãpas (v)	[ˈlʲaːpas]
Laub (n)	lapijà (m)	[lʲapʲɪˈja]
Laubfall (m)	lãpų kritìmas (v)	[ˈlʲaːpu: krʲɪˈtʲɪmas]
fallen (Blätter)	krìsti	[ˈkrʲɪstʲɪ]

Wipfel (m)	viršū́nė (m)	[vʲɪrʲʃuːnʲeː]
Zweig (m)	šakà (m)	[ʃaˈka]
Ast (m)	šakà (m)	[ʃaˈka]
Knospe (f)	pum̃puras (v)	[ˈpʊmpʊras]
Nadel (f)	spyglỹs (v)	[spʲiːgˈlʲiːs]
Zapfen (m)	kankórėžis (v)	[kaŋˈkorʲeːʒɪs]

Höhlung (f)	úoksas (v)	[ˈʊɑksas]
Nest (n)	lìzdas (v)	[ˈlʲɪzdas]
Höhle (f)	olà (m)	[oˈlʲa]

Stamm (m)	kamíenas (v)	[kaˈmʲiɛnas]
Wurzel (f)	šaknìs (m)	[ʃakˈnʲɪs]
Rinde (f)	žievė̃ (m)	[ʒʲiɛˈvʲeː]
Moos (n)	sãmana (m)	[ˈsaːmana]

entwurzeln (vt)	ráuti	[ˈrɑʊtʲɪ]
fällen (vt)	kìrsti	[ˈkʲɪrstʲɪ]
abholzen (vt)	iškìrsti	[ɪʃkʲɪrstʲɪ]
Baumstumpf (m)	kélmas (v)	[ˈkʲɛlʲmas]

Lagerfeuer (n)	láužas (v)	[ˈlʲɑʊʒas]
Waldbrand (m)	gaĩsras (v)	[ˈgʌɪsras]
löschen (vt)	gesìnti	[gʲɛˈsʲɪntʲɪ]

Förster (m)	mìškininkas (v)	[ˈmʲɪʃkʲɪnʲɪŋkas]
Schutz (m)	apsaugà (m)	[apsɑʊˈga]
beschützen (vt)	sáugoti	[ˈsɑʊgotʲɪ]
Wilddieb (m)	brakoniẽrius (v)	[brakoˈnʲɛrʲʊs]
Falle (f)	spą́stai (v dgs)	[ˈspaːstʌɪ]

sammeln (Pilze ~)	grybáuti	[grʲiːˈbɑʊtʲɪ]
pflücken (Beeren ~)	uogáuti	[ʊɑˈgɑʊtʲɪ]
sich verirren	pasiklýsti	[pasʲɪˈklʲiːstʲɪ]

132. natürliche Lebensgrundlagen

Naturressourcen (pl)	gamtìniai ištekliaĩ (v dgs)	[gamˈtʲɪnʲɛɪ ˈɪʃtʲɛklʲɛɪ]
Bodenschätze (pl)	naudìngos ìškasenos (m dgs)	[nɑʊˈdʲɪngos ˈɪʃkasʲɛnos]
Vorkommen (n)	telkiniaĩ (v dgs)	[tʲɛlʲkʲɪˈnʲɛɪ]
Feld (Ölfeld usw.)	telkinỹs (v)	[tʲɛlʲkʲɪˈnʲiːs]

gewinnen (vt)	iškàsti	[ɪʃˈkastʲɪ]
Gewinnung (f)	laimìkis (v)	[lʲʌɪˈmʲɪkʲɪs]
Erz (n)	rūdà (m)	[ruːˈda]
Bergwerk (n)	rūdỹnas (v)	[ruːˈdʲiːnas]
Schacht (m)	šachtà (m)	[ʃaxˈta]
Bergarbeiter (m)	šãchtininkas (v)	[ˈʃaːxtʲɪnʲɪŋkas]

Erdgas (n)	dùjos (m dgs)	[ˈdʊjɔs]
Gasleitung (f)	dujótiekis (v)	[dʊˈjotʲiɛkʲɪs]

Erdöl (n)	naftà (m)	[nafˈta]
Erdölleitung (f)	naftótiekis (v)	[nafˈtotʲiɛkʲɪs]

Ölquelle (f)	naftos bokštas (v)	['naːftos 'bokʃtas]
Bohrturm (m)	gręžimo bokštas (v)	['grʲɛːʒʲɪmɔ 'bokʃtas]
Tanker (m)	tanklaivis (v)	['taŋklʲɪʌɪvʲɪs]

Sand (m)	smėlis (v)	['smʲeːlʲɪs]
Kalkstein (m)	kalkinis akmuõ (v)	['kalʲkʲɪnʲɪs akˈmʊɑ]
Kies (m)	žvyras (v)	['ʒvʲiːras]
Torf (m)	durpės (m dgs)	['dʊrpʲeːs]
Ton (m)	molis (v)	['molʲɪs]
Kohle (f)	anglis (m)	[angˈlʲɪs]

Eisen (n)	geležis (v)	[gʲɛlʲɛˈʒʲɪs]
Gold (n)	auksas (v)	['ɑʊksas]
Silber (n)	sidabras (v)	[sʲɪˈdaːbras]
Nickel (n)	nikelis (v)	['nʲɪkʲɛlʲɪs]
Kupfer (n)	varis (v)	['vaːrʲɪs]

Zink (n)	cinkas (v)	['tsʲɪŋkas]
Mangan (n)	manganas (v)	[manˈgaːnas]
Quecksilber (n)	gyvsidabris (v)	['gʲiːvsʲɪdabrʲɪs]
Blei (n)	švinas (v)	['ʃvʲɪnas]

Mineral (n)	mineralas (v)	[mʲɪnʲɛˈraːlʲas]
Kristall (m)	kristalas (v)	[krʲɪsˈtaːlʲas]
Marmor (m)	marmuras (v)	['marmʊras]
Uran (n)	uranas (v)	[ʊˈraːnas]

Die Erde. Teil 2

133. Wetter

Deutsch	Litauisch	Aussprache
Wetter (n)	oras (v)	['oras]
Wetterbericht (m)	oro prognozė (m)	['orɔ prog'nozʲeː]
Temperatur (f)	temperatūra (m)	[tʲempʲɛratuː'ra]
Thermometer (n)	termometras (v)	[tʲɛrmo'mʲɛtras]
Barometer (n)	barometras (v)	[baro'mʲɛtras]
feucht	drėgnas	['drʲeːgnas]
Feuchtigkeit (f)	drėgmė (m)	[drʲeːg'mʲeː]
Hitze (f)	karštis (v)	['karʃtʲɪs]
glutheiß	karštas	['karʃtas]
ist heiß	karšta	['karʃta]
ist warm	šilta	['ʃɪlʲta]
warm (Adj)	šiltas	['ʃɪlʲtas]
ist kalt	šalta	['ʃalʲta]
kalt (Adj)	šaltas	['ʃalʲtas]
Sonne (f)	saulė (m)	['saulʲeː]
scheinen (vi)	šviesti	['ʃvʲɛstʲɪ]
sonnig (Adj)	saulėta	[sɑu'lʲeːta]
aufgehen (vi)	pakilti	[pa'kʲɪlʲtʲɪ]
untergehen (vi)	leistis	['lʲɛɪstʲɪs]
Wolke (f)	debesis (v)	[dʲɛbʲɛ'sʲɪs]
bewölkt, wolkig	debesuota	[dʲɛbʲɛ'suɑta]
Regenwolke (f)	debesis (v)	[dʲɛbʲɛ'sʲɪs]
trüb (-er Tag)	apsiniaukę	[apsʲɪ'nʲæukʲɛː]
Regen (m)	lietus (v)	[lʲɛ'tʊs]
Es regnet	lyja	['lʲiːja]
regnerisch (-er Tag)	lietingas	[lʲɛ'tʲɪngas]
nieseln (vi)	lynoti	[lʲiː'notʲɪ]
strömender Regen (m)	liūtis (m)	['lʲuːtʲɪs]
Regenschauer (m)	liūtis (m)	['lʲuːtʲɪs]
stark (-er Regen)	stiprus	[stʲɪp'rʊs]
Pfütze (f)	bala (m)	[ba'lʲa]
nass werden (vi)	šlapti	['ʃlʲaptʲɪ]
Nebel (m)	rūkas (v)	['ruːkas]
neblig (-er Tag)	miglotas	[mʲɪg'lʲotas]
Schnee (m)	sniegas (v)	['snʲɛgas]
Es schneit	sninga	['snʲɪŋga]

134. Unwetter Naturkatastrophen

Gewitter (n)	perkūnija (m)	[pʲɛrˈkuːnʲɪjɛ]
Blitz (m)	žaibas (v)	[ˈʒʌɪbas]
blitzen (vi)	žaibúoti	[ʒʌɪˈbʊɑtʲɪ]
Donner (m)	griaustìnis (v)	[grʲɛʊsˈtʲɪnʲɪs]
donnern (vi)	griáudėti	[ˈgrʲæʊdʲeːtʲɪ]
Es donnert	griáudėja griaustìnis	[ˈgrʲæʊdʲeːja grʲɛʊsˈtʲɪnʲɪs]
Hagel (m)	krušà (m)	[krʊˈʃa]
Es hagelt	kriñta krušà	[ˈkrʲɪnta krʊˈʃa]
überfluten (vt)	užlíeti	[ʊʒˈlʲiɛtʲɪ]
Überschwemmung (f)	pótvynis (v)	[ˈpotvʲiːnʲɪs]
Erdbeben (n)	žẽmės drebėjimas (v)	[ˈʒʲæmʲeːs dreˈbʲɛjɪmas]
Erschütterung (f)	smū̃gis (m)	[ˈsmuːgʲɪs]
Epizentrum (n)	epiceñtras (v)	[ɛpʲɪˈtsʲɛntras]
Ausbruch (m)	išsiveržìmas (v)	[ɪʃʲɪvʲɛrˈʒʲɪmas]
Lava (f)	lavà (m)	[lʲaˈva]
Wirbelsturm (m)	víesulas (v)	[ˈvʲiɛsʊlʲas]
Tornado (m)	tornãdo (v)	[torˈnaːdɔ]
Taifun (m)	taifū́nas (v)	[tʌɪˈfuːnas]
Orkan (m)	uragãnas (v)	[ʊraˈgaːnas]
Sturm (m)	audrà (m)	[ɑʊdˈra]
Tsunami (m)	cunãmis (v)	[tsʊˈnaːmʲɪs]
Zyklon (m)	ciklònas (v)	[tsʲɪkˈlʲonas]
Unwetter (n)	dárgana (m)	[ˈdargana]
Brand (m)	gaĩsras (v)	[ˈgʌɪsras]
Katastrophe (f)	katastrofà (m)	[katastroˈfa]
Meteorit (m)	meteorìtas (v)	[mʲɛtʲɛoˈrʲɪtas]
Lawine (f)	lavinà (m)	[lʲavʲɪˈna]
Schneelawine (f)	griūtìs (m)	[grʲuːˈtʲɪs]
Schneegestöber (n)	pūgà (m)	[puːˈga]
Schneesturm (m)	pūgà (m)	[puːˈga]

Fauna

135. Säugetiere. Raubtiere

Raubtier (n)	plėšrūnas (v)	[plʲeːʃruːnas]
Tiger (m)	tìgras (v)	['tʲɪgras]
Löwe (m)	liūtas (v)	['lʲuːtas]
Wolf (m)	vilkas (v)	['vʲɪlʲkas]
Fuchs (m)	lãpė (m)	['lʲaːpʲeː]
Jaguar (m)	jaguaras (v)	[jagʊ'aːras]
Leopard (m)	leopárdas (v)	[lʲɛo'pardas]
Gepard (m)	gepárdas (v)	[gʲɛ'pardas]
Panther (m)	panterà (m)	[pantʲɛ'ra]
Puma (m)	pumà (m)	[pʊ'ma]
Schneeleopard (m)	snieginis leopárdas (v)	[snʲiɛ'gʲɪnʲɪs lʲɛo'pardas]
Luchs (m)	lūšis (m)	['lʲuːʃɪs]
Kojote (m)	kojòtas (v)	[kɔ'jɔ tas]
Schakal (m)	šakãlas (v)	[ʃa'kaːlʲas]
Hyäne (f)	hienà (m)	[ɣʲiɛ'na]

136. Tiere in freier Wildbahn

Tier (n)	gyvūnas (v)	[gʲiː'vuːnas]
Bestie (f)	žvėrìs (v)	[ʒvʲeː'rʲɪs]
Eichhörnchen (n)	voverė̃ (m)	[vove'rʲeː]
Igel (v)	ežỹs (v)	[ɛʒiːs]
Hase (m)	kiškis, zuikis (v)	['kʲɪʃkʲɪs], ['zʊɪkʲɪs]
Kaninchen (n)	triùšis (v)	['trʲʊʃɪs]
Dachs (m)	barsukas (v)	[bar'sʊkas]
Waschbär (m)	meškėnas (v)	[mʲɛʃ'kʲeːnas]
Hamster (m)	žiurkėnas (v)	[ʒʲʊr'kʲeːnas]
Murmeltier (n)	švilpìkas (v)	[ʃvʲɪlʲ'pʲɪkas]
Maulwurf (m)	kùrmis (v)	['kʊrmʲɪs]
Maus (f)	pelė̃ (m)	[pʲɛ'lʲeː]
Ratte (f)	žiurkė̃ (m)	['ʒʲʊrkʲeː]
Fledermaus (f)	šikšnósparnis (v)	[ʃɪkʃ'nosparnʲɪs]
Hermelin (n)	šermuonė̃lis (v)	[ʃermʊɑ'nʲeːlʲɪs]
Zobel (m)	sãbalas (v)	['saːbalʲas]
Marder (m)	kiáunė (m)	['kʲæʊnʲeː]
Wiesel (n)	žebenkštìs (m)	[ʒʲɛbʲɛŋkʃ'tʲɪs]
Nerz (m)	audìnė (m)	[ɑʊ'dʲɪnʲeː]

| Biber (m) | bebras (v) | ['bʲæbras] |
| Fischotter (m) | ūdra (m) | ['uːdra] |

Pferd (n)	arklỹs (v)	[ark'lʲiːs]
Elch (m)	briedis (v)	['brʲɛdʲɪs]
Hirsch (m)	elnias (v)	['ɛlʲnʲæs]
Kamel (n)	kupranugāris (v)	[kʊpranʊ'gaːrʲɪs]

Bison (m)	bizonas (v)	[bɪ'zonas]
Wisent (m)	stumbras (v)	['stʊmbras]
Büffel (m)	buivolas (v)	['bʊivolʲas]

Zebra (n)	zebras (v)	['zʲɛbras]
Antilope (f)	antilopė (m)	[antʲɪ'lʲopʲeː]
Reh (n)	stirna (m)	['stʲɪrna]
Damhirsch (m)	danielius (v)	[da'nʲɛlʲʊs]
Gämse (f)	gemzė (m)	['gʲɛmzʲeː]
Wildschwein (n)	šernas (v)	['ʃɛrnas]

Wal (m)	banginis (v)	[ban'gʲɪnʲɪs]
Seehund (m)	ruonis (v)	['rʊɑnʲɪs]
Walroß (n)	veplỹs (v)	[vʲeːp'lʲiːs]
Seebär (m)	kotikas (v)	['kotʲɪkas]
Delfin (m)	delfinas (v)	[dʲɛlʲfʲɪnas]

Bär (m)	lokỹs (v), meška (m)	[lʲo'kʲiːs], [mʲɛʃka]
Eisbär (m)	baltasis lokỹs (v)	[balʲ'tasʲɪs lʲo'kʲiːs]
Panda (m)	panda (m)	['panda]

Affe (m)	beždžionė (m)	[bʲɛʒ'dʑoːnʲeː]
Schimpanse (m)	šimpanzė (m)	[ʃɪm'panzʲeː]
Orang-Utan (m)	orangutangas (v)	[orangʊ'tangas]
Gorilla (m)	gorila (m)	[gorʲɪ'lʲa]
Makak (m)	makaka (m)	[maka'ka]
Gibbon (m)	gibonas (v)	[gʲɪ'bonas]

Elefant (m)	dramblỹs (v)	[dram'blʲiːs]
Nashorn (n)	raganosis (v)	[raga'noːsʲɪs]
Giraffe (f)	žirafa (m)	[ʑɪra'fa]
Flusspferd (n)	begemotas (v)	[bʲɛgʲɛ'motas]

| Känguru (n) | kengūra (m) | [kʲɛn'guːra] |
| Koala (m) | koala (m) | [kɔa'lʲa] |

Manguste (f)	mangusta (m)	[mangʊs'ta]
Chinchilla (n)	šinšila (m)	[ʃɪnʃɪ'lʲa]
Stinktier (n)	skunkas (v)	['skʊŋkas]
Stachelschwein (n)	dygliuotis (v)	[dʲiːg'lʲʊotʲɪs]

137. Haustiere

Katze (f)	katė (m)	[ka'tʲeː]
Kater (m)	katinas (v)	['kaːtʲɪnas]
Hund (m)	šuõ (v)	['ʃʊɑ]

Pferd (n)	arklỹs (v)	[arkʲlʲiːs]
Hengst (m)	eržilas (v)	[ˈɛrʒʲɪlʲas]
Stute (f)	kumẽlė (m)	[kʊˈmʲælʲeː]

Kuh (f)	kárvė (m)	[ˈkarvʲeː]
Stier (m)	bulius (v)	[ˈbʊlʲʊs]
Ochse (m)	jáutis (v)	[ˈjaʊtʲɪs]

Schaf (n)	avìs (m)	[aˈvʲɪs]
Widder (m)	ãvinas (v)	[ˈaːvʲɪnas]
Ziege (f)	ožkà (m)	[oʒˈka]
Ziegenbock (m)	ožỹs (v)	[oˈʒʲiːs]

| Esel (m) | ãsilas (v) | [ˈaːsʲɪlʲas] |
| Maultier (n) | mùlas (v) | [ˈmʊlʲas] |

Schwein (n)	kiaũlė (m)	[ˈkʲɛʊlʲeː]
Ferkel (n)	paršelis (v)	[parˈʃælʲɪs]
Kaninchen (n)	triušis (v)	[ˈtrʲʊʃɪs]

| Huhn (n) | višta (m) | [vʲɪʃˈta] |
| Hahn (m) | gaidỹs (v) | [gʌɪˈdʲiːs] |

Ente (f)	ántis (m)	[ˈantʲɪs]
Enterich (m)	añtinas (v)	[ˈantʲɪnas]
Gans (f)	žąsinas (v)	[ˈʒaːsʲɪnas]

| Puter (m) | kalakùtas (v) | [kalʲaˈkʊtas] |
| Pute (f) | kalakùtė (m) | [kalʲaˈkʊtʲeː] |

Haustiere (pl)	namìniai gyvũnai (v dgs)	[naˈmʲɪnʲɛɪ gʲiːˈvuːnʌɪ]
zahm	prijaukìntas	[prʲɪjɛʊˈkʲɪntas]
zähmen (vt)	prijaukìnti	[prʲɪjɛʊˈkʲɪntʲɪ]
züchten (vt)	augìnti	[aʊˈgʲɪntʲɪ]

Farm (f)	fèrma (m)	[ˈfʲɛrma]
Geflügel (n)	namìnis paũkštis (v)	[naˈmʲɪnʲɪs ˈpaʊkʃtʲɪs]
Vieh (n)	galvìjas (v)	[galʲˈvʲɪjɛs]
Herde (f)	bandà (m)	[banˈda]

Pferdestall (m)	arklìdė (m)	[arkʲlʲɪdʲeː]
Schweinestall (m)	kiaulìdė (m)	[kʲɛʊˈlʲɪdʲeː]
Kuhstall (m)	karvìdė (m)	[karˈvʲɪdʲeː]
Kaninchenstall (m)	triušìdė (m)	[trʲʊˈʃɪdʲeː]
Hühnerstall (m)	vištìdė (m)	[vʲɪʃˈtʲɪdʲeː]

138. Vögel

Vogel (m)	paũkštis (v)	[ˈpaʊkʃtʲɪs]
Taube (f)	balañdis (v)	[baˈlʲandʲɪs]
Spatz (m)	žvìrblis (v)	[ʒvʲɪrblʲɪs]
Meise (f)	zýlė (m)	[ˈzʲiːlʲeː]
Elster (f)	šárka (m)	[ˈʃarka]
Rabe (m)	var̃nas (v)	[ˈvarnas]

Krähe (f)	várna (m)	['varna]
Dohle (f)	kúosa (m)	['kuɑsa]
Saatkrähe (f)	kovas (v)	[kɔ'vas]

Ente (f)	ántis (m)	['antʲɪs]
Gans (f)	žąsinas (v)	['ʒa:sʲɪnas]
Fasan (m)	fazãnas (v)	[fa'za:nas]

Adler (m)	erẽlis (v)	[ɛ'rʲælʲɪs]
Habicht (m)	vãnagas (v)	['va:nagas]
Falke (m)	sãkalas (v)	['sa:kalʲas]
Greif (m)	grìfas (v)	['grʲɪfas]
Kondor (m)	kondòras (v)	[kɔn'doras]

Schwan (m)	gulbė̃ (m)	['gʊlʲbʲe:]
Kranich (m)	gérvė (m)	['gʲɛrvʲe:]
Storch (m)	gañdras (v)	['gandras]

Papagei (m)	papūgà (m)	[papu:'ga]
Kolibri (m)	kolìbris (v)	[kɔ'lʲɪbrʲɪs]
Pfau (m)	póvas (v)	['povas]

Strauß (m)	strùtis (v)	['strʊtʲɪs]
Reiher (m)	garnỹs (v)	[gar'nʲi:s]
Flamingo (m)	flamìngas (v)	[flʲa'mʲɪngas]
Pelikan (m)	pelikãnas (v)	[pʲɛlʲɪ'ka:nas]

| Nachtigall (f) | lakštiñgala (m) | [lʲakʃ'tʲɪŋgalʲa] |
| Schwalbe (f) | kregždė̃ (m) | [krʲɛgʒ'dʲe:] |

Drossel (f)	strãzdas (v)	['stra:zdas]
Singdrossel (f)	strãzdas giesminiñkas (v)	['stra:zdas gʲiɛsmʲɪ'nʲɪŋkas]
Amsel (f)	juodàsis strãzdas (v)	[jʊɑ'dasʲɪs s'tra:zdas]

Segler (m)	čiurlỹs (v)	[tʃʊr'lʲi:s]
Lerche (f)	vyturỹs, vieversỹs (v)	[vʲi:tʊ'rʲi:s], [vʲiɛvɛr'sʲi:s]
Wachtel (f)	pùtpelė (m)	['pʊtpelʲe:]

Specht (m)	genỹs (v)	[gʲɛ'nʲi:s]
Kuckuck (m)	gegùtė (m)	[gʲɛ'gʊtʲe:]
Eule (f)	peléda (m)	[pʲɛ'lʲe:da]
Uhu (m)	apúokas (v)	[a'pʊɑkas]
Auerhahn (m)	kurtinỹs (v)	[kʊrtʲɪ'nʲi:s]
Birkhahn (m)	tetervìnas (v)	['tʲætʲɛrvʲɪnas]
Rebhuhn (n)	kurapkà (m)	[kʊrap'ka]

Star (m)	varnénas (v)	[var'nʲe:nas]
Kanarienvogel (m)	kanarė̃lė (m)	[kana'rʲe:lʲe:]
Haselhuhn (n)	jerubė̃ (m)	[jerʊ'bʲe:]

| Buchfink (m) | kikìlis (v) | [kʲɪ'kʲɪlʲɪs] |
| Gimpel (m) | sniẽgena (m) | ['snʲɛgʲɛna] |

Möwe (f)	žuvėdra (m)	[ʒʊ'vʲe:dra]
Albatros (m)	albatròsas (v)	[alʲba't'rosas]
Pinguin (m)	pingvìnas (v)	[pʲɪng'vʲɪnas]

139. Fische. Meerestiere

Brachse (f)	karšis (v)	['karʃʲɪs]
Karpfen (m)	kárpis (v)	['karpʲɪs]
Barsch (m)	ešerỹs (v)	[ɛʃɛ'rʲiːs]
Wels (m)	šãmas (v)	['ʃaːmas]
Hecht (m)	lydeka̋ (m)	[lʲiːdʲɛ'ka]

| Lachs (m) | lašiša̋ (m) | [lʲaʃɪ'ʃa] |
| Stör (m) | eršḱtas (v) | [erʃkʲeːtas] |

Hering (m)	sĩlkė (m)	['sʲɪlʲkʲeː]
atlantische Lachs (m)	lašiša̋ (m)	[lʲaʃɪ'ʃa]
Makrele (f)	skùmbrė (m)	['skumbrʲeː]
Scholle (f)	plẽkšnė (m)	['plʲækʃnʲeː]

Zander (m)	starkis (v)	['starkʲɪs]
Dorsch (m)	menkė (m)	['mʲɛŋkʲeː]
Tunfisch (m)	tùnas (v)	['tʊnas]
Forelle (f)	upétakis (v)	[ʊ'pʲeːtakʲɪs]

Aal (m)	ungurỹs (v)	[ʊŋgʊ'rʲiːs]
Zitterrochen (m)	elektrinė raja̋ (m)	[ɛlʲɛk'trʲɪnʲeː ra'ja]
Muräne (f)	murena̋ (m)	[mʊrʲɛ'na]
Piranha (m)	pirãnija (m)	[pʲɪ'raːnʲɪjɛ]

Hai (m)	ryklỹs (v)	[rʲɪk'lʲiːs]
Delfin (m)	delfĩnas (v)	[dʲɛlʲ'fʲɪnas]
Wal (m)	bangìnis (v)	[ban'gʲɪnʲɪs]

Krabbe (f)	krãbas (v)	['kraːbas]
Meduse (f)	medūza̋ (m)	[mʲɛdu:'za]
Krake (m)	aštuonkōjis (v)	[aʃtʊɑŋ'koːjis]

Seestern (m)	jũros žvaigždė̃ (m)	['juːros ʒvʌɪgʒ'dʲeː]
Seeigel (m)	jũros ežỹs (v)	['juːros ɛ'ʒʲiːs]
Seepferdchen (n)	jũros arkliùkas (v)	['juːros ark'lʲʊkas]

Auster (f)	áustrė (m)	['ɑʊstrʲeː]
Garnele (f)	krevetė̃ (m)	[krʲɛ'vʲɛtʲeː]
Hummer (m)	omãras (v)	[o'maːras]
Languste (f)	langùstas (v)	[lʲan'gustas]

140. Amphibien Reptilien

| Schlange (f) | gyvãtė (m) | [gʲiː'vaːtʲeː] |
| Gift-, giftig | nuodìngas | [nʊɑ'dʲɪngas] |

Viper (f)	angìs (v)	[an'gʲɪs]
Kobra (f)	kobra̋ (m)	[kɔb'ra]
Python (m)	pitònas (v)	[pʲɪ'tonas]
Boa (f)	smauglỹs (v)	[smɑʊg'lʲiːs]
Ringelnatter (f)	žaltỹs (v)	[ʒalʲ'tʲiːs]

Klapperschlange (f) — barškuolė (m) — [barʃˈkʊalʲeː]
Anakonda (f) — anakonda (m) — [anaˈkonda]

Eidechse (f) — driežas (v) — [ˈdrʲiɛʒas]
Leguan (m) — iguana (m) — [ɪgʊaˈna]
Waran (m) — varanas (v) — [vaˈraːnas]
Salamander (m) — salamandra (m) — [salʲaˈmandra]
Chamäleon (n) — chameleonas (v) — [xamʲɛlʲɛˈonas]
Skorpion (m) — skorpionas (v) — [skorpʲɪˈɔnas]

Schildkröte (f) — vėžlys (v) — [vʲeːʒˈlʲiːs]
Frosch (m) — varlė (v) — [varˈlʲeː]
Kröte (f) — rupūžė (m) — [ˈrʊpuːʒʲeː]
Krokodil (n) — krokodilas (v) — [krokoˈdʲɪlʲas]

141. Insekten

Insekt (n) — vabzdys (v) — [vabzˈdʲiːs]
Schmetterling (m) — drugelis (v) — [drʊˈgʲælʲɪs]
Ameise (f) — skruzdėlė (m) — [skrʊzˈdʲælʲeː]
Fliege (f) — musė (m) — [ˈmʊsʲeː]
Mücke (f) — uodas (v) — [ˈʊadas]
Käfer (m) — vabalas (v) — [ˈvaːbalʲas]

Wespe (f) — vapsva (m) — [vapsˈva]
Biene (f) — bitė (m) — [ˈbʲɪtʲeː]
Hummel (f) — kamanė (m) — [kaˈmaːnʲeː]
Bremse (f) — gylys (v) — [gʲiːˈlʲiːs]

Spinne (f) — voras (v) — [ˈvoras]
Spinnennetz (n) — voratinklis (v) — [voˈraːtʲɪŋklʲɪs]

Libelle (f) — laumžirgis (v) — [ˈlʲaʊmʒˈɪrgʲɪs]
Grashüpfer (m) — žiogas (v) — [ˈʒʲogas]
Schmetterling (m) — peteliškė (m) — [pʲɛtʲɛˈlʲɪʃkʲeː]

Schabe (f) — tarakonas (v) — [taraˈkoːnas]
Zecke (f) — erkė (m) — [ˈærkʲeː]
Floh (m) — blusa (m) — [blʲʊˈsa]
Kriebelmücke (f) — mašalas (v) — [ˈmaːʃalʲas]

Heuschrecke (f) — skėrys (v) — [skʲeːˈrʲiːs]
Schnecke (f) — sraigė (m) — [ˈsrʌɪgʲeː]
Heimchen (n) — svirplys (v) — [svʲɪrpˈlʲiːs]
Leuchtkäfer (m) — jonvabalis (v) — [ˈjɔːnvabalʲɪs]
Marienkäfer (m) — boružė (m) — [boˈrʊʒʲeː]
Maikäfer (m) — grambuolys (v) — [grambʊaˈlʲiːs]

Blutegel (m) — dėlė (m) — [dʲeːˈlʲeː]
Raupe (f) — vikšras (v) — [ˈvʲɪkʃras]
Wurm (m) — sliekas (v) — [ˈslʲiɛkas]
Larve (f) — kirmelė (m) — [kʲɪrmeˈlʲeː]

Flora

142. Bäume

Baum (m)	medis (v)	['mʲædʲɪs]
Laub-	lapuotis	[lʲapʊ'atʲɪs]
Nadel-	spygliuotis	[spʲiːgʲlʲʊoːtʲɪs]
immergrün	viszalis	['vʲɪsʒalʲɪs]

Apfelbaum (m)	obelis (m)	[obʲɛ'lʲɪs]
Birnbaum (m)	kriause (m)	['krʲæʊʃeː]
Süßkirschbaum (m)	trešne (m)	['trʲæʃnʲeː]
Sauerkirschbaum (m)	vyšnia (m)	[vʲiːʃnʲæ]
Pflaumenbaum (m)	slyva (m)	[slʲiː'va]

Birke (f)	beržas (v)	['bʲɛrʒas]
Eiche (f)	ążuolas (v)	['aːʒʊalʲas]
Linde (f)	liepa (m)	['lʲiɛpa]
Espe (f)	drebule (m)	[drebʊ'lʲeː]
Ahorn (m)	klevas (v)	['klʲævas]
Fichte (f)	egle (m)	['ʲæglʲeː]
Kiefer (f)	pušis (m)	[pʊ'ʃɪs]
Lärche (f)	maumedis (v)	['maʊmʲɛdʲɪs]
Tanne (f)	kenis (v)	['kʲeːnʲɪs]
Zeder (f)	kedras (v)	['kʲɛdras]

Pappel (f)	tuopa (m)	['tʊɑpa]
Vogelbeerbaum (m)	šermukšnis (v)	[ʃɛr'mʊkʃnʲɪs]
Weide (f)	gluosnis (v)	['glʲʊɑsnʲɪs]
Erle (f)	alksnis (v)	['alʲksnʲɪs]
Buche (f)	bukas (v)	['bʊkas]
Ulme (f)	guoba (m)	['gʊɑba]
Esche (f)	uosis (v)	['ʊɑsʲɪs]
Kastanie (f)	kaštonas (v)	[kaʃ'toːnas]

Magnolie (f)	magnolija (m)	[mag'nolʲɪjɛ]
Palme (f)	palme (m)	['palʲmʲeː]
Zypresse (f)	kiparisas (v)	[kʲɪpa'rʲɪsas]

Mangrovenbaum (m)	mangro medis (v)	['mangrɔ 'mʲædʲɪs]
Baobab (m)	baobabas (v)	[baoˈbaːbas]
Eukalyptus (m)	eukaliptas (v)	[ɛʊka'lʲɪptas]
Mammutbaum (m)	sekvoja (m)	[sʲɛkvoː'jɛ]

143. Büsche

Strauch (m)	krumas (v)	['kruːmas]
Gebüsch (n)	krumynas (v)	[kruː'mʲiːnas]

Weinstock (m)	vynuogýnas (v)	[vʲiːnʊɑˈgʲiːnas]
Weinberg (m)	vynuogýnas (v)	[vʲiːnʊɑˈgʲiːnas]
Himbeerstrauch (m)	aviẽtė (m)	[aˈvʲɛtʲeː]
rote Johannisbeere (f)	raudonãsis serbeñtas (v)	[rɑʊdoˈnasʲɪs sʲɛrˈbʲɛntas]
Stachelbeerstrauch (m)	agrãstas (v)	[agˈraːstas]
Akazie (f)	akãcija (m)	[aˈkaːtsʲɪjɛ]
Berberitze (f)	raugerškis (m)	[rɑʊˈgʲɛrʃkʲɪs]
Jasmin (m)	jazmìnas (v)	[jazˈmʲɪnas]
Wacholder (m)	kadagỹs (v)	[kadaˈgʲiːs]
Rosenstrauch (m)	rõžių krū̃mas (v)	[ˈroːʒʲuː ˈkruːmas]
Heckenrose (f)	erškė̃tis (v)	[erʃˈkʲeːtʲɪs]

144. Obst. Beeren

Frucht (f)	vaĩsius (v)	[ˈvʌɪsʲʊs]
Früchte (pl)	vaĩsiai (v dgs)	[ˈvʌɪsʲɛɪ]
Apfel (m)	obuolỹs (v)	[obʊɑˈlʲiːs]
Birne (f)	kriáušė (m)	[ˈkrʲæʊʃʲeː]
Pflaume (f)	slyvà (m)	[slʲiːˈva]
Erdbeere (f)	brãškė (m)	[ˈbraːʃkʲeː]
Sauerkirsche (f)	vyšnià (m)	[vʲiːʃˈnʲæ]
Süßkirsche (f)	trẽšnė (m)	[ˈtrʲæʃnʲeː]
Weintrauben (pl)	vỹnuogės (m dgs)	[ˈvʲiːnʊɑgʲeːs]
Himbeere (f)	aviẽtė (m)	[aˈvʲɛtʲeː]
schwarze Johannisbeere (f)	juodíeji serbeñtai (v dgs)	[jʊɑˈdʲɛjɪ sʲɛrˈbʲɛntʌɪ]
rote Johannisbeere (f)	raudoníeji serbeñtai (v dgs)	[rɑʊdoˈnʲɛjɪ sʲɛrˈbʲɛntʌɪ]
Stachelbeere (f)	agrãstas (v)	[agˈraːstas]
Moosbeere (f)	spañguolė (m)	[ˈspaŋgʊɑlʲeː]
Apfelsine (f)	apelsìnas (v)	[apʲɛlʲˈsʲɪnas]
Mandarine (f)	mandarìnas (v)	[mandaˈrʲɪnas]
Ananas (f)	ananãsas (v)	[anaˈnaːsas]
Banane (f)	banãnas (v)	[baˈnaːnas]
Dattel (f)	datùlė (m)	[daˈtʊlʲeː]
Zitrone (f)	citrinà (m)	[tsʲɪtrʲɪˈna]
Aprikose (f)	abrikòsas (v)	[abrʲɪˈkosas]
Pfirsich (m)	pérsikas (v)	[ˈpʲɛrsʲɪkas]
Kiwi (f)	kìvis (v)	[ˈkʲɪvʲɪs]
Grapefruit (f)	greĩpfrutas (v)	[ˈɡrʲɛɪpfrʊtas]
Beere (f)	úoga (m)	[ˈʊɑga]
Beeren (pl)	úogos (m dgs)	[ˈʊɑgos]
Preiselbeere (f)	bruknė̃s (m dgs)	[ˈbrʊknʲeːs]
Walderdbeere (f)	žemuogė̃s (m dgs)	[ˈʒæmʊɑgʲeːs]
Heidelbeere (f)	mėlynė̃s (m dgs)	[mʲeːˈlʲiːnʲeːs]

145. Blumen. Pflanzen

Blume (f)	gėlė (m)	[gʲeːˈlʲeː]
Blumenstrauß (m)	puokštė (m)	[ˈpʊɔkʃtʲeː]

Rose (f)	rožė (m)	[ˈroːʒʲeː]
Tulpe (f)	tulpė (m)	[ˈtʊlʲpʲeː]
Nelke (f)	gvazdikas (v)	[gvazˈdʲɪkas]
Gladiole (f)	kardelis (v)	[karˈdʲælʲɪs]

Kornblume (f)	rugiagėlė (m)	[ˈrʊgʲægʲeːlʲeː]
Glockenblume (f)	varpelis (v)	[varˈpʲælʲɪs]
Löwenzahn (m)	pienė (m)	[ˈpʲɛnʲeː]
Kamille (f)	ramunė (m)	[raˈmʊnʲeː]

Aloe (f)	alijošius (v)	[alʲɪˈjoːʃʊs]
Kaktus (m)	kaktusas (v)	[ˈkaːktʊsas]
Gummibaum (m)	fikusas (v)	[ˈfʲɪkʊsas]

Lilie (f)	lelija (m)	[lʲɛlʲɪˈja]
Geranie (f)	pelargonija (m)	[pʲɛlʲarˈgonʲɪjɛ]
Hyazinthe (f)	hiacintas (v)	[ɣʲɪjaˈtsʲɪntas]

Mimose (f)	mimoza (m)	[mʲɪmoˈza]
Narzisse (f)	narcizas (v)	[narˈtsʲɪzas]
Kapuzinerkresse (f)	nasturta (m)	[nasˈtʊrta]

Orchidee (f)	orchidėja (m)	[orxʲɪˈdʲeːja]
Pfingstrose (f)	bijūnas (v)	[bʲɪˈjuːnas]
Veilchen (n)	našlaitė (m)	[naʃˈlʲʌɪtʲeː]

Stiefmütterchen (n)	darželinė našlaitė (m)	[darˈʒʲælʲɪnʲe: naʃˈlʌɪtʲe:]
Vergissmeinnicht (n)	neužmirštuolė (m)	[nʲɛʊʒmʲɪrʃˈtʊɔlʲeː]
Gänseblümchen (n)	saulutė (m)	[sɑʊˈlʲʊtʲeː]

Mohn (m)	aguona (m)	[agʊɑˈna]
Hanf (m)	kanapė (m)	[kaˈnaːpʲeː]
Minze (f)	mėta (m)	[mʲeːˈta]

Maiglöckchen (n)	pakalnutė (m)	[pakalʲˈnʊtʲeː]
Schneeglöckchen (n)	sniegena (m)	[ˈsnʲɛgʲɛna]

Brennnessel (f)	dilgėlė (m)	[dʲɪlʲˈgʲælʲeː]
Sauerampfer (m)	rūgštynė (m)	[ruːgʃˈtʲiːnʲeː]
Seerose (f)	vandens lelija (m)	[vanˈdʲɛns lʲɛlʲɪˈja]
Farn (m)	papartis (v)	[paˈpartʲɪs]
Flechte (f)	kerpė (m)	[ˈkʲɛrpʲeː]

Gewächshaus (n)	oranžerija (m)	[oranˈʒʲɛrʲɪjɛ]
Rasen (m)	gazonas (v)	[gaˈzonas]
Blumenbeet (n)	klomba (m)	[ˈklʲomba]

Pflanze (f)	augalas (v)	[ˈɑʊgalʲas]
Gras (n)	žolė (m)	[ʒoˈlʲeː]
Grashalm (m)	žolelė (m)	[ʒoˈlʲælʲeː]

Blatt (n)	lãpas (v)	['lʲaːpas]
Blütenblatt (n)	žíedlapis (v)	['ʒʲiɛdlʲapʲɪs]
Stiel (m)	stíebas (v)	['stʲiɛbas]
Knolle (f)	gum̃bas (v)	['gʊmbas]

Jungpflanze (f)	želmuõ (v)	[ʒʲɛlʲ'mʊɑ]
Dorn (m)	spyglỹs (v)	[spʲiːg'lʲiːs]

blühen (vi)	žydéti	[ʒʲiː'dʲeːtʲɪ]
welken (vi)	výsti	['vʲiːstʲɪ]
Geruch (m)	kvãpas (v)	['kvaːpas]
abschneiden (vt)	nupjáuti	[nʊ'pjautʲɪ]
pflücken (vt)	nuskìnti	[nʊ'skʲɪntʲɪ]

146. Getreide, Körner

Getreide (n)	grū́das (v)	['gruːdas]
Getreidepflanzen (pl)	grūdìnės kultū̃ros (m dgs)	[gruː'dʲɪnʲeːs kʊlʲʲ'tuːros]
Ähre (f)	várpa (m)	['varpa]

Weizen (m)	kviečiaĩ (v dgs)	[kvʲiɛ'tsʲɛɪ]
Roggen (m)	rugiaĩ (v dgs)	[rʊ'gʲɛɪ]
Hafer (m)	ãvižos (m dgs)	['aːvʲɪʒos]
Hirse (f)	sóra (m)	['sora]
Gerste (f)	miẽžiai (v dgs)	['mʲɛʒʲɛɪ]

Mais (m)	kukurū̃zas (v)	[kʊkʊ'ruːzas]
Reis (m)	rỹžiai (v)	['rʲiːʒʲɛɪ]
Buchweizen (m)	grìkiai (v dgs)	['grʲɪkʲɛɪ]

Erbse (f)	žìrniai (v dgs)	['ʒʲɪrnʲɛɪ]
weiße Bohne (f)	pupẽlės (m dgs)	[pʊ'pʲælʲeːs]
Sojabohne (f)	sojà (m)	[soːˈjɛ]
Linse (f)	lę̃šiai (v dgs)	['lʲɛːʃɛɪ]
Bohnen (pl)	pùpos (m dgs)	['pʊpos]

LÄNDER. NATIONALITÄTEN

147. Westeuropa

Europa (n)	Europà (m)	[ɛuro'pa]
Europäische Union (f)	europiėtis (v)	[ɛuro'pʲɛtʲɪs]
Österreich	Áustrija (m)	['austrʲɪjɛ]
Großbritannien	Didžiòji Britãnija (m)	[dʲɪ'dʒʲo:jɪ brʲɪ'ta:nʲɪjɛ]
England	Ánglija (m)	['anglʲɪjɛ]
Belgien	Bèlgija (m)	['bʲɛlʲgʲɪjɛ]
Deutschland	Vokietija (m)	[vokʲiɛ'tʲɪja]
Niederlande (f)	Nýderlandai (v dgs)	['nʲi:dʲɛrlʲandʌɪ]
Holland (n)	Olándija (m)	[o'lʲandʲɪjɛ]
Griechenland	Graĩkija (m)	['grʌɪkʲɪjɛ]
Dänemark	Dãnija (m)	['da:nʲɪjɛ]
Irland	Aĩrija (m)	['ʌɪrʲɪjɛ]
Island	Islándija (m)	[ɪs'lʲandʲɪjɛ]
Spanien	Ispãnija (m)	[ɪs'pa:nʲɪjɛ]
Italien	Itãlija (m)	[ɪ'ta:lʲɪjɛ]
Zypern	Kìpras (v)	['kʲɪpras]
Malta	Málta (m)	['malʲta]
Norwegen	Norvègija (m)	[nor'vʲɛgʲɪjɛ]
Portugal	Portugãlija (m)	[portu'ga:lʲɪjɛ]
Finnland	Súomija (m)	['suomʲɪjɛ]
Frankreich	Prancūzijà (m)	[prantsu:zʲɪ'ja]
Schweden	Švèdija (m)	['ʃvʲɛdʲɪjɛ]
Schweiz (f)	Šveicãrija (m)	[ʃvʲɛɪ'tsa:rʲɪjɛ]
Schottland	Škòtija (m)	['ʃkotʲɪjɛ]
Vatikan (m)	Vatikãnas (v)	[vatʲɪka:nas]
Liechtenstein	Lìchtenšteinas (v)	['lʲɪxtʲɛnʃtʲɛɪnas]
Luxemburg	Liùksemburgas (v)	['lʲuksʲɛmburgas]
Monaco	Mònakas (v)	['monakas]

148. Mittel- und Osteuropa

Albanien	Albãnija (m)	[alʲ'ba:nʲɪjɛ]
Bulgarien	Bulgãrija (m)	[bulʲ'ga:rʲɪjɛ]
Ungarn	Veñgrija (m)	['vʲɛŋgrʲɪjɛ]
Lettland	Lãtvija (m)	['lʲa:tvʲɪjɛ]
Litauen	Lietuvà (m)	[lʲiɛtu'va]
Polen	Lénkija (m)	['lʲɛŋkʲɪjɛ]

Rumänien	Rumùnija (m)	[rʊ'mʊnʲɪjɛ]
Serbien	Sèrbija (m)	['sʲɛrbʲɪjɛ]
Slowakei (f)	Slovàkija (m)	[slʲoˈvaːkʲɪjɛ]

Kroatien	Kroàtija (m)	[kroˈaːtʲɪjɛ]
Tschechien	Čèkija (m)	['tʂʲɛkʲɪjɛ]
Estland	Èstija (m)	['ɛstʲɪjɛ]

Bosnien und Herzegowina	Bòsnija ir̃ Hercegovinà (m)	['bosnʲɪja ir ɣʲɛrtsʲɛgovʲɪ'na]
Makedonien	Makedònija (m)	[makʲɛ'donʲɪjɛ]
Slowenien	Slovénija (m)	[slʲoˈvʲeːnʲɪjɛ]
Montenegro	Juodkalnijà (m)	[jʊɑdkalʲnʲɪˈja]

149. Frühere UdSSR Republiken

| Aserbaidschan | Azerbaidžãnas (v) | [azʲɛrbʌɪ'dʒaːnas] |
| Armenien | Arménija (m) | [ar'mʲeːnʲɪjɛ] |

Weißrussland	Baltarùsija (m)	[balʲta'rʊsʲɪjɛ]
Georgien	Grùzija (m)	['grʊzʲɪjɛ]
Kasachstan	Kazãchija (m)	[ka'zaːxʲɪjɛ]
Kirgisien	Kirgìzija (m)	[kʲɪr'gʲɪzʲɪjɛ]
Moldawien	Moldãvija (m)	[molʲˈdaːvʲɪjɛ]

| Russland | Rùsija (m) | ['rʊsʲɪjɛ] |
| Ukraine (f) | Ukrainà (m) | [ʊkrʌɪ'na] |

Tadschikistan	Tadžìkija (m)	[tad'ʒʲɪkʲɪjɛ]
Turkmenistan	Turkménija (m)	[tʊrk'mʲeːnʲɪjɛ]
Usbekistan	Uzbèkija (m)	[ʊz'bʲɛkʲɪjɛ]

150. Asien

Asien	ãzija (m)	['aːzʲɪjɛ]
Vietnam	Vietnãmas (v)	[vʲɛt'naːmas]
Indien	Ìndija (m)	['ɪndʲɪjɛ]
Israel	Izraèlis (v)	[ɪzraˡʲɛlʲɪs]

China	Kìnija (m)	['kʲɪnʲɪjɛ]
Libanon (m)	Libãnas (v)	[lʲɪ'banas]
Mongolei (f)	Mongòlija (m)	[mon'golʲɪjɛ]

| Malaysia | Malàizija (m) | [ma'lʲʌɪzʲɪjɛ] |
| Pakistan | Pakistãnas (v) | [pakʲɪ'staːnas] |

Saudi-Arabien	Saùdo Arãbija (m)	[sa'ʊdɔ aˈraːbʲɪjɛ]
Thailand	Tailándas (v)	[tʌɪˈlʲandas]
Taiwan	Taivãnis (v)	[tʌɪ'vanʲɪs]
Türkei (f)	Tur̃kija (m)	['tʊrkʲɪjɛ]
Japan	Japònija (m)	[ja'ponʲɪjɛ]
Afghanistan	Afganistãnas (v)	[afganʲɪ'staːnas]
Bangladesch	Bangladèšas (v)	[banglʲa'dʲɛʃas]

| Indonesien | **Indonezija** (m) | [ɪndonʲɛzʲɪˈja] |
| Jordanien | **Jordãnija** (m) | [jɔrˈdaːnʲɪjɛ] |

Irak	**Irãkas** (v)	[ɪˈraːkas]
Iran	**Irãnas** (v)	[ɪˈraːnas]
Kambodscha	**Kambodžã** (m)	[kamboˈdʒa]
Kuwait	**Kuveĩtas** (v)	[kʊˈvʲɛɪtas]

Laos	**Laòsas** (v)	[lʲaˈosas]
Myanmar	**Mianmãras** (v)	[mʲænˈmaːras]
Nepal	**Nepãlas** (v)	[nʲɛˈpaːlʲas]
Vereinigten Arabischen Emirate	**Jungtìniai Arãbų Emirãtai** (v dgs)	[jʊŋkˈtʲɪnʲɛɪ aˈraːbuː ɛmʲɪratʌɪ]

| Syrien | **Sìrija** (m) | [ˈsʲɪrʲɪjɛ] |
| Palästina | **Palestina** (m) | [palʲɛsˈtʲɪna] |

| Südkorea | **Pietų Koréja** (m) | [pʲɛˈtuː koˈrʲeːja] |
| Nordkorea | **Šiáurės Koréja** (m) | [ˈʃæʊrʲeːs koˈrʲeːja] |

151. Nordamerika

Die Vereinigten Staaten	**Jungtìnės Amèrikos Valstìjos** (m dgs)	[jʊŋkˈtʲɪnʲeːs aˈmʲɛrʲɪkos valʲsˈtʲɪjɔs]
Kanada	**Kanadà** (m)	[kanaˈda]
Mexiko	**Mèksika** (m)	[ˈmʲɛksʲɪka]

152. Mittel- und Südamerika

Argentinien	**Argentinà** (m)	[argʲɛntʲɪˈna]
Brasilien	**Brazìlija** (m)	[braˈzʲɪlʲɪjɛ]
Kolumbien	**Kolùmbija** (m)	[kɔˈlʲʊmbʲɪjɛ]

| Kuba | **Kubà** (m) | [kʊˈba] |
| Chile | **Čìlė** (m) | [ˈtʂʲɪlʲeː] |

| Bolivien | **Bolìvija** (m) | [boˈlʲɪvʲɪjɛ] |
| Venezuela | **Venesuelà** (m) | [vʲɛnʲɛsʊʲɛˈlʲa] |

| Paraguay | **Paragvãjus** (v) | [paragˈvaːjʊs] |
| Peru | **Perù** (v) | [pʲɛˈrʊ] |

Suriname	**Surinãmis** (v)	[sʊrʲɪˈnamʲɪs]
Uruguay	**Urugvãjus** (v)	[ʊrʊgˈvaːjʊs]
Ecuador	**Ekvadòras** (v)	[ɛkvaˈdoras]

| Die Bahamas | **Bahãmų salõs** (m dgs) | [baˈɣamuː ˈsalʲoːs] |
| Haiti | **Haìtis** (v) | [ɣʌˈɪtʲɪs] |

Dominikanische Republik	**Dominìkos Respùblika** (m)	[domʲɪˈnʲɪkos rʲɛsˈpʊblʲɪka]
Panama	**Panamà** (m)	[panaˈma]
Jamaika	**Jamaìka** (m)	[jaˈmʌɪka]

153. Afrika

Ägypten	Egiptas (v)	[ɛ'gʲɪptas]
Marokko	Marokas (v)	[ma'rokas]
Tunesien	Tunisas (v)	[tʊ'nʲɪsas]

Ghana	Gana (m)	[ga'na]
Sansibar	Zanzibāras (v)	[zanzʲɪ'ba:ras]
Kenia	Kenija (m)	['kʲɛnʲɪjɛ]
Libyen	Libija (m)	['lʲɪbʲɪjɛ]
Madagaskar	Madagaskaras (v)	[madagas'ka:ras]

Namibia	Namibija (m)	[na'mʲɪbʲɪjɛ]
Senegal	Senegalas (v)	[sʲɛnʲɛ'ga:lʲas]
Tansania	Tanzanija (m)	[tan'za:nʲɪjɛ]
Republik Südafrika	Pietų afrikos respublika (m)	[pʲiɛ'tu: 'a:frʲɪkos rʲɛs'pʊblʲɪka]

154. Australien. Ozeanien

| Australien | Australija (m) | [aʊs'tra:lʲɪjɛ] |
| Neuseeland | Naujoji Zelandija (m) | [naʊ'jɔ:jɪ zʲɛ'lʲandʲɪjɛ] |

| Tasmanien | Tasmanija (m) | [tas'ma:nʲɪjɛ] |
| Französisch-Polynesien | Prancūzijos Polinezija (m) | [prantsu:'zʲɪjos polʲɪ'nʲɛzʲɪjɛ] |

155. Städte

Amsterdam	Amsterdamas (v)	['amstʲɛrdamas]
Ankara	Ankara (m)	[aŋka'ra]
Athen	Atėnai (v dgs)	[a'tʲe:nʌɪ]

Bagdad	Bagdadas (v)	[bag'da:das]
Bangkok	Bankokas (v)	[baŋ'kokas]
Barcelona	Barselona (m)	[barsʲɛlʲo'na]
Beirut	Beirutas (v)	[bʲɛɪ'rʊtas]
Berlin	Berlynas (v)	[bʲɛr'lʲi:nas]

Bombay	Bombėjus (v)	[bom'bʲe:jʊs]
Bonn	Bona (m)	[bo'na]
Bordeaux	Bordo (v)	[bor'do]
Bratislava	Bratislava (m)	[bratʲɪslʲa'va]
Brüssel	Briuselis (v)	['brʲʊsʲɛlʲɪs]
Budapest	Budapeštas (v)	[bʊda'pʲɛʃtas]
Bukarest	Bukareštas (v)	[bʊka'rʲɛʃtas]

Chicago	Čikaga (m)	[tʃʲɪka'ga]
Daressalam	Dar es Salamas (v)	['dar ɛs sa'lʲa:mas]
Delhi	Dėlis (v)	['dʲɛlʲɪs]
Den Haag	Haga (m)	[ɣa'ga]
Dubai	Dubajus (v)	[dʊ'ba:jʊs]
Dublin	Dublinas (v)	['dʊblʲɪnas]

Düsseldorf	Diuseldorfas (v)	['dʲusʲɛlʲdorfas]
Florenz	Florencija (m)	[flʲo'rʲɛntsʲɪjɛ]
Frankfurt	Fránkfurtas (v)	['fraŋkfʊrtas]
Genf	Ženeva (m)	[ʒʲɛnʲɛ'va]

Hamburg	Hámburgas (v)	['ɣambʊrgas]
Hanoi	Hanòjus (v)	[ɣa'nojʊs]
Havanna	Havaná (m)	[ɣava'na]
Helsinki	Hélsinkis (v)	['ɣʲɛlʲsʲɪŋkʲɪs]
Hiroshima	Hirosimá (m)	[ɣʲɪrosʲɪ'ma]
Hongkong	Honkòngas (v)	[ɣoŋ'kongas]
Istanbul	Stambulas (v)	[stam'bʊlʲas]
Jerusalem	Jeruzalė (m)	[je'rʊzalʲe:]

Kairo	Kaìras (v)	[kʌ'ɪras]
Kalkutta	Kalkutá (m)	[kalʲkʊ'ta]
Kiew	Kìjevas (v)	['kʲɪjɛvas]
Kopenhagen	Kopenhagá (m)	[kopʲɛnɣa'ga]
Kuala Lumpur	Kvala Lumpuras (v)	['kvalʲa 'lʲumpʊras]

Lissabon	Lisaboná (m)	[lʲɪsabo'na]
London	Lòndonas (v)	['lʲondonas]
Los Angeles	Lòs Ándželas (v)	[lʲo:s 'andʒʲɛlʲas]
Lyon	Liònas (v)	[lʲɪ'jonas]

Madrid	Madrìdas (v)	[mad'rʲɪdas]
Marseille	Marselis (v)	[mar'sʲɛlʲɪs]
Mexiko-Stadt	Meksikas (v)	['mʲɛksʲɪkas]
Miami	Majāmis (v)	[ma'ja:mʲɪs]
Montreal	Monrealis (v)	[monrʲɛ'a:lʲɪs]
Moskau	Maskvá (m)	[mask'va]
München	Miùnchenas (v)	['mʲʊnxʲɛnas]

Nairobi	Nairòbis (v)	[nʌɪ'robʲɪs]
Neapel	Neápolis (v)	[nʲɛ'a:polʲɪs]
New York	Niujòrkas (v)	[nʲʊ'jo rkas]
Nizza	Nicá (m)	[nʲɪ'tsa]
Oslo	Òslas (v)	[oslʲas]
Ottawa	Otavá (m)	[ota'va]

Paris	Parỹžius (v)	[pa'rʲi:ʒʲʊs]
Peking	Pekìnas (v)	[pʲɛ'kʲɪnas]
Prag	Prahá (m)	[praɣa]
Rio de Janeiro	Rio de Žaneiras (v)	['rʲɪjo dʲɛ ʒa'nʲɛɪras]
Rom	Romá (m)	[ro'ma]

Sankt Petersburg	Sankt-Peterburgas (v)	[saŋkt-pʲɛtʲɛr'burgas]
Schanghai	Šanchájus (v)	[ʃan'xa:jʊs]
Seoul	Seulas (v)	[sʲɛ'ʊ lʲas]
Singapur	Singapūras (v)	[sʲɪnga'pu:ras]
Stockholm	Stòkholmas (v)	['stokɣolʲmas]
Sydney	Sidnéjus (v)	[sʲɪd'nʲe:jʊs]

Taipeh	Taipéjus (v)	[tʌɪ'pʲe:jʊs]
Tokio	Tòkijas (v)	['tokʲɪjas]
Toronto	Toròntas (v)	[to'rontas]

Venedig	**Venècija** (m)	[vʲɛˈnʲɛtsʲɪjɛ]
Warschau	**Váršuva** (m)	[ˈvarʃuva]
Washington	**Vãšingtonas** (v)	[ˈvaːʃɪŋktonas]
Wien	**Víena** (m)	[ˈvʲiɛna]

www.ingramcontent.com/pod-product-compliance
Lightning Source LLC
Chambersburg PA
CBHW070555050426
42450CB00011B/2881